# 枢纽经济概论

主　编 ◎ 李国政
副主编 ◎ 高大伟 王维娜 董素玲 金琳

西南交通大学出版社
·成　都·

**图书在版编目（CIP）数据**

枢纽经济概论 / 李国政主编. — 成都：西南交通大学出版社，2022.11

ISBN 978-7-5643-8926-0

Ⅰ. ①枢… Ⅱ. ①李… Ⅲ. ①区域经济学 – 高等学校 – 教材 Ⅳ. ①F061.5

中国版本图书馆 CIP 数据核字（2022）第 173741 号

Shuniu Jingji Gailun

**枢纽经济概论**

主编 李国政

| | |
|---|---|
| 责任编辑 | 罗爱林 |
| 封面设计 | 墨创文化 |
| 出版发行 | 西南交通大学出版社<br>（四川省成都市金牛区二环路北一段 111 号<br>西南交通大学创新大厦 21 楼） |
| 发行部电话 | 028-87600564　028-87600533 |
| 邮政编码 | 610031 |
| 网　　址 | http://www.xnjdcbs.com |
| 印　　刷 | 四川森林印务有限责任公司 |
| 成品尺寸 | 185 mm × 260 mm |
| 印　　张 | 15.5 |
| 字　　数 | 387 千 |
| 版　　次 | 2022 年 11 月第 1 版 |
| 印　　次 | 2022 年 11 月第 1 次 |
| 书　　号 | ISBN 978-7-5643-8926-0 |
| 定　　价 | 49.00 元 |

课件咨询电话：028-81435775

# PREFACE 前言

综合交通枢纽是综合交通网络的关键节点，是各种运输方式高效衔接和一体化组织的主要载体，在提高综合交通运输网络效率、优化运输结构、提升多式联运发展水平、加快交通运输转型发展中具有重要作用。2022 年 2 月，交通运输部、国家铁路局、中国民用航空局、国家邮政局、中国国家铁路集团有限公司联合印发《现代综合交通枢纽体系“十四五”发展规划》指出，到 2035 年，建成一体融合、便捷顺畅、经济高效、开放互联的现代综合交通枢纽体系。现阶段，国家发展改革委已牵头布局建设了 70 个国家物流枢纽，有序推进国家物流枢纽建设，枢纽网络覆盖全国 29 个省（区、市）和新疆生产建设兵团，为加快建设“通道+枢纽+网络”的现代物流运行体系、支撑构建新发展格局奠定了坚实基础。

综合交通运输体系建设和物流业的高质量发展必须推动以枢纽为支撑的“轴辐式”物流服务体系，发挥枢纽优势促进大宗商品中长距离运输“公转铁”“公转水”，促进物流提质增效降本，优化物流大通道沿线产业布局与分工合作体系，打造经济和产业发展走廊。

枢纽经济是交通运输与经济社会融合发展的时代产物，是一种新经济模式。伴随着综合交通枢纽的建设与发展，枢纽经济正在成为我国经济转型升级中的新动能和增长极。枢纽兴则城市兴，促进交通、产业和城市融合发展是枢纽经济发展的核心要义。鉴于此，全国各地纷纷将枢纽经济发展当作区域高质量发展的重要抓手，推动经济枢纽向枢纽经济转变。近年来，发展枢纽经济已得到国家重视。在《十四五”规划纲要》《交通强国建设纲要》《国家综合立体交通网规划纲要》《国家物流枢纽布局和建设规划》中，均对建设多层级、一体化的综合交通枢纽体系、枢纽经济发展作了部署和指示，并将综合交通和物流枢纽列入“十四五”规划重大工程项目予以推进。

枢纽经济的稳步发展给高等教育带来了机遇与挑战。枢纽经济虽然与交通、物流等领域紧密相关，但“枢纽经济”不等同于“交通经济”“物流经济”或“区域经济”等，其带有明显的学科交叉性、理论创新性和实践导向性，是一个比较新的学术概念，目前尚无此类教材出版。基于此，我们结合经济管理类相关专业本科教育培养模式、培养目标的要求编写了这本教材。本教材以案例导入为出发点，将理论与实践相结合，力求从整合与创新的角度全面展示枢纽经济发展面貌。本教材的一个突出特点是搜集了大量的相关案例和专栏材料，力求使每章内容更加鲜活充实。同时，为落实教育部开展课程思政的有关要求，每章最后都设置了课程思政专栏，尝试将专业知识和思政教育紧密结合。

本教材主要面向普通高等院校经济管理类专业，特别是区域经济、物流管理、电子商务、市场营销、国际贸易等专业的学生，也可作为相关专业研究生教材和从业人员的参考读物。本教材由郑州轻工业大学李国政、高大伟、金琳，以及郑州科技学院王维娜，新乡学院董素玲等同志共同编写，其中李国政担任主编，高大伟、王维娜、董素玲、金琳担任副主编。具体分工：李国政编写第 1、3、10 章，并搜集编写其余章节的部分案例和内容；高大伟编写第 6、8、9、11 章；王维娜编写第 4、7 章；董素玲编写第 2、12 章；金琳编写第 5 章；李国政负责全书结构安排和统稿校对工作。

本教材编写过程中参考了诸多物流发展领域内的思想及观点，借鉴引用了大量的政府规划、中外文献和案例材料，在此深表谢意。教材出版得到郑州轻工业大学国家一流专业“物流管理”建设点项目的支持。如前所述，枢纽经济是一个较为新颖的经济概念，相关论著尤其是理论描述较少，教材编写更是处于“无迹可寻”的状态，一定程度上加深了编写难度。作为一个初步尝试，限于编者理论功底和实践经验均有限，教材难免有漏误不足之处，还望读者提出宝贵意见。

编　者

2022 年 5 月

CONTENTS

# 目 录

# 第一章　枢纽经济导论

## 学习要点

1. 交通枢纽的概念和历史变迁；
2. 枢纽经济的内涵及特征；
3. 枢纽经济的发展历史；
4. 枢纽经济的理论来源。

## 学习目标

掌握交通枢纽的概念和形态演变过程；了解枢纽经济的主要特征和发展阶段；熟悉枢纽经济的理论来源。

## 引导案例

### 江苏枢纽经济发展初见成效

新经济形势下，发展枢纽经济成为热词。这不仅是国家《交通强国建设纲要》的要求，也是江苏省委省政府的重要部署。如何从交通枢纽走向“枢纽经济”，江苏交通如何发力为建设现代化经济体系提供重要支撑，2020 年 4 月 16 日上午召开的省政府新闻发布会上，省交通运输厅给出路线图。

宁镇扬：以南京为中心，形成宁镇扬全省门户型枢纽。其中最重要的就是提升南京首位度。南京是江苏唯一同时具有千万级大型机场、亿吨级海港、高铁枢纽的城市，也是国家级综合交通枢纽、全国首批综合运输服务示范城市，交通基础较好。一是要提升全球直达能力，着力提升空港全球联通、洲际直达能力，拓展加密至国内重要城市的航线航班。二是建设海陆双向集聚的区域性航运物流中心，加快南京龙潭国家物流枢纽建设。三是构建直连全国的“米”字形高速铁路网，强化辐射周边的放射状高速公路网，放大区域集聚辐射力；加快构筑南京都市圈轨道网，完善铁路枢纽布局；加快过江通道建设，促进城市拥江发展；支持镇江、扬州等地融入南京都市圈枢纽布局。

苏锡常通泰盐：着力打造无锡成为全国性综合交通枢纽，提升苏南硕放机场服务能力。提升苏州、南通等综合交通枢纽功能，将苏州、南通打造成为以上海为核心的国际性综合交通枢纽的重要组成部分；加强苏州机场规划研究，高标准推进通州湾海港建设，打造长江集装箱运输新出海口；支持常州、泰州、盐城建设区域性综合交通枢纽。

连徐淮宿：连云港定位为全国性综合交通枢纽。做强淮安涟水机场航空货运枢纽功能，重点建设徐州铁路物流基地，共同打造“一带一路”联动交通枢纽板块。

2035 年综合客运枢纽县级及以上节点全覆盖。《江苏方案》提出建设立体化枢纽场站，加大各种交通方式一体化衔接的立体交通枢纽建设力度，实现客运短距离、零距离换乘，货运少接驳、无缝衔接，有效解决“最后一公里”和“最初一公里”瓶颈制约。到 2035 年，基本实现综合客运枢纽县级及以上节点全覆盖，多式联运枢纽在沿江沿海重点港区和内河重点港口全覆盖。

资料来源：石小磊.江苏省综合立体交通网规划纲要出炉[N].扬子晚报，2022-03-22（2）.（编者对其进行了整理改编）

## 第一节 交通枢纽概述

交通运输是国民经济中具有基础性、先导性、战略性的产业，是重要的服务性行业和现代化经济体系的重要组成部分，是构建新发展格局的重要支撑和服务人民美好生活、促进共同富裕的坚实保障。2018 年 12 月，国家发改委、交通运输部联合印发《国家物流枢纽布局和建设规划》，指出要顺应新形势下现代物流业发展需要，打造特色鲜明的枢纽经济。2019 年 9 月，中共中央、国务院印发了《交通强国建设纲要》，提出“由各种交通方式相对独立发展向更加注重一体化融合发展转变，构建安全、便捷、高效、绿色、经济的现代化综合交通体系”以及“构筑多层级、一体化的综合交通枢纽体系，大力发展枢纽经济”。2020 年 9 月，中央财经委员会第八次会议提出“要统筹推进现代流通体系建设……建设现代综合运输体系……形成内外联通、安全高效的物流网络”。2021 年 2 月，中共中央、国务院印发了《国家综合立体交通网规划纲要》，提出“到 2035 年，基本建成便捷顺畅、经济高效、绿色集约、智能先进、安全可靠的现代化高质量国家综合立体交通网……到本世纪中叶，全面建成现代化高质量国家综合立体交通网”。在认识新发展阶段、贯彻新发展理念和构建新发展格局背景下，随着综合交通运输和现代物流业的深度融合，枢纽经济正逐步上升到国家战略层面，成为一种重要的经济新业态，对区域经济发展产生显著的拉动效应。枢纽经济以枢纽建设为前提，狭义的枢纽主要是指交通枢纽；广义的枢纽突破了传统交通枢纽的范畴，演化为经济枢纽、金融枢纽、科技枢纽、信息枢纽等新型多样化形态。

枢纽一词出自南朝刘勰的文学理论著作《文心雕龙》：“盖《文心》之作也，本乎道，师乎圣，体乎经，酌乎纬，变乎骚：文之枢纽，亦云极矣。”它一般指重要的地点或事物关键之处。交通业的发展逐渐形成了交通枢纽，交通枢纽是国家和区域交通运输系统的重要组成部分。

在《城市客运交通枢纽设计标准》（GB/T51402—2021）中，“城市客运交通枢纽”是指在城市客运交通系统中，为不同交通方式或同一种交通方式不同方向、功能的线路提供的客流集散和转换的场所。

在《综合客运枢纽分类分级》（JT/T1112—2017）中，“综合客运枢纽”是指将两种及以上对外运输方式与城市交通的客流转换场所在同一空间（或区域）内集中布设，实现设施设备、运输组织、公共信息等有效衔接的客运基础设施。

在《综合货运枢纽分类与基本要求》（JT/T1111—2017）中，“综合货运枢纽”是指服务两种及两种以上运输方式，具有货物集散、仓储、中转运输等功能，集中布设并实现不同运输方式之间的货物有效换装与衔接，并具备完善信息系统的货运作业与服务场所。

在《发展改革委关于印发促进综合交通枢纽发展的指导意见的通知》（发改基础〔2013〕475 号）中，“综合交通枢纽”是综合交通运输体系的重要组成部分，是衔接多种运输方式、辐射一定区域的客货转运中心。

在《建筑学名词》（第 2 版）中，“枢纽”是多条交通线路或多种交通工具汇集及旅客换乘的场所。现代城市的公共交通枢纽多采用综合立体换乘枢纽站的方式。

在《地理学名词》（第 2 版）中，“运输枢纽”是指一种或多种运输方式干线交叉或衔接之处，共同办理客货的中转、发送、到达作业所需的多种运输设施综合体。

不同标准规范、不同学科领域对“枢纽”的定义不尽相同。本教材综合既有资料和我国实际情形，认为交通枢纽是指一种或多种运输方式的交叉与衔接之处，共同办理客货的中转、发送、到达所需的多种运输设施的综合体，共同承担着枢纽所在区域的直通作业、中转作业、枢纽作业以及城市对外交通的相关作业等功能。交通枢纽是由复杂的交通设备与建筑组成的群体，一般由车站、港口、机场和各种线路以及为完成装卸、中转、各种技术作业所需的设备等组成。形成交通枢纽的条件与因素有：自然条件与地理位置、运输技术进步、经济联系的方向与规模、交通网的原有基础与发展条件以及枢纽所在城市的发展条件。大城市、大工业中心及大型河、海港口往往形成交通枢纽。由同一种运输方式两条以上干线组成的枢纽为单一交通枢纽，两种以上运输方式的干线组成的枢纽为综合交通枢纽。

按照不同分类方式，交通枢纽有以下分类：

（1）客运枢纽、货运枢纽。

（2）单一运输方式的交通枢纽（交通换乘站）、多种运输方式交通枢纽（综合交通枢纽）。

（3）铁路枢纽、公路枢纽、港口枢纽、航空枢纽、城市轨道交通枢纽、综合枢纽。

（4）枢纽城市、交通枢纽综合体。枢纽城市是宏观层面的，指交通节点所处的区域或城市；交通枢纽综合体是微观层面的，指交通节点上办理客货中转、发送、到达的多种运输设施的综合体。

## 第二节　交通枢纽的历史形态变迁

### 一、国际范围内交通枢纽的历史变迁

#### （一）前枢纽时代

从世界范围内看，15 世纪的大航海时代，沿江、沿河、沿海地区形成枢纽，但运输方式

比较单一，几乎全部依靠水运，运输方式交叉现象少见。近现代交通运输主要是伴随着工业化进程逐渐发展起来的，欧美国家作为近现代工业文明的发源地，其现代化交通运输系统的形成反映了人类交通的发展轨迹。在18世纪60年代英国率先开始工业革命之前，人类基本上处于原始游牧经济发展到传统农业社会，再到工场手工业的阶段。工业革命带来了生产力的高度发达，蒸汽机的广泛使用革新了交通工具和交通方式，交通运输先是出现了运河运输、蒸汽动力轮船运输，继之出现了铁路运输、管道运输、公路运输。铁路运输、蒸汽轮船运输促进了内陆城市的物流发展，并在铁路节点、重要内河航道交汇处初步形成枢纽。各种运输方式开始出现交叉融合，但程度不深，枢纽功能和形态比较单一。20世纪后，公路迎来了大发展时代，公路与水路、铁路产生交叉融合，形成了不同强度的交通枢纽。同时，飞机的发明使用使人类社会逐渐进入航空时代。

### （二）一般交通枢纽时代

20世纪50年代后，航空运输构建了世界范围内的运输网络，全球范围内人流、物流的快速周转加速了各种类型枢纽的形成，开始进入综合运输发展阶段。20世纪末，随着全球范围内交通科技进步和经济快速发展，航空、铁路、公路、城市轨道交通、水运、快速公交等纷纷出现。随着城市经济发展、客货运输量的急速增长以及人口的迅猛增长，对交通运输的需求急剧增加，多种运输方式相互衔接、中转换乘的现代化交通枢纽逐渐形成。不过，这一时期的交通枢纽多以单一运输方式的枢纽形态出现，如公路枢纽、铁路枢纽、航空枢纽、港口枢纽等，不同运输方式相互交叉的综合交通枢纽并不多见。

### （三）综合交通枢纽时代

进入21世纪，全球经济快速发展，交通工程技术突飞猛进，多种交通运输方式间相互衔接、中转换乘的综合交通枢纽纷纷出现，并随着所在城市经济的发展逐步演化为城市多功能综合体。也就是说，交通业和区域经济社会发展深度融入，由单纯的运输服务性质向现代综合服务业升级转变。综合交通枢纽指整合铁路、公路、航空、内河航运、海港和运输管道为一体的海陆空协同枢纽体系，是综合交通运输体系的重要组成部分，是衔接多种运输方式、辐射一定区域的客、货转运中心。根据辐射效应和辐射范围的不同，综合交通枢纽又可分为国际性综合交通枢纽、全国性综合交通枢纽、区域性综合交通枢纽三大类。

总之，国外交通运输的快速发展始于19世纪初，已经历了水路、铁路、公路、航空、管道、综合运输等阶段，每个阶段分别有其各自的特点，在发展过程中形成了不同类型的交通枢纽。

## 二、我国交通枢纽的历史变迁

### （一）古代交通发展及枢纽变迁

秦汉时期是中国历史上第一个“大一统”时期。为了加强对地方的控制，中央废除了六国并立时的关卡，统一文字，统一度量衡，促进了全国范围内交通网络的发展，便利了各地的交流，全国性交通网络初步形成，交通模式开始呈现多样化发展态势，交通工具也有所改进，交通制度逐步形成。秦汉时期，在内陆交通中出现了以都城为中心并向四面辐射的交通网络，各地区经济迅速发展，出现了许多著名的内地都会以及沿海港口。这些内地都会及沿海港口成为这一地区重要的交通枢纽。

隋唐五代时期是中国传统交通文化的成熟时期，形成了以唐朝为中心的“东亚文化圈”。在国内交通方面，以长安和洛阳为中心的陆上交通线四通八达，各州郡之间、各县之间都修筑起了大道，形成了稠密的交通网络，构筑了以长安为中心的驿路系统。尤其在南方，随着南方经济的发展，越来越多的经济大都会出现，如扬州、广州、荆州的崛起，迅速成为重要的交通枢纽。在域外交通方面，唐朝时期大漠南北统一，北方草原毛皮之路达到兴盛阶段；去往滇缅、印度的西南丝绸之路、茶马古道也在很长时间内成为通商之路；隋唐对西域的大力经营也迎来了西域丝绸之路的重新开通；在海上丝绸之路方面，唐朝可以越过印度半岛直达阿拉伯海和波斯湾，而且首次到达红海和非洲。

宋元时期，我国古代交通走向成熟完善阶段。在域外交通方面，陆路交通呈萎缩之势，海上交通全面繁荣。这一时期在远洋航线方面的成就是开辟了直接横渡印度洋的航线。在这条贸易航线上，除了丝绸贸易，瓷器也成为重要商品。另外，随着海上丝绸之路的发展，东南亚地区成为沟通东西的中间桥梁，中转贸易逐渐繁荣。在国内交通方面，陆路交通线更加成熟，四大汗国与中原地区以及各行省之间建立了发达的驿路，在行省之下的省与府之间、府与县之间修建了三级交通网络，奠定了明清时期的交通格局。在水路交通方面，宋朝四渠、元代京杭大运河的疏浚成为宋元漕运、沟通南北的重要路线，堪称宋元政府的命脉。

明清时期的交通无论在交通路线、交通技术、交通习俗还是交通制度方面都继承了前期的发展，是中国传统交通文化的总结时代。这一时期的内陆交通网经过前朝的发展已达到完善。郑和下西洋开辟了中国历史上最远的航路，扩大了明朝的影响力，使中国与亚、非国家得以友好往来，传播了中华文化，也为世界地理大发现开辟了东方航路。

### （二）近代交通发展及枢纽变迁

晚清民国时期，中国彻底沦为半殖民地半封建社会。虽然其中也有民族工业的黄金时代等发展良机，但总体上仍改变不了中国积贫积弱的局面。在交通建设上也是心有余而力不足，规划较多，实施较少。很多铁路项目停留在纸面上，或者开工以后没有竣工，成了“烂尾工程”。现代航空业得到了初步发展，成立了若干航空公司，开通了一些航线，但发展极其有限。新中国成立之初，全国铁路总里程仅 2.18 万千米，有一半处于瘫痪状态；能通车的公路仅 8.08 万千米，民用汽车 5.1 万辆；内河航道处于自然状态；民航航线只有 12 条，邮政服务网点较少，主要运输工具还是畜力车和木帆船等。近代中国交通业发展滞后，交通枢纽依旧以传统公路、铁路、水运中转节点为主，现代化的综合交通枢纽为空白。

### （三）现代交通发展及枢纽变迁

新中国成立后，我国现代交通业进入了快速发展时期。1953 年起，开始有计划地进行交通运输建设。在第一个、第二个五年计划和国民经济调整期间（1953—1965 年），国家投资向交通运输倾斜，改造和新建了一批铁路、公路、港口码头、民用机场，提高了西部和边远地区的交通运输基础设施覆盖程度，疏浚了主要航道，新开辟了国际、国内水路和空中航线，扩大了邮政网络，增加了运输装备数量等。“文化大革命”期间，交通运输发展一度受到严重干扰，但设施和装备规模、运输线路仍在增加，特别是针对沿海主要港口压船、压港、压货日趋严重的局面，加快了港口基础设施建设。在此期间，管道运输也得到了发展。改革开放后，各种运输方式的发展取得突破性进展。铁路实行经济承包责任制，公路、水运工程建设项目开始实行招投标制度；港口率先对外开放，民航走上企业化发展道路，航空运输市场开始形成；实施邮政管理体制改革，成立中国速递服务公司，恢复办理邮政储蓄业务。

党的十八大以来，交通运输进入了加快现代综合交通运输体系建设的新阶段。通过规划引领，强化一体化综合客运枢纽站建设，北京大兴、上海虹桥等一批综合交通枢纽建成，实现了高铁、城市客运、轨道交通、民航等交通方式的无缝对接。优化货运枢纽布局，推进多式联运型和干支衔接型货运枢纽（物流园区）建设，上海洋山港、郑州铁路港等一批现代物流枢纽建成，提高了换装水平，加快了多式联运发展，有力推动了综合交通运输体系建设。不同运输方式通过枢纽实现有机衔接，为优化国家经济空间布局和构建现代化经济体系提供了有力支撑。

## 拓展阅读

### 综合交通枢纽建设重点工程

提升北京、天津、上海、广州、深圳、成都、重庆等枢纽城市的全球辐射能级。依托上海浦东、天津滨海、广州白云、成都天府等枢纽机场以及深圳西丽、重庆东站等铁路客运站，建设一批综合客运枢纽场站，推进综合客运枢纽场站间直接连通，实施北京、上海、广州、重庆等铁路枢纽优化工程，提升上海国际航运中心能级，建设天津国际航运中心，建设广州东部公铁联运枢纽、重庆陆港型物流枢纽等综合货运枢纽场站。

增强南京、杭州、沈阳、大连、哈尔滨、青岛、厦门、郑州、武汉、海口、昆明、西安、乌鲁木齐、宁波等枢纽城市的国际门户作用。完善杭州、宁波、厦门、郑州、武汉等枢纽规划，建设南京禄口、杭州萧山、厦门翔安、昆明长水、西安咸阳、武汉西站、宁波西站、海口新海港等综合客运枢纽场站，建设大连、厦门国际航运中心和宁波舟山国家大宗商品储运基地。

提升石家庄、太原、合肥、济南、长沙、南宁、兰州等枢纽城市全国集聚辐射功能。优化主要枢纽场站及集疏运设施布局，围绕济南遥墙、长沙黄花、南昌昌北、兰州中川等枢纽机场以及雄安站等铁路枢纽站，建设一批综合交通枢纽场站。

资料来源：国家发改委.“十四五”现代综合交通运输体系发展规划[EB/OL].https://www.ndrc.gov.cn/fggz/fzzlgh/gjjzxgh/202203/t20220325_1320208_ext.html.

# 第三节 枢纽经济基础理论

## 一、“点-轴”理论

“点-轴”理论最早是由陆大道（1984）提出的关于我国工业生产力布局的理论，“点一轴”理论下的经济增长是一种内生增长模式。在经济发展过程中，经济要素的集聚形成若干中心点，进而吸引产业和人口分布。随着产业集聚区发展成具有一定辐射力的经济区，不同的经济中心由交通、电力等基础设施连接，形成一个区域综合经济系统。伴随着交通设施的完善，产业和人口会自发沿轴线两侧集中并形成新的区域增长点，进而在更大圈层内向纵深扩散，产生枢纽效应（见图 1-1）。

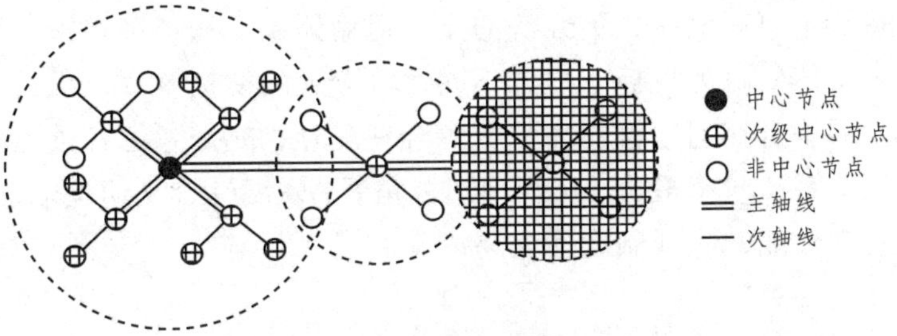


图 1-1 “点-轴”理论推动区域发展示意图

## 二、增长极理论

增长极的概念最先由法国经济学家佩鲁（1950）提出，意指经济增长一般从增长中心不断向其他地区和行业传导，最终由不平衡达到平衡。枢纽经济实质上也是一种增长极模式。枢纽地区由于区位优越，在聚集主导产业的过程中产生规模效应和极化效应，逐渐成为一定区域内的经济中心，产生强大的辐射效应。

## 三、流量经济理论

流量经济一般是指以一定的经济平台对生产要素进行集聚、重组和整合，并形成一定的经济规模，通过构建高效协同、规范有序的流动秩序实现资源要素价值增值，借助循环上升的流量规模促进经济深化发展。枢纽经济要求人才、信息、资金等经济要素在一定空间范围内，依托要素交换配置平台进行高效流动、重组整合和增值辐射；在强化生产要素有序流动的同时，不断扩大要素流量规模，并变“流量”为“留量”，增强枢纽的要素吸引力，形成具有生命力的经济动力系统。

## 四、工业区位论

伴随着西欧工业特别是钢铁和机器制造业的蓬勃发展，以及交通运输水平的提高，到了

20世纪初，出现了以研究成本和运输费用为主要内容的工业区位论。德国经济学家韦伯是其中的重要代表。韦伯从经济区位的角度，选择生产、流通、消费三大经济活动基本环节的工业生产活动作为研究对象，探索工业生产活动的区位原理。在其学说中，区位因子决定生产场所，运输成本和工资是决定工业区位的主要因素，必须将企业吸引到生产费用最小、节约费用最大的地点，一定程度上解释了人口的地域间大规模移动以及城市的人口与产业的集聚机制。

### 五、综合交通运输理论

综合交通运输是交通运输发展的一种特定形态，是伴随火车、轮船、汽车、飞机等现代交通工具发展而产生的一种交通运输发展状态，也是一种交通发展理念。发展综合交通运输本质上就是打造一个更有效率、更经济的交通运输体系。从经济学视角看，发展综合交通运输是以提升运输整体效益为目标，提升不同运输方式的衔接效率，降低客货运输成本。从运筹学视角看，发展综合交通运输能加强资源合理配置，充分考虑各种运输方式的比较优势，实现综合交通运输系统效率最优。从管理学视角看，发展综合交通运输能加强专业分工协作，提高交通运输管理效能，降低制度性交易成本。

## 第四节　枢纽经济的产生和发展

### 一、枢纽经济的产生

枢纽经济现象自古有之，中国历史上较早就出现了依托古代驿站、内河码头、沿海港口等交通节点进行商品交换和简单再生产，进而带动周边地区商贸往来和加工业发展的现象。枢纽经济的出现是历史发展的产物，是枢纽与区域经济深度融合的结果，在不同的历史阶段有不同的特征。传统社会枢纽节点多受自然地理环境的限制，经济活动能力和辐射范围有限。进入工业社会后，随着社会生产力发展，生产能力急剧扩张，生产规模快速增长，加之交通体系和运输工具的完善，企业能够在更大范围内调配资源和产品，并围绕交通枢纽进行更多类型的生产加工，如仓储配送、货物交割、产品深加工等，关联产业在枢纽地区加速布局。进入后工业化社会，以高时效性和高附加值为主要特征的服务型经济成为枢纽经济发展的主要趋势。与此同时，枢纽所在城市产业体系逐渐完善，人口和资本在大城市不断集中，形成了“产—城—人”良性互动的发展格局，城市功能在枢纽经济的作用下日益完备。

### 二、枢纽经济的内涵

目前学术界从不同角度对枢纽经济进行了一定的概念阐释，但其尚未有统一的定义，不过现有文献均强调了交通枢纽等平台建设对枢纽经济产生的重要影响。一般而言，枢纽经济产生的前提是枢纽地区的形成。枢纽地区多是指缘于一定区位优势而形成的某一区域具有中转、辐射功能的中心城市，其形成基础是交通的重要性和便利性，重要的交通通道经过或汇集于此，对人才、商品、物资、信息等生产要素产生强大的吸引力，逐渐成为重要的经济功能区（见图 1-2）。

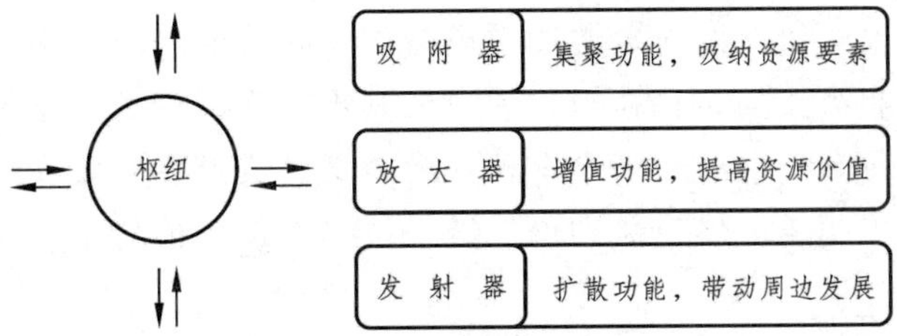


图 1-2 枢纽的多重功能

基于对枢纽地区的认知，综合学术界、政策界现有研究和实践，我们尝试对枢纽经济的概念做出界定：枢纽经济指充分发挥枢纽的要素聚流、驻流、疏流功能，通过技术和制度创新，优化资源要素时空配置，重塑产业分工体系，促使生产力空间布局进一步提升和完善，推动经济高质量发展。概而言之，枢纽经济是在创新驱动基础上，围绕枢纽区域形成的经济发展新模式和新形态，是地区规模经济和范围经济的集合。

从枢纽经济的一般性概念框架可以看出，其具有 3 个基本维度，即要素维度、时间维度、空间维度。要素维度是指加速要素投入产出流动的过程。流动性增强是资源要素价值增值的重要表征。时间维度是指压缩生产要素流动时间，降低交易成本，增加时间价值。空间维度是指强化规模经济和范围经济的聚合度，提高经济效率。另外，技术变革和制度创新是枢纽经济发展的内在动力；交通、能源等基础设施的高度完善是枢纽经济发展的重要基础；降低要素资源的交易费用，促进其高效流动是枢纽经济发展的关键条件；重塑区域产业分工体系，实现经济组织形态的跨界融合和革命性变迁是枢纽经济发展的核心与本质（见图 1-3）。

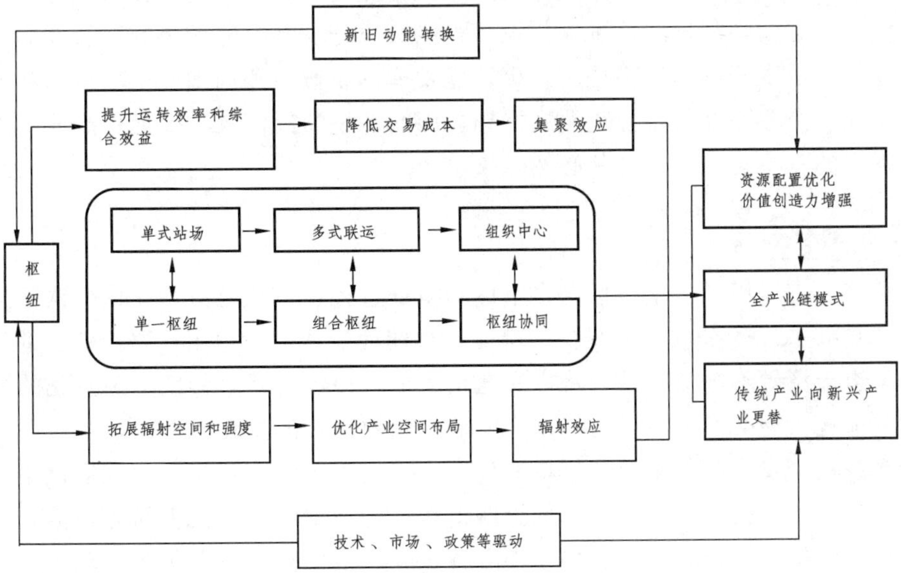


图 1-3 枢纽经济概念框架图

## 三、枢纽经济的基本特征

### （一）功能聚疏性

枢纽经济是基于枢纽地区对资源要素进行优化配置的经济形态，属于流通型经济范畴。由于枢纽地区一般能级较高，存在极化效应，其不断吸引资源要素涌入，进行加工转化，再将要素转移至周边地区。枢纽经济是一种规模经济，其遵循“集聚—增值—扩散”的运行模式，形成了完整的产业链、供应链和价值链，持续实现价值增值。

### （二）空间开放性

枢纽经济不是封闭型经济而是一种开放型、辐射型经济。依托良好的基础设施和便利的交通条件，枢纽地区在形成便捷高效物流体系的同时，会不断突破市场固有边界，产生“滚雪球”效应。枢纽的内联外通使经济活动由区域性向全国性和全球性层层扩散，在“互联网+”背景下，“通道+枢纽+网络”的枢纽运营模式进一步强化了枢纽经济外向发散功能，不断扩大着经济“朋友圈”。

### （三）多维融合性

枢纽地区一般依靠交通而兴起，逐渐汇聚产业和人口。产业集聚能够进一步为地区发展带来规模效应，使枢纽地区因各种生产要素聚集流动而具备城市功能。枢纽经济是我国新型城镇化建设的重要推力，其发展到一定规模必然会出现重要的枢纽城市。枢纽城市在经济极化和扩散中扮演着中转承接作用，在城镇化进程中扮演着辐射点和增长极角色。当前我国新型城镇化建设的重点指向是打造“国家中心城市+区域中心城市+中小城市+小城镇”的多层级都市圈，枢纽城市有助于都市圈整体空间布局的优化，有利于生产要素在都市圈范围内的市场化配置与动态调整。枢纽经济深化发展既能够充分发挥枢纽城市的枢纽效应，提升城市能级，也能促使成本降低和效率提高，更好地发挥枢纽城市和周围中小城市的共振效应，使两者形成良性的产业互补与差异化发展格局。因此，枢纽经济既是交通、产业、人口、城市多维融合发展的重要动力，也是其必然结果。

### （四）形态多样性

枢纽经济形态经历了从单一性向多重性的演变过程。枢纽经济最先依托铁路、公路、机场、港口、城市 TOD（公共交通导向）等交通枢纽而发展，衍生出铁路经济、港口经济、航空经济、轨道经济等不同类型的经济。交通组织型枢纽经济是最传统、最基础的枢纽经济形态，其主要依托大型交通枢纽，打造全产业链、高效运转的物流疏散体系。

随着经济社会发展和技术进步，枢纽地区不再局限于传统意义上的交通枢纽，带有更多现代化色彩的功能性枢纽纷纷出现，如金融枢纽、网络枢纽、科技枢纽等。信息网络型枢纽经济是指依托数据交换中心、信息传导中心等媒介，以信息技术创新为驱动，构建数字化、网络化、智能化的信息平台，推进智慧枢纽建设。在发展智慧经济过程中，以数字化建设为导向对枢纽地区提效能、扩功能、增动能。金融服务型枢纽经济是指通过强大、安全的金融服务和技术功能，构建辐射全国甚至全球的金融网络。科技创新型枢纽经济是指以科技创新为驱动，培育技术密集型产业，引领区域发展。

在枢纽经济发展实践中，不同枢纽地区根据各自要素禀赋和功能定位发展不同类型的枢纽经济，有些是单纯的某一种类型，有些则以某一类型为主导兼具其他类型。随着枢纽经济规模扩大，枢纽地区不同层级功能开始出现叠加和融合，由平面化向立体化过渡，使枢纽经济发展维度也不断得到厚植，从传统单一的枢纽经济向现代综合枢纽经济升级和重塑是其发展的鲜明趋势。

### （五）迭代周期性

枢纽经济规模和枢纽能级以及产业发展密不可分，三者形成一种正向交互机制。产业有序发展会提升枢纽地区能级，同时会壮大枢纽经济规模；枢纽能级提升和经济规模增强会吸引更多产业入驻，从而使枢纽经济呈现规模递进规律。国内枢纽地区经济发展进程表明，枢纽规模和能级与枢纽经济发展程度呈相互匹配状态，枢纽规模壮大和能级提升总会引致产业跃迁，可见枢纽与产业的迭代发展具有明显的周期性。例如，作为国内第四大航空枢纽，成都市将航空业作为重要的战略产业来发展。航空运输对地区经济拉动效应明显，并逐渐形成完整的航空经济体系。目前成都市着力推进成渝地区双城经济圈建设，统筹生产、生态、生活三大功能，城市框架不断拓展，城市能级持续提升，空港建设有力推进，为以航空经济为核心的枢纽经济发展提供了良好契机。随着天府机场投入运营和双流机场扩能改造，成都市“一市两场”的航空枢纽地位将进一步稳固，会带动更多的航空产业入驻发展，空港建设、航空经济与地区发展形成了相互促进格局。

# 第五节　我国枢纽经济发展的不足与保障

近年来，我国枢纽经济建设取得显著成效，截至目前，共有两批 45 个城市入选国家物流枢纽建设名单，“通道+枢纽+网络”的现代物流体系初步成型。但当前我国枢纽经济总体发展程度仍然不高，流通体系堵点亟待破除，在构建“双循环”发展格局背景下，必须多措融合推动枢纽经济全面深入和高端化发展，助推经济高质量发展。

## 一、现阶段我国枢纽经济发展的问题与不足

### （一）枢纽经济顶层设计不够，缺乏国家视角

近年来，国内许多省市都提出了枢纽经济发展任务，并出台了相应规划，但这类规划是基于地方综合交通体系建设和枢纽经济实践而来的，反映的是“区域视角”，处于基于地方需求的探索阶段。虽然《交通强国建设纲要》《国家物流枢纽布局和建设规划》等政策文本

涉及枢纽经济发展任务，但在国家层面建立支持枢纽经济发展的框架体系并进行政策细分，目前仍然欠缺。从制度设计的角度看，枢纽经济发展缺乏国家视角的统一规划，更多的是地区实践而非国家主导。即使目前地区层面的枢纽经济政策陆续出台，但也存在缺乏系统性、针对性和实操性等弊端。同时，枢纽经济发展涉及多层级、多行业、跨行政区，有待建立有机衔接、权责明晰的协调体制和机制，统筹推进枢纽建设和区域开发。

### （二）枢纽形态较为单一，层次性不足

目前我国综合交通运输体系建设取得显著成效，传统陆港、海港、空港等交通枢纽仍是各地区综合枢纽建设的主要形态和承载平台，从总体上看，大型交通枢纽属于“硬枢纽”范畴。但当前我国枢纽建设的一个突出问题是“软”“硬”枢纽结合度不够，“硬枢纽”多、“软枢纽”少，实体枢纽居多、虚拟枢纽较少，这严重制约了综合枢纽建设力度和产业结构持续深入提升，导致不少城市至多是节点城市而非枢纽城市。伴随经济社会高质量发展的要求，仅仅以交通枢纽建设为龙头推动枢纽经济发展还远远不够，以科技、金融、信息等“软枢纽”为代表的新兴枢纽形态建设必须有所突破。

### （三）枢纽驱动力不强，未形成新的增长极

一方面，随着现代城市规模急剧加大，传统发展方式面临转型与升级，一些中心城市也在寻求解决城市病的有效途径，在快速城镇化背景下，枢纽建设成为地区经济发展的助推器。但囿于理论认知不足、实践经验较少等原因，不少城市和地区固守既有枢纽，其主要思路还是围绕单点枢纽、传统枢纽做文章，未能合理规划新的枢纽，多枢纽规划建设滞后，枢纽网络化程度较低，平台组织能力和中转集散能力不高。一旦枢纽辐射力受限，枢纽所在地区经济就会陷入迟缓，导致竞争乏力。

另一方面，一些地区的交通枢纽与城市能级存在不匹配现象，枢纽等级与地区发展并未完全一致，交通枢纽未能完全转化为经济枢纽，缺乏城市、地区发展新动能。以转运作业为主的枢纽更多承担通道中转作用，引流、驻流能力不强，难以成为各种要素流的组织中心和价值转化中心，枢纽引领经济圈、都市圈建设的效应不够。以郑州市为例，近些年，中原经济区、河南自由贸易区、黄河流域生态保护和高质量发展等上升为国家战略，郑州发展枢纽经济、建设国家中心城市正当其时。但就枢纽口岸建设而言，郑州铁路局管辖区间受限，中间站区到发能力弱，挤占郑州枢纽正线、客货列车滞留等现象频发，枢纽通行效率大打折扣，与其应承担的枢纽作用不匹配。郑州航空港经济综合试验区虽然在 2013 年就上升为国家战略，新郑机场扩能改造也已完成，但迄今为止，河南省仍没有一家本土客运航空公司运营，主基地航空公司是中国南方航空河南分公司。郑州机场航线数量虽然增速较快，但航线网络覆盖率低。此外，郑州航空港虽然被确定为国际航空货运枢纽，但本土货运航空公司（中州航空）也刚刚成立，数量极少。航空货运价格偏高，装载率低，运力未能得到充分利用，货邮吞吐量总量有待提高。加之军民航空域矛盾凸显等因素，航空运输总体规模依然有限，难以满足日益增长的发展需要。

### （四）枢纽产业结构有待优化，现代产业体系尚未建立

从宏观上来说，当前我国枢纽经济仍处于发展初期，枢纽经济类型上以交通枢纽经济居多，软性枢纽经济和虚拟枢纽经济发展还很有限。既有枢纽形态的布局特征决定了目前国内枢纽产业以物流中转、仓储和简单交易等传统产业居多，产业功能比较单一，附加值较低。以跨境电商、现代金融、电子信息、商贸会展为主的现代服务业和以精密机械、智能终端、生物医药等为主的高端制造业尚处于成长期，围绕枢纽尚未形成完整的产业链、供应链和价值链。各产业之间集聚融合不足，链式协同能力偏弱，发展缺乏柔性。另外，从枢纽、产业和城市的关系来看，枢纽经济发展的重要任务即强化集聚辐射能级，提升城市综合承载力。但由于枢纽产业结构的低端化和不合理，枢纽经济低水平循环发展的现象严重，制约了大产业体系成型，在很大程度上导致“枢纽—产业—城市”未能形成有效互动机制，产城融合度不高。

## 二、推进枢纽经济发展的路径与策略

### （一）加强顶层设计，完善枢纽经济规划体系

以综合枢纽建设为核心打造枢纽经济战略支点，构建层次分明、功能互补、区域特色、产业主导的规划体系，充分调动并协同激活枢纽经济发展的各类资源。应在汲取各省区枢纽经济发展经验的基础上，从国家层面通盘规划枢纽经济，高标准、高起点推进枢纽经济建设。枢纽经济发展规划需要与区域发展、交通运输、产业规划等国家和地区相关战略衔接，发挥政策叠加优势。一方面，在国家总体枢纽经济规划前提下，各地区应制定符合本地实际的枢纽经济规划纲要，推动总体规划和地区规划相结合；另一方面，在加强综合交通枢纽规划的同时，强化对不同功能枢纽（海港、空港、陆港等）的专项规划，将综合规划和专项规划协同推进，释放国家战略集成效应。

### （二）以综合枢纽建设为抓手，搭建枢纽经济运行平台

枢纽经济是以各类枢纽为载体，通过其聚疏要素资源演化而来的经济业态。根据枢纽种类不同，枢纽经济一般可划分为港口经济、空港经济、陆港经济等。但随着经济社会发展以及技术进步，单一运输向综合运输过渡、交通枢纽向集成枢纽升级的趋势愈加明显。根据我国枢纽建设实际情形，需要制定差异化的枢纽经济发展战略，推动单一枢纽到综合枢纽、区域枢纽到国际枢纽的升级演进。

交通枢纽型经济应立足不同类型口岸的功能和优势，发展特色口岸经济。例如，海港经济应突出规模优势，以口岸功能内移促进与陆港融合；空港经济应凸显效率优势，大力发展“陆港集疏+空港快运”业务，强化空港、陆港一体化发展；以铁路和公路为主的陆港应提升集疏优势，加强枢纽产业与市场联系。同时，以快速交通串联各种枢纽口岸，发挥口岸组合优势，促进多港融合。以多港互联互通为先导，建立一体化的通关体系和联运机制，形成互为支撑的枢纽体系。

此外，应基于交通枢纽优势，进一步发展信息枢纽、科技枢纽等多种枢纽形态，推进枢纽网络化、多中心化建设，形成“硬件枢纽+软件枢纽”“线上枢纽+线下枢纽”“虚拟枢纽+实体枢纽”等宽领域、多维度的综合集成枢纽系统，促使枢纽由传统运输中心向现代化组织中心转变，提高经济要素时空配置效率。

### （三）坚持跨界融合理念，推进枢纽经济与城市高效协同发展

枢纽经济一般依托区域中心城市发展，是现代城市发展的“硬核”，城市发展则是枢纽经济的重要依托和推力。发展枢纽经济应强化枢纽、产业和城市之间的跨界融合，以枢纽支撑产业发展，以产业推动城市建设，以城市促使枢纽壮大。枢纽所在城市应依据城市规划和土地总体利用规划，加强枢纽区域联动开发。统筹协调枢纽建设和城镇空间布局以及枢纽功能区之间、城市与枢纽功能区之间的关系，实现整体开发与局部开发、平面开发与立体开发相结合，推进城市经济转型发展。

另外，产业新城是我国城镇化发展和都市圈建设的“有力武器”，是枢纽经济发展的重要阵地。需要将枢纽经济发展和产业新城建设有机结合，在既有城市中心之外打造新的经济驱动中心，实现城镇空间拓展优化和经济增长动能强化的共赢格局。基于“以产带城、以城兴产”理念打造产业新城，将产业新城作为发展枢纽经济的有效突破口，促进枢纽与城市、产业深度耦合发展，培育枢纽经济新的增长极。

### （四）大力培育枢纽产业，夯实枢纽经济发展基础

第一，基于不同枢纽的功能定位，选择差异化的产业发展战略。立足枢纽精准识别主导产业，在传统产业基础上，以战略性新兴产业为突破口，大力推进交通与物流商贸、金融服务、现代制造、科技研发等增值服务协调发展，打造集运输产业、电商物流、智能制造、IT产业、城市服务于一体的综合服务平台，构建枢纽产业生态圈。利用互联网、物联网等新经济平台，依托实体枢纽的智能化运行和信息枢纽的要素集聚，破除信息孤岛，发展总部经济。

第二，调整优化产业结构，补齐枢纽产业“弱链”和“缺链”环节。不同产业之间应建立完整的产业链，增强链式发展合力。枢纽依赖型产业向产业链上下游延伸，不断扩大枢纽产业范围，提升产业竞争力，促进枢纽产业向价值链高端升级。以枢纽产业园区为载体孵化核心企业。在枢纽经济发展到一定阶段后，对于一些中高端核心产业必须保留并进一步壮大，对于一部分非核心产业要适当转移，为核心产业发展腾挪更多空间，做到“聚、疏”有道，“留、流”并举。

第三，枢纽经济不是封闭式经济，而是开放式经济。在“双循环”政策组合框架规约下，枢纽经济要立足国内大循环，以打造大产业体系为出发点，不仅要形成闭合循环的完整产业体系，支持关键产业链及其核心环节、链主企业的布局和发展，提升国内区域价值链水平。同时，要建立竞争有序的开放型经济系统，在统一大市场中构建涵盖本地、区域和全球的多层次、立体化的产业链体系，推动枢纽经济深入有序发展。

部分省区枢纽经济发展目标和规划如表 1-1 所示。

表 1-1　部分省区枢纽经济发展目标和规划

| 地区 | 枢纽经济发展目标和规划 |
|---|---|
| 粤港澳大湾区 | 旨在构建综合物流通道和网络体系，建成国际一流湾区和世界级城市群框架 |
| 上海市 | 打造虹桥国际开放枢纽，努力建成国际数字经济枢纽 |
| 江苏省 | 依托机场、高铁、港口等交通枢纽形成新的经济增长点，促进交通与物流深入融合，打造宁镇扬、苏锡常通泰盐、连徐淮宿三大枢纽板块 |
| 甘肃省 | 打造以兰州为中心的陆港型和商贸服务型物流枢纽新高地，构建通道物流产业高质量发展的枢纽经济体系 |
| 河南省 | 2017 年第一次在省级层面提出发展“枢纽经济”的任务，将建成郑州“米”字形高铁网，加快“四纵六横”货运干线铁路网和城际铁路网建设，打造航空货运枢纽和国际航空物流中心。省内商丘市在全国范围内编制了第一个城市枢纽经济发展规划 |
| 陕西省 | 大力发展枢纽经济、门户经济、流动经济，促进资本、信息、人才、技术等要素聚集 |
| 四川省 | 加快建设以成都国际铁路港、国际航空港、陆上物流服务网络、航空物流服务网络、航空客运服务网络为主的“两港三网”，完善枢纽网络体系 |
| 云南省 | 构建“一核一带三翼”物流枢纽体系（滇中物流枢纽发展核，沿边物流枢纽发展带，滇西、滇东北、滇南物流枢纽发展翼）和“四出境四出省”物流通道体系，形成“设施+功能+区域”联动的物流枢纽网络 |
| 新疆维吾尔自治区 | 大力推进乌鲁木齐丝绸之路经济带核心区商贸物流中心建设，打造环乌商贸物流核心圈，强化乌鲁木齐国际化物流枢纽地位 |
| 吉林省 | 将物流枢纽作为城市发展的创新平台，提升物流枢纽承载城市规模经济效应和综合竞争优势 |
| 内蒙古自治区 | 打造中蒙俄经济走廊核心枢纽，构建向北开放的“桥头堡” |

资料来源：根据各省市官网资料整理。

## 拓展阅读

### 战略骨干通道建设工程

1. 出疆通道。建设和田至若羌、伊宁至阿克苏、若羌至罗布泊、精河至阿拉山口增建二线等铁路，实施精河经伊宁至霍尔果斯铁路扩能改造。建成京新高速公路巴里坤至木垒段，完成国道 315 依吞布拉克—若羌—民丰段建设改造。

2. 入藏通道。建设川藏铁路雅安至林芝段，推进青藏铁路格尔木至拉萨段电气化改造、日喀则至吉隆铁路等项目前期工作，适时启动新藏铁路重点路段建设。建成京藏高速公路那曲至拉萨段、雅叶高速公路拉萨至日喀则机场段，提质改造川藏公路 318 线、滇藏新通道西藏段（丙察察），推动国道 219 米林至墨脱段建设，实施川藏铁路配套公路工程。

3. 沿江通道。建设成都重庆至上海沿江高铁。实施长江中上游干线航道等级提升工程，系统疏解三峡枢纽瓶颈制约，推进三峡翻坝转运、金沙江翻坝转运设施建设，深化三峡水运新通道前期论证。推动宁芜高速、沪渝高速武汉至黄石段、渝宜高速长寿至梁平段以及厦蓉高速、银昆高速成都至重庆段等高速公路扩容改造。

4. 沿海通道。建设上海经宁波至合浦沿海高速铁路。按二级及以上标准推动沿海国道228改造，推进沈海高速火村至龙山段、福鼎至诏安段等扩容改造。

资料来源：国家发改委.“十四五”现代综合交通运输体系发展规划[EB/OL].https://www.ndrc.gov.cn/fggz/fzzlgh/gjjzxgh/202203/t20220325_1320208_ext.html.

## 本章小结

交通枢纽是国家或区域交通运输系统的重要组成部分，是不同运输方式的交通网络运输线路的交汇点，是由若干种运输方式所连接的固定设备和移动设备组成的整体，共同承担着枢纽所在区域的直通作业、中转作业、枢纽作业以及城市对外交通的相关作业等功能。交通枢纽是由复杂的交通设备与建筑组成的群体，一般由车站、港口、机场和各种线路以及为完成装卸、中转、各种技术作业所需的设备等组成。交通枢纽在历史上随着交通运输方式的变迁而不断升级变化，分别出现了驿站、码头、站场、港口、机场、综合枢纽等形态，枢纽等级越来越高，枢纽功能越来越完善。

枢纽经济以交通枢纽平台为硬件载体，以聚流和辐射为特征，对客流、物流、信息流、资金流等要素进行支配，重塑产业空间分工体系，全面提升城市能级的经济发展模式。功能聚疏性、空间开放性、多维融合性、迭代周期性、形态多样性是枢纽经济的主要特征。“点-轴”理论、增长极理论、流量经济理论、工业区位理论、综合交通运输理论等构成了枢纽经济发展的重要理论来源。枢纽经济的出现是历史发展的产物，是枢纽与区域经济深度融合的结果，在不同的历史阶段有不同的特征。现阶段，我国枢纽经济发展面临着一些问题与挑战，亟须创新体制机制，增强制度供给，加大支持力度，推动我国枢纽经济向纵深发展。

## 课程思政

### 北京大兴机场：绿色交通的典范

建立绿色低碳发展的经济体系，促进经济社会发展全面绿色转型，才是实现可持续发展的长久之策。要加快形成绿色低碳交通运输方式，加强绿色基础设施建设，推广新能源、智能化、数字化、轻量化交通装备，鼓励引导绿色出行，让交通更加环保、出行更加低碳。绿色交通是指为了减低交通拥挤、降低环境污染、促进社会公平、节省建设维护费用而发展低污染、有利于城市环境的多元化城市交通运输系统。

2021 年 1 月 21 日，交通运输部印发《绿色交通“十四五”发展规划》，强调要全方位、全地域、全过程推进交通运输行业绿色发展，注重发挥各种运输方式的比较优势和组合效率，着力优化交通运输结构和用能结构，促进行业绿色低碳转型。作为“新国门”，北京大兴机场从规划设计到开通运营，绿色发展理念贯穿全过程。

以先进设计争做绿色机场引领者。在规划设计阶段，大兴机场就将绿色建筑理念贯穿整个设计和建设全过程。大兴机场红线内100%为绿色建筑，其中三星级绿色建筑比例达到70%。大兴机场航站楼作为面积最大的绿色三星级建筑，同时也被评为节能AAA级建筑。大兴机场充分利用了低碳建筑技术和低碳材料技术。目前，大兴机场拥有全球最大的地源热泵集中供能项目，并创新性地采用地井式地面专用空调。

通过更高效率的运营实现更大限度地降低能耗和排放，是大兴机场的重要设计思路。大兴机场首创国内全向跑道构型，拥有世界最高等级的地面活动引导与控制自动化系统（A-SMGCS），四项旅客中转指标均居于世界前列。同时大兴机场也将环境友好融入各项设计，充分贯彻了海绵机场、花园机场的建设理念。作为全球噪声影响最小的大型枢纽机场之一，大兴机场也拥有全国首个机场环境管理信息系统，并同时配备除冰液回收与再生系统及车辆尾气监测线。

以创新实践争当绿色发展的先行者。自获得四型机场示范项目批复以来，大兴机场继续深入推动绿色发展，实践融合创新，完善管理体系，开展了一系列工作。大兴机场先后顺利完成蓝天保卫战第三轮督查、积极推进民航绿色机场重点实验室申报、飞行区除冰废液处理及再生设施正式投产、积极参与UNDP中国公共建筑能效提升项目（交通场站类）、发布北京大兴国际机场运营阶段绿色机场推进方案、发布北京大兴国际机场“十四五”绿色机场专项规划报告、组织召开绿色高质量发展新路径研讨会、推进绿色发展宣教基地建设等。

以卓越成效实现节能减排降耗指标。大兴机场积极与航空公司合作，实现了应用尽用原则下APU替代设施100%使用率，有效节省航油消耗。大兴机场高效推进特种车辆“油改电”。目前空侧清洁能源车比例已达78%。2021年上半年单位旅客电耗相较于2020年全年单位旅客电耗降低了43%；单位旅客综合能耗和耗水量相较于2020年全年均降低了26%。

2020年10月底，中国民航四型机场建设发展大会暨成果展公布《2020年度四型机场示范项目名单》，其中《大兴机场绿色机场建设》被评选为民航局四型机场示范案例。大兴机场也将继续深入贯彻落实习近平总书记五大新发展理念和民航局四型机场的建设理念，为实现绿色机场运营目标继续奋斗，为实现碳达峰、碳中和目标贡献智慧和力量。

资料来源：大兴机场打造“绿色机场”新标杆[N].中国民航报，2020-10-15（1）.（编者对其进行了整理改编）

## 课后习题

1. 枢纽经济有哪些特征？
2. 枢纽经济的理论来源有哪些？
3. 何为枢纽经济？

## 拓展学习

河南枢纽经济振翅

## 推荐阅读

[1] 姚志刚. 运输枢纽规划与设计[M]. 北京：人民交通出版社，2021.
[2] 荣朝和，林腾启，李红昌，等. 运输经济学通论[M]. 北京：经济科学出版社，2022.
[3] 国家发展和改革委员会综合运输研究所. 中国交通运输发展报告（2021）[M].北京：中国市场出版社，2021.

# 第二章　国内外枢纽经济发展道路与实践

## 学习要点

1. 国外枢纽经济的发展历程；
2. 我国典型地区枢纽经济发展经验；
3. 国内外枢纽经济发展实践；
4. 国外枢纽经济发展对国内发展的启示。

## 学习目标

了解国外枢纽经济发展历程；熟悉国内典型枢纽经济发展现状；掌握国内枢纽经济发展基本思路；了解国外枢纽经济发展对国内发展的启示。

## 引导案例

### 营口：东北百年港城“枢纽经济”一脉相承

辽宁营口1861年对外开埠，成为当时的大码头东北航运中心，“舳舻云集、日以千计”，粮豆集散、土杂集散、药材集散、茶叶集散在全国举足轻重。大屋子、银炉应运而生、盛极一时。如果换作现在，这两种业态会被称作仓储物流中心和金融结算中心。受国家顶层设计馈赠，营口近两年加入自贸区队列，获批建立东北沿海唯一综合保税区，开放的大门越开越大，枢纽经济的开放实践越发丰富。港口与自贸区跨越空间、跨越体制一体化发展，多种业态抢早布局，打造航运金融、制造业金融、科技金融、跨境金融“四位一体”的金融服务综合体。辽南首个人力资源服务产业园依靠市场化专业力量搭建互联网与项目运营、人才交流、大数据、企业结算融合的平台体系。保税加工、总部经济、跨境电商等产业，链接起多区域、多层次、宽领域的国际合作平台。

营口的区域性国际物流中心和国际海铁联运大通道枢纽地位凸显，形成“一心、四区、多园”，即以港口为中心，鲅鱼圈港前物流、盖州农副产品、大石桥矿产品、老边钢铁及原（燃）材料为4个区片，商贸商务、金融、物流、旅游、电子商务等园区和集聚区共同发展的现代物流框架体系。至2021年11月，营口枢纽在东北地区地级市物流服务节点实现全覆盖，枢纽—东北地区班列线路达到132条，往返循环运输班列19条，成组运输线路16条，海铁联运量达到90万标箱（TEU），单位物流成本约比2018年降低3%，干线运输到发规模占枢纽总运输比例约为47%，枢纽专线分拨集散运输网络辐射周边超过200千米，有效支持枢纽提质扩能。

营口市通过建立起高效运转的“港产城”联动体制机制，完善以营口港为核心的多式联运体系，促进多种运输方式无缝衔接，加大产业培育力度，壮大港口产业链发展，大力发展数字产业，提升港产城信息化水平，使港口、产业、城市实现了深度融合发展。预计到2025年，“港产城”融合发展将实现重大突破，港口吞吐量达到2.74亿吨，集装箱运量实现690万标箱；海铁联运量达到150万标箱，占营口港集装箱吞吐量的21.7%；临港产业初步形成规模，五大支柱产业产值突破2 800亿元，港口吞吐量本地货物占有率力争达到15%；城市功能更加完善，生态环境进一步改善，城市化率达到70%以上，全市“前港—中区—后城”空间发展格局基本形成。此外，营口市还将依托港航资源，为客户提供综合服务，打造大宗物资B2B的港口产业互联网平台，以创新的服务模式和盈利模式助推港口经济结构转型升级，不断提升城市建设水平，做好配套服务保障。

资料来源：辽宁省人民政府.打造“网红小镇”，见证老边美好前景[EB/OL].http://www.ln.gov.cn/ywdt/qsgd/yks/202006/t20200605_3873012.html.（编者对其进行了整理改编）

## 第一节 国外枢纽经济发展概况

### 一、国外枢纽经济发展历程

全世界的枢纽经济城市发展过程都经历了3个阶段，所以枢纽经济引领经济增长分成3个部分：初期阶段、中间阶段、高级阶段。初期阶段以交通枢纽为主，投资以基础设施建设为主导，依托枢纽自身优越的区位地理条件，承担人、财、物等经济要素的传递功能。它的核心实质是通达性和融合度，所以初期交通枢纽阶段更注重互联互通互融。中间阶段是经济枢纽阶段，在强化枢纽设施的基础上，更加注重规划的引领作用。规划在这个阶段对经济的发展起着巨大的作用。大力发展指向型制造业和服务业，枢纽产业和经济的搅拌器、放大器功能在这一阶段开始逐步增强，最终形成了产业密集区。在此之后，枢纽自身完成了由枢纽功能型向枢纽经济的转型。高级阶段是枢纽区域迈向枢纽经济的腾飞发展阶段。在这一阶段，枢纽成为区域性经济增长的核心，各类要素自发聚集在枢纽这个产业集群，推动了当地的产业升级，枢纽经济对周边的辐射带动能力明显增强。

### 二、国外典型枢纽城市发展枢纽经济案例

纵览全世界各地的枢纽城市，以亚特兰大、法兰克福、巴黎、阿姆斯特丹、鹿特丹、香港、新加坡、迪拜等为代表的枢纽城市，在打造枢纽体系、完善枢纽功能、发展枢纽经济等方面具有一定的借鉴价值。

美国的亚特兰大有19个机场，连续19年成为全球最繁忙的机场。同时，该市有180个

国内航班和 200 多个国际航班，7 条铁路和 4 条州际公路交汇于此，同时有 85 千米的地铁和 100 千米的环城公路。作为美国重要城市，亚特兰大 2019 年的 GDP 达到 3 815 亿美元，是美国第九大经济区、第一大工商业城市，也是财富五百强全世界聚集最密集地排名第三的城市。18 家五百强公司的总部设在了亚特兰大，1 250 家跨国公司的办事处、26 个总领事馆，全美 500 家大公司中有 430 家在亚特兰大设有分公司，北美的制造商和分销商坐落在亚特兰大周边的占 40%，枢纽经济对经济增长有极大的促进作用。

德国的法兰克福是德国乃至欧洲的工商业重镇，也是德国和欧盟的经济首都，它是德国的第五大城市，贡献了德国一半的 GDP 和 85%的股票交易。法兰克福国际机场是欧洲第三大国际机场，有 260 条航线。德国最大的 100 家工业企业中有 20 家设在法兰克福，集聚效应非常强。

法国戴高乐机场是欧洲重要的枢纽机场，在机场运营以前，沿着高速公路建设工业用地、商业中心，但发展较慢；机场运营后，围绕机场开展空港功能，形成交通枢纽。在 20 世纪 80 年代，建设展览中心和商业中心，形成物流、展示、会议、商业等功能的综合体；90 年代之后，随着欧洲一体化的进程，高速火车及其换乘中心建成，成为整个欧洲级商务核心区。

阿姆斯特丹史基浦机场是荷兰主要的进出门户。作为重要的航空枢纽，史基浦机场在最初设计时就综合了海运、陆运、铁运 3 个方面的考量，将多种交通方式无缝衔接。乘小火车 15 分钟就可直达连接欧洲铁路网的阿姆斯特丹中心火车站，每隔 10 多分钟就有一列国际列车进出，通过相连的 A5 道路连接鹿特丹、海牙至阿姆斯特丹等重要城市。阿姆斯特丹地区已形成以机场为中心的“三横三纵”的高速公路网络和“井”字形城市轨道网络，实现了海、陆、铁与航空的多式联运。优越的地理位置使其成为重要的欧洲空中门户、北欧的航空网络中心。巨大的客流量和货流量带动了史基浦机场的快速发展。大量中转旅客在机场及周边地区娱乐和消费，刺激机场大力发展相关服务业。机场积极投入非航空产业发展，设有世界贸易中心、免税购物中心、美术博物馆等。史基浦机场已经从单纯的交通枢纽转变为一座聚集了人流和物流，展览、观光以及娱乐商贸一体化发展的“国际空港”，为当地更高效地执行更广泛的服务网络提供了支持。政府的前期规划和政策支持对史基浦机场航空港建设起到了至关重要的作用。在 20 世纪 80 年代的扩建过程中，荷兰政府以国家战略高度对机场周边发展进行定位与规划。机场周围用地预留充足，为其可持续发展提供了更多空间。同时，政府出台了一系列税收优惠政策和便利的报关设施，为招商投资提供了极大的吸引力和便利。阿姆斯特丹航空城是中央政府、地方政府、机场、专业开发机构和协作机构合作开发的成功典范。政府统一规划和主导机构协调开发的模式保证了政府规划的有效实施，并通过有效协调避免了不同利益主体的冲突，同时兼顾社会效益与商业效益的平衡。

史基浦机场周边的产业是伴随着机场和区域的发展而不断演化的。发展初期，靠近空港区域的产业主要集中在传统产业上。荷兰是世界上三大农产品出口国之一，最大的出口流量源自观赏类植物，全球交易的鲜花有 80%是通过阿姆斯特丹史基浦机场出口的。世界上最大的花卉市场阿尔斯梅尔花市与史基浦机场相邻，极大程度上利用了机场带来的运输优势。随着临空经济区的形成和发展，出现了多个高端产业园，以高科技产业、物流业与金融服务业为主导，带动了临空经济区的产业结构优化。近年来，荷兰政府对枢纽航空港战略的定位保持不变，并扩展原有的物流概念，延伸至高品质的经济中心，将对史基浦机场的定位升级为改善荷兰的国际经济环境和提升国家竞争力。史基浦机场已经与知识经济的其他因素联系起来形成了“Brainport”。以航空业为基础，围绕史基浦机场发展形成一个多功能、多产业的区域商业中心，具有更大的集聚和辐射效力，成为阿姆斯特丹市的平衡增长极。

传统交通枢纽在信息技术革命的大潮中，唯有通过创新发展才能不被淘汰，其中美国孟菲斯的经验值得重视。孟菲斯作为典型传统交通枢纽，依托航空物流成为美国货运枢纽，也根据商贸、物流线上平台发展要求，准确分析自身信息化发展需求，实现传统枢纽转型升级。孟菲斯建立于 1819 年，是美国重要的交通枢纽和运输业中心，拥有世界上最繁忙的货运机场，年运输货物达 63 亿吨。就地理位置而言，孟菲斯享有发展航空业得天独厚的优势。第一，孟菲斯位于美国中南部，密西西比河横穿市区，处在美国南北水上大通道咽喉的位置上；第二，两条州际高速公路交会于此，货运集装箱可以在 10 个小时内抵达美国本土 2/3 的地区；第三，孟菲斯铁路交通比较发达，火车站紧邻密西西比河，有利于水陆联运节省成本；第四，孟菲斯冬季气候温和，降雪较少，不会对航班起降造成季节性影响，周边的平原地形也有利于飞机起降。

除了出众的地理区位优势，孟菲斯的机场设施、政策环境为航空业提供了软件和硬件的“双保险”。在软件服务方面，孟菲斯机场非常重视客户需求，在机场管理、航班安排、地面交通、安全检查等方面都做出了周密的规划管理；在硬件方面，机场配合联邦快递成功开发并使用了中央计算机系统、数码辅助公派系统、包裹扫描系统、自动托运系统、自动化标签系统、电子通关系统等多种科技手段，确保了航空货运的高效便捷。此外，孟菲斯利用其机场的环球运输网络，带动了机场周边产业的发展，如国际物流、纺织、钢琴、汽车及货车零部件生产、健康保健和医疗设备等，并融合了科研、加工制造、仓储、物流及商务等产业增值链。这种崭新的产业发展模式融合了信息科技、航空港及快递业务，三者及其所提供的服务网络，成为孟菲斯机场经济增值链上的发展特色，进一步扩大了机场的货运市场需求。“物流枢纽”给孟菲斯带来了巨大的经济效应，“孟菲斯成长模式”表明，现代物流业作为一种先进的组织方式和管理方法，已成为区域经济发展的重要增长极。

## 三、国外典型枢纽经济发展实践总结

枢纽城市首先是主要的金融中心和大型公司总部的聚集地以及国际性机构的集中地，同时也是世界重要的交通枢纽，由此带动了城市科技创新实力增强，提升了现代服务业比重，形成了高效的资源配置能力和强大的国际辐射能力。枢纽经济在地区发展中具有明显优势：从最初磁场般的强大聚集力和聚集效应，再向周边扩散，辐射力增强，同时优化资源配置，最终形成了开放发展效应，“枢纽+制造业”“枢纽+现代服务业”“枢纽+科技创新”等形态迭出，大量的滚雪球效应出现。

以孟菲斯为例，孟菲斯具有得天独厚的交通区位优势，组建集航空、水路、铁路、高速公路为一体的多式联运模式。依托多式联运模式，吸引众多企业入驻，为航空城提供了固定的航空货源。进入 21 世纪后，以物流带动多产业发展，以机场为核心，形成典型的空港经济区，包含轻工业区、办公商务区、高档零售区、商务酒店、餐饮服务、娱乐休闲健身、高尔夫运动和居民住宅等区域。作为一个内陆城市，孟菲斯之所以能够在短时间内集聚如联邦快递等一批世界知名航空物流企业，离不开它处于中心地理位置的区位优势以及丰富的运输基础设施。

### （一）孟菲斯综合交通体系较发达

公路方面，孟菲斯与横穿美国东西方向和南北方向的公路相连，7 条高速公路在此相交，使美国 152 个大城市到孟菲斯只有一晚行程；铁路方面，孟菲斯拥有 5 条 I 级铁路，6 个铁路码头，每天有 220 班列车；水运方面，孟菲斯是美国第四大内河码头，每年约有 63 亿吨内河运输货物，拥有 44 个私营站，8 个政府运营站，超过 30 个国际货物运输代理公司。

### （二）孟菲斯机场的货物中心附近交通便利，货物可以便捷运出

货物中心建筑设施非常完备，可满足货物处理的所有要求，包括运入和运出都非常方便的货物存储间、交叉性码头设计、危险品存储间、冷藏间、木工工作间、公共休息室、接待室、办公区域和管理室。

### （三）孟菲斯机场视客户为“上帝”

在机场管理、航次安排、地面交通、安全检查等方面，机场当局是“主人”，在水、电、暖供应，航务保障、后勤服务等方面处处体现为“仆人”，对航空公司关怀无微不至，使航空公司信心大增，投资大增，提高了服务水准，赢得了更多的效益。

### （四）设置管理委员会机构

为有效转换政府职能，孟菲斯当地成立孟菲斯机场，由孟菲斯和夏尔比郡机场委员会进行专门管理，由 7 位来自航空、工程、法律、产业或金融领域的专家委员会成员，联合大孟菲斯商会、美国民航管理局对孟菲斯机场的规划和金融活动进行专门的研究及管理，全方位支撑新发展阶段下的发展策略制定。

## 拓展阅读

### 荷兰发展国际物流具有独特优势

荷兰是欧洲领先的配送中心，拥有欧盟第二大制冷和冷冻存储容量。1 000 多家美国和中国公司已将荷兰作为其泛欧物流、产品分销中心，该国的中心位置使其成为欧洲最经济的交通枢纽，运输成本节约是将荷兰建成泛欧物流中心的最大原因。荷兰是欧洲物流服务提供商最集中的国家，外国公司可以利用荷兰的第三方物流能力进行供应链设计、全球货运代理服务、清关、仓储、最后一公里配送和一系列特殊服务。对于进口到荷兰然后运送到其他欧盟国家客户的货物，这些货物可以在欧盟内免费流通。通过海运集装箱运输到鹿特丹的货物可

以在几天内通过公路货运拆散并运输到整个欧洲的终端客户手上，从而形成一个非常经济的泛欧洲物流战略体系。

“一带一路”背景下，中欧贸易处于空前发展景象，将货物从中国运往欧洲有多种选择。面对所有与新冠病毒相关的供应链挑战，从中国到欧洲的铁路货运越来越受欢迎。与海运相比，这种跨境运输方式可以缩短20天的运输时间，而且比空运便宜30%。当然，航空运输仍然是速度最快的物流方式，对于需要快速进入市场的高价值产品，从中国空运经过阿姆斯特丹只需1~3天的“门到门”行程，其具体取决于最终目的地。

资料来源：中国经济网.荷兰创国际物流体系新航路[EB/OL].http://intl.ce.cn/sjjj/qy/201812/07/t20181207_30979611.shtml.（编者对其进行了整理改编）

## 第二节　国内典型地区枢纽经济发展实践

### 一、江苏省枢纽经济发展实践

#### （一）基本思路

发展枢纽经济，江苏遵循“依托大交通，形成大物流，构建大产业，促进大发展”的发展逻辑，以构建包括航空、高铁、公路、航运的无缝衔接立体化综合性交通枢纽为导向，带动物流枢纽的跟进和偏好型产业集群的形成，优化枢纽型经济联动布局，促进区域性金融中心和创新创业中心的建设，提升区域整体经济发展水平。推动枢纽经济发展三步走，重点依托港口、机场、高铁站等枢纽，推动临港经济、临空经济、高铁经济成为新的经济增长点，促进交通与物流的深度融合，统筹交通枢纽和物流节点的优化布局。具体来说，依托南京、无锡、淮安等地机场，支持发展现代空港产业，建设南京临空经济示范区等；以连云港、南京港、苏州港、南通港为重点，支持发展现代航运服务业；围绕铁路枢纽，突出发展高端商务、旅游休闲等产业。主动服务中国（江苏）自由贸易试验区发展，完善支撑和引领自贸区发展综合交通运输体系。到2025年，宁镇扬、苏锡常通泰盐、连徐淮宿三大交通枢纽板块形成一批初具规模、具有全国示范效应的枢纽经济区。2035年，全面形成“布局完善、功能完备、协同高效、深度融合”的重大交通枢纽网络，使其在全球有影响、在全国有竞争力的枢纽区域地位显著增强。

1. 坚持以全球视野谋划

江苏在全国发展大局中占有重要位置，其枢纽经济天然具有现代化、国际化、融合化的特征。江苏在推动枢纽经济加快发展的过程中，必须在更高站位、从更高起点、依更高标准谋划，瞄准全国性综合交通枢纽、区域性综合交通枢纽和地区性综合交通枢纽建设目标，对标国际规则，着力打造一流的设施、一流的技术、一流的管理和一流的服务，在全国形成大格局、高规格的交通物流枢纽地位，推动全方位高水平对外开放。

2. 坚持统筹合理化布局

枢纽经济完全颠覆了以往资源配置的格局。强化枢纽支撑，推动各种资源要素在江苏交汇交融、聚合反应，就要以全省“一盘棋”的思维，打造整体功能强大的枢纽组团。按照江苏省所强调的，南京要重点提升城市首位度，构建“米”字形高铁网络，在长三角区域打造出仅次于上海的核心交通枢纽；徐州要围绕东西双向开放和服务淮海经济区的目标，建设高标准的国际陆港，与淮安空港及连云港海港互为支撑，组成高水平的苏北交通枢纽体系；无锡、苏州、南通等城市要持续提升枢纽功能，使枢纽城市的集聚力和辐射力进一步增强。

3. 坚持有所为有所不为

枢纽的规模和产业布局必须与城市能级、区域发展中的功能和定位、国家战略中的使命和职责相适应。打造枢纽偏好型产业发展高地，各地要依托自身枢纽优势，不能摊大饼式地搞枢纽建设，要布局谋划与枢纽条件、城市规模相适应的港口经济、航空经济和高铁经济，推动交通运输与物流业、制造业、商贸业等关联产业融合发展。同时，要发挥好“体系”的组合功能，补足省内高铁、航空和过江通道等突出短板，注重各种运输方式的协调匹配、各展所长，以及各种设施的互联互通和运输转换的无缝衔接。

4. 坚持软硬件并行推进

从聚焦基础设施的建设和联通到要素的集聚，从产业的融合发展到创新的策源地，从交通枢纽到经济枢纽，从信息枢纽到创新枢纽，枢纽的概念正在变化升级。对此，必须刷新对枢纽及枢纽经济的认识，树立新的“枢纽观”。

随着信息时代的到来，尤其是科技创新的进程伴随着经济全球化明显加快以来，枢纽经济的内涵更加丰富，信息与创新活动的聚集与辐射开始成为新的主体。枢纽经济既需要高水平的硬件基础设施作支撑，也离不开金融、贸易、商务、文化、科技等软性服务的集聚，要在注重硬件设施建设的同时，更加注重软件环境的营造，使江苏科教资源集中的优势更好地发挥出来，也为江苏现代服务业的发展提供更丰厚的土壤。

### （二）发展成效

枢纽经济是交通运输与经济社会深度融合的产物，是一种崭新的经济模式。近年来江苏狠抓硬件设施、产业布局、制度环境等关键环节，在枢纽经济发展方面取得了一定的成效。

1. 立体交通枢纽发展态势日益显著

江苏坚持以我为主、系统谋划，一批推动长江经济带建设、长三角一体化发展的交通规划和协议先后出台，沿江城市群城际铁路建设规划、南京铁路枢纽总图规划获国家批复，综合交通规划取得了重大突破。目前已建成 166 个三级以上客运枢纽、180 个货运场站、42 个多式联运型货运枢纽，初步形成一批区域辐射带动作用大的物流集聚区。南京、连云港、徐州、无锡4个全国性综合交通枢纽功能得到提升，苏州、南通、淮安等区域性综合交通枢纽建设加快推进，枢纽城市辐射力和竞争力进一步增强。

2. 传统枢纽型产业规模效应逐步增强

以交通枢纽为载体和依托，江苏进一步优化全省产业布局，推进集群发展，枢纽型产业规模日益壮大。南京、镇江、无锡、苏州等地主动对接大飞机项目，沿沪宁线积极培育航空产业集群，南京南站、苏州客运西站等高铁枢纽以高端商务商贸、旅游服务等为重点，加快发展高铁枢纽经济，依托港口码头，在沿江沿海地区集中了全省90%以上的冶金、石化、造船企业。

3. 枢纽节点营商环境明显改善

江苏持续加码“放管服”改革，营商环境位居全国前列。枢纽节点城市纷纷在优化营商环境上出实招、出硬招，打造更具吸引力、竞争力的营商环境，为各地枢纽经济发展提供了重要支撑。南京将“坚持用户思维，注重客户体验”作为优化营商环境过程中一以贯之的主线，制定出台了《南京市优化营商环境100条》，在《中国城市营商环境报告2018》中跻身全国前十。无锡大力推进“放管服”改革，针对企业反映的难点、痛点、堵点问题，出台了《无锡市进一步优化营商环境的实施方案》,力争将无锡打造成为全国优化营商环境示范城市。

4. 枢纽城市发展能级稳步提高

南京、连云港、徐州、无锡作为被纳入全国性综合交通枢纽布局的城市，近年来城市能级不断提升。南京、无锡先后加入万亿俱乐部，经济总量分别达到1.28万亿元和1.14万亿元。南京创新名城建设稳步推进，高新技术产业产值突破万亿元大关，无锡科技进步贡献率达到64.8%，创新竞争力指数位居中国城市第12位，两地的城市影响力、综合竞争力不断增强。徐州作为淮海经济区中心城市，正从老重工业基地向产业科技创新中心、先进制造业基地、现代服务业高地转型，连云港国家创新型城市、国家知识产权试点城市建设稳步推进，两地在区域内的辐射和集聚能力不断提升。

## 二、安徽省枢纽经济发展实践

### （一）发展现状

安徽物流枢纽节点建设是安徽协调加强和促进发展物流业及相关衍生产业的关键时机，通过紧抓重大项目建设进度，着力提升安徽软硬件设施和服务水平，将安徽枢纽承载城市打造成大聚集、大流量、大消费的枢纽经济节点。在国家物流枢纽承载城市方面，安徽共有5个城市入选，其中合肥入选陆港型国家物流枢纽承载城市，芜湖、安庆入选港口型国家物流枢纽承载城市，合肥、蚌埠入选生产服务型国家物流枢纽承载城市，合肥、阜阳入选商贸服务型国家物流枢纽承载城市。安徽精准施策推进物流基础设施网络建设，着力提升物流网络布局和服务质量，为安徽经济社会高质量发展提供坚实支撑。

1. 合肥枢纽建设

合肥市集陆港、生产服务、商贸服务枢纽于一身，已建成商合杭、合安高铁、安九高铁、合新高铁，谋划合肥都市圈城际轨道交通网络，加快完善铁路枢纽“米”字形快速路网。合肥依托火车北站倍增物流货运量，引进岗集宝湾产城国际物流产业园项目打造陆港，提升出口加工区和恒通铁路及派河港的生产服务物流，加速华南城的商贸服务物流等。同时结合2020年1月9日中国民航局签发的《民航局关于合肥新桥国际机场总体规划修编的批复》，加快建设发展合肥机场，把合肥机场建设成长三角区域的重要枢纽。合肥市着重通过陆水空方面的系统化建设，加速打造富有特色的国家重要物流枢纽承载城市。

2. 芜湖枢纽建设

芜湖市重点发展港口型物流枢纽，依托安徽省港航集团着力推动实施长江下游集装箱转运中心、大宗散杂货集散中心和现代航运服务业集聚区的“一区两中心”建设，以高质量的港口建设，促进港口经济发展，推进芜湖港业务转型升级和功能拓展掘深，依托港口综合基地，打造煤炭、农产品等零散商品的重要储存、二次加工和转运中心，加快商合杭高铁芜湖段、芜湖至黄山高速、朱家桥外贸综合物流园等建设，联动区域商贸服务、制造业能级提升。

3. 安庆枢纽建设

安庆市紧抓国家“一带一路”和长江经济带建设战略机遇，重点将安庆港打造成为长江黄金水运通道和连接东西部地区的物流枢纽。以安庆港物流枢纽为依托，提升畅通水运做大做强货运，贯通安庆港与商贸流通业、农业、工业等产业结合，推进安九高铁特别是龙山隧道工程突破铁路瓶颈，扩建安庆天柱山机场航站楼等设施提升空运能级，全面壮大开放安庆市经济，做实做强区域枢纽产业。

4. 蚌埠枢纽建设

蚌埠市重点发展制造业综合物流、信息化物流、综合口岸物流，持续推进服务业集聚区、示范物流园区等平台升级迭代。以平台为枢纽，推广“互联网+物流”服务项目扩面掘深，打造基于物流协同化配送的服务基地，借助物流枢纽的强集聚性，促进蚌埠市全产业链发展，加快推进蚌埠市生产服务型枢纽建设。

5. 阜阳枢纽建设

阜阳市商贸流通量大质优，引致商贸物流节节攀升，开通商合杭高铁、郑阜高铁及阜阳西站，实现阜阳铁路向环形放射式的转变。重点推进阜阳农产品物流中心、阜阳铁路物流港、淮河阜阳港、阜阳机场飞行等级由4C级提升至4D级等物流枢纽项目规划建设工作，完善阜阳“井”字形绕城高速公路枢纽网络结构，提升公铁水空多式联运能级。以多式联运枢纽为依托，提升物流运输服务水平，着力打造商贸服务型物流枢纽承载城市，带动发展阜阳市区域产业。

## （二）发展思路

### 1. 加快织全织密物流枢纽网络

从铁路、公路、水运、空运等方面加强物流枢纽建设，涉及商合杭高速铁路、芜黄高速公路、芜湖—马鞍山江海联运中心、安庆港、芜宣机场等交通枢纽建设。在此基础上，借助发挥陆港中欧班列、国际航空货运、水铁联运、水水联运、跨境电商等对外开放平台作用的引致需求，逐步加速完善安徽物流枢纽建设，奠定物流枢纽经济根基。

### 2. 积极做大做强物流枢纽特色产业

积极对接支柱产业、市战略新兴产业、县特色产业集群、生产制造业基地、农业产业化联合体、商贸服务业聚集区等，立足资源禀赋和产业基础，进一步强化创新能力建设、资源要素保障，做足物流枢纽特色产业，放大优势，加快打造一批特色产业品牌、规模体量大、专业化程度高、支撑带动力强的产业转型升级的主引擎。针对合肥市智能制造、智能家电、新型显示、集成电路、光伏新能源等制造产业和商贸流通业以及中欧班列、国际货运等，芜湖市以智能制造为重点附加智能装备，安庆市重点培育零部件特色产业、石化产业、轻纺食品、商贸流通等，蚌埠市重点发展生物基新材料特色产业并培养生物医药等新型制造业等，阜阳市着力发展现代农业、现代医药与纺织服装等特色产业，做大做强一批枢纽特色产业经济。

### 3. 大力开创物流枢纽服务新模式

“通道+枢纽+网络”的发展模式正在成为物流企业竞争的焦点，将互联网、物联网、区块链、大数据等现代信息技术引入物流领域，在加快物流业发展的同时，带动新的产业形态和运作方式不断涌现。依托物流枢纽广泛应用流程可视化、操作自动化和决策智能化，实现“互联网+物流”促进“协同化”模式创新，逐步推广无人技术在物流领域的使用，实现物流企业“数字化”转型提速。大力发展增值服务，使整个物流供应链逐步向智慧化、智能化、多元化演化，向数字经济方向迈进。

### 4. 强化建设物流枢纽新生态

打造枢纽产业生态圈是将各个物流系统要素衔接、均衡发展的过程，以实现设施、需求、服务三者协同。物流枢纽生态圈以物流枢纽为依托，衔接交通企业、物流商、制造商、销售商、金融企业等，发挥物流枢纽网络成本低、效率高的优势，发展与之相关联的产业链。根据物流枢纽的强集聚性，打造基于“干支仓配”一体化衔接融合的物流枢纽发展空间；结合物流枢纽的功能强衔接性，推动商流、物流、信息流、资金流四流合一；按照物流枢纽的产业强辐射性，构建枢纽产业生态圈，使其成为物流及其他产业集群经济价值提升的新动能，贡献于枢纽经济发展，带动物流业高质量发展。

## （三）发展成就

安徽区域内的 5 个物流枢纽，各个枢纽提供服务的侧重点不同。枢纽依托陆港中欧班列、国际航空货运、水铁联运、水水联运等形成多式联运模式，交通便利吸引智能制造、特色产业、石化产业、现代农业、现代医药等特色产业入驻。近年来，安徽省物流成本平稳下降，物流效率有序提升，物流需求加速增长，物流结构持续改善，物流业规模迅速扩大。其中，消费成为物流需求增长的重要驱动力，再生资源物流和进口物流需求持续扩张，快递、跨境电商等细分市场表现突出。物流环境日益趋好，受各项引导政策支持作用效应惠及，安徽物流业产业升级加速，物流基础设施投入超计划完成，互联互通网络日益完善，物流标准化水平明显提升，物流园区集聚功能绩效凸显，农村电商全覆盖加快推进，物流扶贫成效显著。

## 第三节　国内外枢纽经济发展实践的比较与启示

### 一、我国枢纽经济发展实践

我国枢纽经济发展从萌芽、产生到快速发展经历了漫长的过程。进入 21 世纪以来，随着经济社会发展、经贸往来加强以及科学技术进步，综合交通枢纽对经济社会发展的支撑引领作用不断增强，我国枢纽经济逐步由过去侧重于被动自然式发展向主动引导式发展转变。枢纽经济作为经济学概念和政府政策被提出，社会各界普遍关注枢纽经济并形成推动合力。

#### （一）我国枢纽经济政策体系不断丰富

近年来，国家加大对推进枢纽经济发展的指导，枢纽经济的国家政策体系不断丰富、完善。国家层面首次在正式文件中提出枢纽经济的概念，可追溯到 2016 年国家发展和改革委员会出台的《关于推动交通提质增效提升供给服务能力的实施方案》，提出“加快全国性、区域性综合交通枢纽建设，发展枢纽经济，强化区域联动开发”。其目的是在经济发展新常态大背景下，将枢纽经济作为提升交通供给服务能力的重要抓手。随后，一些产业发展、区域发展等综合性规划中也对枢纽经济发展提出明确要求，如 2017 年 6 月国家发展和改革委员会出台的《服务业创新发展大纲（2017—2025 年）》，明确提出打造交通枢纽型经济区，支撑服务经济空间格局优化。同时，近年来，在多个综合交通规划、交通专项规划中，也将枢纽经济作为未来交通新业态、新动能发展的重要任务，并明确不同主导运输方式下的枢纽经济发展任务。2016 年 7 月，国家发改委、交通运输部、中国铁路总公司发布《中长期铁路网规划》，提出“打造高效便捷的综合客运枢纽和产城融合发展的临站经济区，以高铁站区综合开发为载体，发展站区经济”。2016 年 12 月，国家发展和改革委员会、中国民用航空局发布《中国民用航空“十三五”规划》，明确“大力推进大众化战略，大力提升普遍服务能力，大力发展航空经济”。2017 年 2 月，国务院发布《“十三五”现代综合交通运输体系发展规划》，提出“培育壮大高铁经济、建设北京新机场、郑州航空港等临空经济区”。2021 年 7 月，国家发展和改革委员会印发《国家物流枢纽网络建设实施方案（2021—2025 年）》，指出“十四五”期间将聚焦打造“通道+枢纽+网络”的现代物流运行体系。2022 年年初，中国民用航空局、国家发改委、交通运输部联合印发《“十四五”民用航空发展规划》，全面开启了多领域民航强国建设新征程。

### （二）各地积极探索枢纽经济发展路径

围绕经济高质量发展，依托交通区位优势，许多城市将打造枢纽经济作为深化供给侧结构性改革、促进经济新旧动能转换以及提升城市位势能级的重要抓手。南京市于 2015 年出台国内首个城市层面推进枢纽经济的政策意见（《加快推进枢纽型经济建设的意见》），该意见提出，南京将大力发展枢纽型经济，加快建设空港、海港、高铁三大枢纽经济区，并将其作为城市“五型经济”的组成部分之一。此外，郑州、成都、西安、重庆、合肥等特大、超大城市以及商丘、宜昌、嘉峪关等大中城市也正在加快推进枢纽经济发展。如 2017 年《河南省政府工作报告》提出：“以郑州等交通枢纽城市为节点，完善枢纽功能，以物流带产业，以枢纽聚产业，培育高铁经济、临空产业，大力发展枢纽经济。”2022 年 1 月河南省人民政府发布《河南省“十四五”现代综合交通运输体系和枢纽经济发展规划》，这是国内首个以枢纽经济为牵引推动交通运输与经济社会深度融合发展的省级规划,将交通运输和经济发展、产业发展和城镇空间布局作为一个整体，系统谋划、统一布局、统筹实施。成都市围绕航空新城、高铁枢纽等，重点发展数字经济、智能经济、绿色经济、创意经济、流量经济、共享经济“六大经济形态”，构建具有成都特色的新经济产业体系。嘉峪关市研究编制《嘉峪关市枢纽经济发展规划》，提出将以酒泉—嘉峪关综合交通枢纽建设为抓手，系统构建和优化完善城市基础设施网络、枢纽经济服务体系和支撑平台，促进枢纽偏好性产业集聚发展，培育壮大临空经济和高铁经济，着力打造交通枢纽引领型城市。

## 二、国外枢纽经济发展实践

枢纽城市是从空间尺度上研究枢纽经济发展的最重要对象。近年来，国际上针对全球城市网络体系进行了诸多研究，本书在既有研究成果的基础上，通过分析经济特点、产业结构和关键竞争力因素，结合枢纽经济相关理论，重点围绕全球中心枢纽、新兴门户枢纽、产业升级型枢纽、新经济集聚型枢纽 4 类进行分析。

### （一）全球中心枢纽城市

在近现代历史发展中，纽约、伦敦、东京等少数金融中心城市一直引领全球发展。近年来，以亚洲为代表，洲际间发展更加均衡，部分城市能级虽不及传统的全球中心城市，但在区域引领带动下的枢纽地位正加快形成，逐步成为新的全球性或区域性中心枢纽。这类城市具有如下特征：一是依托区位优势和交通条件，集聚大量人口和市场活动。全球中心枢纽城市一般为国际性综合交通枢纽，是国家或地区的经济、政治、文化中心，发展水平高、规模较大，平均人口超过 1 600 万人，国际化水平高，财富规模较大，人均 GDP 水平明显高于其他城市。二是高端资源要素集中。全球中心枢纽是全球重要的服务业中心，金融、法律、管理咨询等高端的生产性服务企业密集，总部经济发展水平较高，拥有大量世界500强和跨国公司总部。三是构建以空港、海港为支撑的现代交通运输服务体系。全球互联互通水平高，航空运输较发达，能够及时保障人员快速流动，满足准时化、及时化、随时化的高端商务交通运输需求。

以纽约市为例，它是美国最大的经济中心，世界的金融和证券交易中心。依靠纽约港本身的区位禀赋，基于航运枢纽的资源聚集辐射能力，纽约—新泽西港开展了大量与航运相关的银行、保险、投资等关键业务，以引领世界范围的航运业务。港口区域分布北美的配送中心、仓储等，相关公司的密集分布使纽约成为私有部门资本和投资进入的重要通道，形成了在船舶登记、航运企业税收、航运融资和海事法律环境与服务方面的完善体系。通过合理、准确地政策引导，纽约市在长期发展过程中不断积累，成为全球航运供应链组织资源配置和价值分配的重要枢纽。

### （二）新兴门户枢纽城市

近年来，全球枢纽城市代际更替加快，在沿海门户枢纽城市继续保持一定优势的同时，内陆城市逐步成为新的国际商贸和人员流动入口，成为国家或区域的新兴门户。这类城市具有如下特征：一是各类资源要素导入明显。作为门户枢纽，这类城市是一个国家或地区资源要素接入和辐射的重要出入口，既向周边区域辐射，又为本区域发展服务。二是以空港、陆港为支持的交通基础设施互联互通水平显著提升。国际联通广泛，陆、空辐射通达区域广，航空运输发达，部分内陆城市也具备功能较强的陆港。

以伊斯坦布尔为例，其地处国际陆上和海上贸易路线的交界位置，是土耳其重要的交通门户。伊斯坦布尔已成为国际航线的重要枢纽，也是国际游客进入土耳其的主要节点，以航空发展为牵引，整体规划航空经济发展，带动航空运输、商业、旅游业、会展业、高端服务业、航空维修等上下游产业链发展，使航空运输位势进一步提升，充分发挥枢纽经济并成为欧亚大陆的地理、经济和文化桥梁。

### （三）产业转型枢纽城市

在全球枢纽城市体系中，传统产业支撑的枢纽城市占有很大比例。近年来其枢纽位势有所下降，但仍是区域性中心城市。这类城市具有如下特征：一是传统产业转型升级需求迫切。该类城市发展起步早，但多为资源密集型、劳动密集型产业，受制约于环境污染严重、产业发展不均衡、城市就业吸纳能力不强等原因，制约着城市进一步发展，需要主动寻求转型升级，向服务业发展转型，改善城市产业结构比例。二是强化枢纽功能，提升全球竞争力。随着产业转型升级加快，需要强化交通枢纽功能，增强符合新产业发展要求的各类资源调配能力，提升参与全球经贸格局中的位势。

以匹兹堡为例，其位于美国宾夕法尼亚州，处于中等城市规模，是连接美国中西部重要的水陆交通枢纽，也曾是美国最大的钢铁基地和“世界钢都”。长期工业发展带来产业过度集中、环境污染等发展问题，城市转型升级形势严峻。在转型升级探索中，匹兹堡充分发挥其交通枢纽优势，将经济基础转向教育、旅游和服务业，尤其是医疗和以机器人制造为代表的高技术产业。结合本地教育资源优势，通过卡耐基梅隆大学、匹兹堡大学、匹兹堡大学医学院和宾夕法尼亚州西部最大的医院网络，发展本地数字化医疗产业，提升医疗分析能力、降低医疗成本、改变医疗服务供给模式，将匹兹堡打造成为全球数字化医疗服务产业枢纽，成为世界范围内新技术和服务的应用中心。

### （四）新经济集聚型枢纽城市

在全球枢纽城市体系中，存在一类中等规模、生产力高的创新中心城市。这类城市以新科技创新应用为动力，通过实体交通枢纽与资源配置平台的协同作用，不断提升枢纽位势和能级。这类城市具有如下特征：一是绿色化、智慧化发展趋势明显。城市发展充满活力，人口素质高，强调绿色化、智能化等先进发展方向，形成高质量的生活环境。二是新经济、新业态发展迅速。通常，拥有科技影响力非常强的科研院校和机构，科技研发能力强，科技成果能够快速应用，具有新经济、新业态发展的良好环境。三是航空枢纽地位突出。高附加值、高时效性产业占比大，经贸往来频繁，航空运输发达。

以西雅图为例，其位于美国华盛顿州，是重要的科技创新城市，是航天计算机软件、生物信息科学、基因科学等领域的创新中心，也是美国及世界范围内的零售业中心。西雅图依靠其互联网产业集聚发展优势，以全球电子商务和线上零售平台发展为契机，利用亚马逊等本地电子商务、新零售企业发展，加快线上线下平台同步发展，并针对跨境电商发展出台相应扶持政策，实现全球商贸流通资源辐射集聚。同时，积极探索新零售形态，成为零售新生态策源地，始终保持行业发展前沿位势。结合本地互联网产业发展，从原本单一的产业结构转型，在高技术产业发展的同时形成自身独特路径，形成产业集聚、人才吸引，将枢纽城市建设深度融入城市发展规划中，成为新经济枢纽发展的样板城市。

## 三、国内外枢纽经济发展实践启示

对比国外枢纽经济发展实践，结合我国发展阶段和各地实践探索情况可知，当前我国枢纽经济发展方式还比较粗放，部分领域短板明显，传统路径依赖明显，综合效益不高，对城市和区域经济发展支撑带动作用还未充分发挥。

### （一）枢纽经济发展缺乏系统性、战略性顶层设计

在经济社会不同发展时期，枢纽经济的内涵、作用机理、驱动力、表现形态具有鲜明的阶段性特征。近年来，许多城市已经意识到推进枢纽经济发展的重要性，并已开始积极探索，一些城市以枢纽经济区为载体，枢纽经济快速发展，取得了一定的成效。但随着我国经济发展进入高质量发展的新阶段，我国经济、产业、城镇和开放等各个方面均面临转型发展的要求，传统枢纽经济区建设路径已难以适用。一些城市对枢纽经济的内涵、功能和作用机理认识不清，套用枢纽经济的一般理论框架，其战略导向、发展目标、实施路径雷同，与宏观形势变化和当地发展实际结合不够，特色不鲜明；一些城市提出发展枢纽经济的口号，但缺乏具体的实体支撑，落地难；一些城市将枢纽经济发展与枢纽经济区建设等同，缺乏从城市层

面战略考虑枢纽经济运行机理和作用。在顶层设计尚不清晰的情况下，过早、过快地推进依托实体交通枢纽的枢纽经济区建设，造成盲目发展，以致枢纽经济功能效果难以有效发挥。

## （二）综合交通枢纽组织功能短板明显

改革开放以来，一段时期，为消除交通“瓶颈”制约，我国加大交通基础设施建设，随着以“五纵五横”综合运输大通道为主骨架的综合交通网，以及围绕国际性、全国性、区域性（陆路边境口岸）、地区性等多层级综合交通枢纽布局加快完善，我国运输服务能力实现跨越式发展，不同运输方式之间的中转换装（换乘）效率显著提升。但是，综合交通枢纽仍是我国综合交通网络的结构性短板领域和薄弱环节，公路货运站场的规模效应尚未充分发挥，铁路货场向现代物流基地转型进展缓慢，部分枢纽机场供给能力与运输需求快速增长矛盾日益加剧，重要枢纽之间及重要枢纽的衔接网络亟待完善，枢纽转运设施、设备专业化和标准化程度不高，标准装载单元应用不足，换载、倒装次数过于频繁，具有国际功能的枢纽口岸、通关、信息服务、结算、保险等综合服务水平有待提升，联程联运服务发展滞后等。特别是全球交通枢纽代际更替加快，要求综合交通枢纽加快由运输功能向资源配置中心、组织中心转变。但我国综合交通枢纽建设很少从产业聚集运行、供应链构建以及区域空间拓展等方面整体谋划，枢纽组织策源地功能基本缺失，资源要素配置能力明显不足。以转运作业功能为主的枢纽更多承担通道中转作用，引流、驻流能力不强，难以充分组织各种要素流的集聚、转化和价值创造，难以形成枢纽经济发展的有效支撑。

## （三）枢纽与产业、空间融合联动发展不足

虽然近年来枢纽经济实践探索加快，但从整体来看，枢纽经济发展的业态层次还比较低，枢纽经济发展质量不高。枢纽建设与产业发展、空间开发尚未形成合力，统筹考虑不足，一些枢纽与关联指向性产业脱节，围绕枢纽的产业链、价值链及供应链尚未形成，且链式协同能力普遍偏弱。枢纽往往承担以中转、仓储和简单交易为主，功能相对单一，产业层次偏低，产业链条较短，增值空间有限，资源配置不足，对中高端产业发展形成挤出效应，造成“劣币驱逐良币”，致使枢纽经济陷入低水平重复的发展怪圈。对全国主要城市经济增长与运输量进行比较分析，从交通枢纽建设角度可以将我国城市分为三类：第一类是组织平台型的枢纽城市。这类枢纽城市经济增长与承担运输量没有直接相关性，经济增长驱动力并不直接依靠运输规模增加，而是依靠资源要素组织能力。第二类是原生需求型的枢纽城市。这类枢纽城市经济增长与承担的运输量密切相关，运输规模对经济增长的支撑作用明显。第三类是中转集散型的枢纽城市。这类枢纽城市表现为依托综合交通枢纽的运输中转量较大，但与城市经济产业发展没有直接联系，对城市经济产业发展缺乏有效支撑。从全国来看，枢纽经济发展并不是一种类型，需根据城市性质分类，如全球中心、新兴门户、产业转型以及新经济集聚型等各类城市功能，充分考虑国家战略要求及枢纽城市的区位条件、资源禀赋条件和发展基础等。目前由于枢纽功能与城市经济、产业发展之间缺乏有机融合和协同，交通枢纽对城

市和区域经济发展的支撑带动作用难以发挥，一些具备条件的城市枢纽经济发展效果并不明显。

### （四）枢纽经济区开发模式过于传统

依托交通枢纽打造枢纽经济区是各地推进枢纽经济发展的重要举措。目前，多数枢纽经济区建设开发模式过于传统，多为传统开发区建设模式，缺乏枢纽通道、资本、产业、生产、生活等各方面的统筹考虑、系统谋划，功能单一，缺乏特色，发展活力不足，带来一定的投资风险和资源浪费。重工业、轻服务，传统工业较多，生产性服务业严重不足，新业态、新产业发展相对滞后；重生产、轻生活，强调产业功能，生活、生态统筹不足，产、城割裂，城镇功能普遍偏弱；重开发、轻发展，土地、财税等传统政策性招商较为普遍，短期效益与长期战略缺乏有效统筹，后续发展空间不足；重硬件、轻软件，过于偏重基础设施建设，枢纽功能提升不足，供应链服务能力普遍较弱。

### （五）枢纽经济政策体系有待完善

与交通枢纽建设更多需要政府推动不同，枢纽经济发展涵盖交通、产业经济、区域等不同领域，需要处理好不同部门间、政府与企业间的各种关系，是一项复杂的系统工程。当前，不同层面的枢纽经济发展政策制度相继出台，对统一认识、明确发展思路发挥着重要作用，但符合现代产业运行规律的枢纽经济发展政策和保障措施还比较缺乏，这些政策既包括全局性、系统性的枢纽经济发展政策体系，也包括各种类型枢纽经济的针对性政策。同时，枢纽经济区发展涉及多层级、多行业、跨行政区，如何构建高效运转、有机衔接、权责清晰的管理协调体制机制，统筹推进交通枢纽建设和区域开发仍需要积极探索。

## 本章小结

枢纽经济引领经济增长一般经历 3 个阶段：初期阶段以交通枢纽为主，投资以基础设施建设为主导，依托枢纽自身优越的区位地理条件承担人、财、物等经济要素的传递功能；中间阶段是经济枢纽阶段，在强化枢纽设施的基础上，更加注重规划的引领作用；高级阶段是枢纽区域迈向枢纽经济的腾飞发展阶段，枢纽成为区域性经济增长的核心，推动当地产业升级，对周边的辐射带动能力明显增强。

枢纽经济在国外起步较早。美国、德国、法国、荷兰等发达国家的经验表明，枢纽经济一般围绕大型铁路站场和航空港逐渐形成，交通枢纽的要素集聚现象突出，最终演化为功能完整的城市商业综合体。我国枢纽经济起步较晚，但发展较快，不同类型的交通枢纽催生不同形态的枢纽经济，各地枢纽经济发展形式各具特色。但从总体来看，由于我国枢纽经济发展起点低，经验有限，目前尚处于探索阶段，还需要政府和社会深化这一问题的认识，并给予大力支持。

## 课程思政

### 广州枢纽“+”起来

党的十八大以来，广州主动融入国家战略，主动谋划、乘势而上。近年来，“枢纽”“国际”如一个个奔跑跳动的音符，不断跃入引领广州未来发展的宏伟蓝图中，《推进广州国际航空枢纽和临空经济示范区建设三年行动计划（2017—2019 年）》《建设广州国际航运中心三年行动计划（2018—2020 年）》《广州综合交通枢纽总体规划（2018—2035 年）》。

广州区位优势明显、发展基础扎实，随着广州国际航空枢纽建设的推进，广州白云国际机场与高铁、城轨、地铁、高速公路等无缝衔接，机场立体化综合交通体系不断完善。2020 年建成国际性综合交通枢纽，到 2035 年建成全球交通枢纽，实现 12 小时全球航空交通圈，构建支撑人和商品国际交流持续发展的现代化枢纽城市。

从枢纽到“枢纽+”，一个“+”意味深远。枢纽+产业，带来新业态新经济；枢纽+人才，激发创新活力与动力；枢纽+信息，打造智慧交通运行平台。“临空经济之父”约翰·卡萨达教授说，“21 世纪是机场打造城市的世纪”。依托白云国际机场，昔日的村级工业园华丽转身为空港经济区。该经济区已入驻企业超过 1.3 万户，逐渐形成航空维修与制造、航空物流、飞机租赁、航空总部等产业集聚群。2018 年机场综保区跨境电商进出口总值同比增长超过 100%，连续 5 年领跑全国空港口岸。综保区二期全面建成后，将助力跨境电商枢纽港商品流通量在未来 2 年内迅速达到千亿级别，前景不容小觑。

近年来，广州港地位不断提升、辐射能力不断增强、要素集聚成效显著。当前全球顶尖航运企业总部相继落户于此，与此伴生的航运金融、航运交易、航运服务、海洋经济呈蓬勃发展之势，未来不可限量。同样，一个以广州为中心的“轨道上的大湾区”，30 分钟地铁轻轨通勤圈、湾区主要城市间 1 小时互通城际铁路交通圈，为粤港澳大湾区内 11 座城市实现互联互通、资源要素自由流动打通了经脉。

广州信息港是全国电信和互联网三大节点、三大国际出口之一，拥有全国最大的国际出口带宽，国际电路直达 70 多个国家和地区，基本形成了通达全球的网络架构。广州利用这一独特优势，加快建设 5G 网络，培育发展 5G+4K/8K 产业，延伸拓展上下游产业链，抢占战略性新兴产业发展的新高地。

让枢纽强起来，让枢纽“+”起来，让各种高端要素流动起来，这就是广州未来发展的动力之源，也是迈向国际大都市的必由之路。枢纽强，通四海达八方，浇筑广州昔日荣光；枢纽+，集要素聚英才，奠定广州明日辉煌。

资料来源：广州市发改委.广州市交通物流融合发展第十四个五年规划[Z].2021.（编者对其进行了整理改编）

## 课后习题

1. 国内枢纽经济发展的主要历程和特征有哪些？

2. 国外枢纽经济发展道路的特征有哪些?
3. 简述国内外枢纽经济发展道路的异同及启示。

## 拓展学习

发展枢纽型经济，南京大有可为

## 推荐阅读

[1] 张强. 枢纽之城——广州迈向全球城市的功能转型与蝶变[M]. 广州：广东人民出版社，2021.
[2] 张琳琳，郭璟珅. 效能航空城：面向全球竞争的中国临空经济发展新模式[M]. 北京：中航出版传媒有限责任公司，2021.
[3] 张俊峰. 中华源·河南故事：航空城[M]. 开封：河南大学出版社，2021.

# 第三章　枢纽经济运行机制和规律

## 学习要点

1. 枢纽经济的演化机制；
2. 枢纽经济的动力机制；
3. 枢纽经济的调适机制。

## 学习目标

了解枢纽经济运行发展的主要机制；掌握枢纽经济主要运行规律；熟悉未来枢纽经济发展的主要趋势。

## 引导案例

### “枢纽经济”带来的机遇，到底有多少？

1. 铁路交通凸显成效，促进公铁水运融合发展

2021 年 12 月 26 日，广元动车运用所（一期）动车存车场竣工，广元铁路综合物流基地建设启动。广元成为四川除成都之外的第二大铁路枢纽，实现了从“蜀道难”到“蜀道通”“蜀道畅”的历史性变迁，将极大地提升广元“门户枢纽”的战略地位和区位优势。广元动车运用所（一期）存车场承担着广元地区始发动车组存放作业，3 条存车线已建成，长 3.258 千米的引路线已接轨兰渝、西成联络线，高压电网已通电，可满足 6 列短编动车组同时停放。借助广元动车运用所动货线优势，加上西成客专、兰渝铁路、宝成铁路、京昆高速、广元西二环密集的铁路、公路交通区位优势，全国首个高铁快运物流基地——广元·川陕甘高铁快运物流基地在广元动车运用所旁安家落户，并于 2020 年 4 月 28 日在全国首个开工，成为全国高铁货运物流发展的样板。

开工当天，全国 55 家知名电商物流企业齐聚广元，在该市成立了全国首个高铁快运物流联盟。同年 10 月 14 日，经中铁快运公司、成都铁路局集团公司同意，该市成功利用广元至广州、成都至北京客运开通了动车货运快运业务。2021 年，9 场高铁快运专场推介会先后举行，102 家企业已与中铁快运公司签订了战略协议。同年 8 月 11 日，该市首次利用 G574 次高铁客带货，实现了广元生态有机鱼、黄丝菌、剑门土鸡、生态土猪肉等时鲜农特产品 8 小时直达北京。同时，依托广元火车南站货运业务，广元铁路综合物流基地应运而生。该项目建成后，广元地区铁路集装箱装卸能力可达 1 000 万吨/年，将有力提升该市铁路运能、降低

货运成本、提升货运时效，为该市大力发展枢纽经济，加快建设全国性综合交通枢纽和国家物流枢纽承载城市提供重要支撑。

目前，该市正在推进公铁水空多式联运，加快物流信息化建设，不断降低物流成本，积极发展冷链物流、电商物流等新业态，持续壮大物流市场主体，“十四五”期间，将培育主营亿元以上物流企业 3 家以上，AAA 级以上物流企业 5 家以上，实现物流业增加值年均增长 8%以上，社会物流总费用占地区生产总值比值降到 14%以下。

2. 交通“网格”超前规划，开启高质量发展新局面

近年来，随着兰渝铁路、西成高铁全线建成开通，广元衔接南北走向的宝成铁路、兰渝铁路和西成高铁，连接东西走向的广巴达铁路，“四路七线、六向七出”的“米”字形铁路网络枢纽基本形成。加之广元动车运用所、广元・川陕甘高铁快运物流基地、广元铁路枢纽综合物流基地“一所两基地”的铁路物流枢纽开工建设，为该市发展现代物流，聚力发展枢纽经济提供了必要的先决条件。此外，广元机场至今已开通航线 12 条，直通北京、上海等 12 个主要城市，并拟加密杭州航线，初步形成航线东西南北中的布局。

“我们应该以建设国家物流枢纽承载城市为抓手，重点发展枢纽偏好产业。”广元市发改委党组书记、主任说。广元要优化枢纽布局，形成“一港三园多中心”物流枢纽，同时依托物流做强优势产业集群，大力发展铝基材料、绿色家居产业集群，不断延伸食品饮料、清洁能源产业链条，强化机械电子等特色优势产业基础零部件的生产配套，建立供应链与物流一体化服务网点，强化与通道沿线地区的产业协作，深入实施“电商+快递+物流”协同发展，打造国家级骨干冷链物流基地，打通农产品从基地到城市社区与市场的信息流和物流通道。此外，要深挖康养旅游消费市场潜力，合作开发康养旅游线路，紧扣打造成渝地区生态康养“后花园”，积极融入巴蜀文化旅游走廊，通过旅游线路共建吸引集聚人流，不断扩大旅游品牌影响力。“按照国家口岸机场建设标准，开通航线达 20 条，旅客年吞吐量 100 万人次以上，国际航线 2~3 条，国际航线旅客年吞吐量 5 万人次以上，就可以申报口岸机场。”市文化广播电视和旅游局党组书记、局长说。按照航空网络布局规划，该市在航线发展上将把东部发达地区作为航线客源市场的基本盘，把北方作为客源市场拓展地，争创川北航空第一站，打造名副其实的区域交通中心，力争在 2025 年开通航线 20 条，年吞吐量突破 100 万人次。

资料来源：广元市人民政府.枢纽经济向未来——我市交通设施建设带来“蝶变”效应[EB/OL].https://www.cngy.gov.cn/artic/show/20220105095341213.html.（编者对其进行了整理改编）

## 第一节 枢纽经济的动力机制

枢纽经济发展并非凭空而来，而是有独特的运行机制，其是枢纽经济发展规律性的重要体现。枢纽经济运行机制包括动力机制、演进机制和调适机制 3 个维度。

枢纽经济的发展离不开政府、市场和技术的共同参与，政府统筹力、市场驱动力和技术支撑力共同推动了枢纽经济的有序运行。

## 一、政府统筹力

在中国进入“双循环”新发展格局背景下，亟待建立现代流通体系，打通循环堵点。枢纽经济是实现“双循环”的重要抓手。枢纽经济的发展离不开枢纽建设，枢纽建设是政府公共服务功能的重要体现。政府规划和决策在枢纽经济发展的关键节点上至关重要。政府需要依据城市和区域的产业特色、区位优势、资源分布等因素，确立本地枢纽经济的发展战略和模式类型，并为枢纽经济发展提供优质服务。政策驱动在很大程度上决定了枢纽经济的空间布局和运行质量，通过宏观调控和政策引领，升级枢纽设施功能，优化枢纽经济运营环境，完善枢纽经济配套服务项目，使枢纽建设、服务系统构建、枢纽产业培育等环节更具有整体性。枢纽经济是区域经济发展的“硬核”和动力。在实践层面上，各地区纷纷制定相关战略规划，搭建枢纽经济发展运行架构，推动其深入发展。

## 二、市场驱动力

市场是资源配置的决定性力量，为枢纽经济的发展提供了空间，汇聚了各种“软硬”条件；反过来讲，枢纽经济的深入发展又不断扩大市场需求，拓宽市场容量。市场扩张引致产业发展，产业发展能够直接影响枢纽经济的演化过程，不同时期的产业特征决定了该时期枢纽建设类型和枢纽经济发展状态。不同时段出现的临港经济、铁路经济、公路经济、航空经济以及综合枢纽经济等经济业态均与市场机制密切相关，其加速了生产要素在枢纽地区的集聚。市场机制带来要素整合能力大幅提升，资金流、贸易流、信息流、商品流交织融合，使传统产业界限逐渐模糊，依托传统交通枢纽逐渐形成新的城市文旅中心和商务中心。同时，随着电子商务、现代物流等数字化产业的深入发展，全球视野的生产节点布局和物流运输体系成为经济活动中的常态。在市场机制作用下，绿色枢纽、智慧枢纽建设引领了枢纽产业绿色化、现代化和智能化发展。另外，进入新时代以来，人民群众对美好生活的向往成为时代主题，良好的消费习惯和合理的消费需求是经济增长的重要源泉。围绕消费需求的升级转换，打造高效协作的供应链体系，建立应对市场需求变化的枢纽产业体系，是枢纽经济发展的内在取向。

## 三、技术支撑力

枢纽经济不是一种单纯的经济形态，而是一个综合集成的经济体系，包括物流、运输、商贸、制造、金融、信息技术、对外贸易等多种行业，是不同行业和产业的有机融合。枢纽经济的发展离不开技术支撑：① 各种交通运输方式的兴起以及综合交通枢纽建设与技术变迁紧密相关；② 技术进步深刻影响着枢纽经济形态变迁，有助于优化枢纽经济网络布局和运行，提升枢纽的集疏效率和辐射能力；③ 枢纽设施和平台技术不断完善促使枢纽地区政府、运营主体和相关企业的协同发展，强化了枢纽经济发展的协同度。技术既包括生产领域的科技创新，也包括流通领域的技术变革。以物流业为例，物流技术是物流枢纽运作的前提和基础，物流业的快速发展需要物流集散、物流协同、物流驱动等技术创新作为支撑。生产的精益性、节点的协同性、通关的便利性、组织的集成性离不开区块链、物联网、车联网等现代物流技术的广泛应用。网络预约、个性化服务、大数据、人工智能的广泛使用将精准匹配物流运输的供需，使商品配送、仓储管理、分拣包装等环节的时间成本和交易费用大大减少。

## 第二节　枢纽经济的演进机制

### 一、枢纽形态由单一式交通枢纽向综合交通枢纽再到组织平台中心演变

枢纽是枢纽经济的基础，枢纽经济的演化升级以枢纽的代际更替为载体。综合交通运输体系建设要求“零距离换乘、无缝化衔接”，根据不同运输方式的技术经济特征和运输组织要求，打造多种交通运输方式于一体的综合枢纽，提高总体运输效率。随着市场经济的深入发展，交通枢纽与区域经济融合发展的趋势日渐明显。枢纽不断突破运输中转的属性，由强化多种运输方式衔接阶段向提升要素配置能力和经济组织功能完善阶段过渡，从而具有更多要素集聚流转的功能，逐渐成为区域经济发展的中心。

### 二、枢纽集聚由物流为主向物流、人流、信息流、资金流等各类要素资源融合汇聚演进

生产要素资源的聚集是枢纽经济发展的关键。在传统工业社会中，产品生产链和物流供应链深度协调发展，枢纽经济多以货物流为主，对人的价值挖掘不足。现阶段，高速公路、高速铁路、民航业进入快速发展时期，快速通道的大范围构建导致人流聚集价值不断增强。在跨界融合背景下，枢纽吸附多种生产要素相互融合，物流、商流、人才流、资金流等各种要素流的汇聚致使枢纽组织功能发生质的改变，枢纽经济也由过去单纯重视物流、贸易等行业开始向重视以人的价值为核心的知识密集型产业转变，形成了新的发展范式。

### 三、枢纽经济网络由单枢纽向多枢纽协同发展演进

交通枢纽对各类要素资源具有集聚与扩散功能，区域中心城市的聚疏能力更强，因而也能够最早形成枢纽经济。枢纽经济使要素资源沿着交通通道呈轴型辐射，在不同城市、地区间快速流动和合理配置，形成了以沿线城市为支撑的通道经济。与此同时，产业间分工促使地区间产业链、供应链、价值链日益成熟和完善，在通道经济发展基础上进一步强化了资源“入、驻、流”的特征，使最初不具备枢纽功能的城市和地区形成一定规模的枢纽，并出现不同程度的枢纽经济特征。枢纽经济的轴型辐射效应推动了枢纽布局由单个向多元的跨越，拓

展了枢纽经济发展空间。

### 四、枢纽经济由站区经济向城市经济和区域经济演进

由于枢纽的要素集聚性，枢纽经济最早出现在枢纽周围，围绕枢纽建设而兴。枢纽经济发展到一定规模后，开始突破产业边界和地域边界，向城市腹地或边缘不断扩散。从城市发展历史看，一种情况是，交通枢纽在城市形成过程中具有重要推力，甚至城市本身就是围绕某一枢纽而兴起的，如铁路枢纽郑州、株洲等地；另一种情况是，在城市化扩张过程中，在中心城区之外形成了新的枢纽，新枢纽周边经过发展成为另一个经济、交通中心，如上海虹桥商务区。枢纽和城市之间的两种关系也是枢纽经济演进态势的体现，即沿着“枢纽产业—城市经济—区域经济”的路径，呈“点—线—面”梯次展开，具有强烈的空间扩张性和外溢性。如果从更大范围看枢纽经济与城市发展的互动融合的话，依托交通走廊，枢纽经济从单个城市向城市群和都市圈延伸，促使资源在更大范围内配置整合，形成了更为宏观的枢纽经济体系，助推区域经济高质量发展。

### 五、产业集聚由培育产业链向打造产业集群演进

产业集聚是枢纽经济发展的逻辑表征，枢纽经济发展到一定阶段必然出现产业集聚现象。推动枢纽地区产业科学布局和汇聚，要求构建良好的产业生态圈，形成产业链和供应链相互支撑的产业发展新格局，进一步提升枢纽产业的综合价值，促使其在多链融合下及更大范围内实现协同衔接和聚集发展，并依托资源禀赋和区位优势形成产业集聚区。

## 第三节　枢纽经济的调适机制

调适意指根据内外部条件的变化，组织体基于一定规则和模式不断调整自身行为以适应新的形势。枢纽经济发展不是一帆风顺的，而是一个不断适应空间环境变化的复杂适应系统工程。复杂适应系统中的适应性主体与其他主体在系统中产生交互机制，推动枢纽经济总体上呈差异化、螺旋式上升发展态势。枢纽的生成动力总体上可分为个体自组织因素和外界他组织变化，也即“内部动力+外部刺激”。内部动力包括枢纽区位优势、要素禀赋、企业布局等，外部因素包括政策规划、制度供给等。枢纽一旦形成，会产生自我强化功能。枢纽经济发展既与枢纽建设有关，也与经济内部扩张性规律有关。枢纽经济将个体进化和系统演化相结合，始终处于一种平衡到非平衡的动态交替演化之中，其形成和变迁是枢纽地区经济主体适应性行为产生的多维效应变化在枢纽系统的映射，并沿着一定轨迹实现自我发展，政府的组织和引导是不可或缺的助力因素。枢纽经济发展中会受到诸多因素制约，甚至出现“效率背反”现象，即多种因素推进枢纽经济发展，但其推力的方向不一致，出现相互抵消的情

形，但总体合力方向指向更高层次。一旦枢纽辐射力受限，枢纽所在地区经济就会陷入迟缓，导致竞争乏力。当枢纽经济发展到一定阶段后，需要突破现有边界时，其内外部条件会产生调适反应，系统中主体之间的非线性正负反馈关系不断催生枢纽经济新的形态和结构，整体系统进而做出最优选择。在有利因素和阻滞因素共同作用下，枢纽经济发展环境需要不断调整，使推力大于阻力，进而突破发展桎梏，沿着“发展—阻滞—再发展”路径向更高阶段演进。每一种经济形态都有其生命周期。枢纽经济的调适机制可体现在各个发展阶段中，也就是说，枢纽经济由初级阶段向更高阶段的演化本身就是调适的过程。根据经济周期理论，借鉴循环累积因果模型，我们将枢纽经济的形成和发展过程分为 4 个阶段，分别是起步阶段、成长阶段、强化阶段和成熟阶段（见表 3-1）。从动态系统论的角度来看，枢纽经济是一个动态变化、相互反馈的过程，是一种“循环累积”效应，内外因互动累积过程是枢纽经济发展的基本因素。

表 3-1　枢纽经济不同发展阶段的调适路径

| 主要阶段 | 内部自组织作用 | 外部强化作用 |
|---|---|---|
| 起步阶段 | 枢纽规模发展到一定程度后，开始吸引一定企业、人口入驻，加之外部刺激因素介入，其规模效应不断增强，衍生若干枢纽偏好型产业。枢纽产业不断进行“聚集—组合—拓展—辐射”这一过程，最终形成完整的枢纽产业体系和完善的城市功能 | 地方政府根据相关枢纽规划和国家政策，提供枢纽配套工程，设计关联产业时空布局，搭建枢纽运行架构，初步形成枢纽体系 |
| 成长阶段 | 交通枢纽不断汇集产业、人口、信息、资金等生产要素，并形成集聚路径依赖，其开始由多种运输方式一体化向提高要素配置能力、拓展完善经济组织功能转变。加之规模报酬递增、外部效用增强以及空间竞争等因素，枢纽吸引要素的能力持续强化，产业链不断完善，围绕枢纽地区的产业结构更加优化和稳定，出现了枢纽偏好型产业 | 在市场化机制催生枢纽产业出现的同时，政府继续完善公共设施供给，提升枢纽功能；为枢纽建设提供制度支撑，从枢纽产业时空布局和宏观环境上予以调控 |
| 强化阶段 | 随着枢纽产业规模不断增强，产业集中逐渐进化为具有较强扩张能力和竞争优势的产业集群。枢纽产业规模化、集群化形成后，产业内生动力增长迅速，自组织作用直线上升；一些产业通过兼并重组继续发展壮大，另一些产业面临淘汰或转型；核心主导产业逐渐凸显，成为枢纽产业中不可或缺的一部分，整体产业结构不断得到优化和重塑 | 政府在此过程中因势利导，营造“有为政府”和“有效市场”，完善枢纽产业政策，识别并扶持优势产业；通过构建枢纽指向性产业生态圈，形成产业延伸和价值提升，推动全产业链高度衔接、协同发展，形成竞争有序的产业生态群落，打造地区经济增长极 |
| 成熟阶段 | 随着实体枢纽规模越来越大，辐射空间由站区经济到城市经济再到区域经济过渡，人才、物流、信息流融合叠加；在此过程中，枢纽产业经历着频繁的扩张与调适，产业系统充满张力；枢纽地区的极化效应和扩散效应并存，“技术创新—业态更替—模式升级—产业发展”的系统效应使枢纽经济体系处于一种动态均衡状态，并具有循环累积的路径依赖效应，不断为新一轮系统升级做准备 | 以产业为核心的枢纽经济快速发展，使既有枢纽设施无法满足枢纽经济发展需要，政府有必要对枢纽进行改造、升级和扩充，进一步优化综合运输网络，打造更多的综合枢纽，形成新的外部环境，促使枢纽经济规模化螺旋式上升 |

# 第四节 枢纽经济的发展趋势

## 一、单一枢纽向综合枢纽转变

未来，多式联运的综合交通枢纽将取代单一交通方式的枢纽，形式上将不拘泥于临空经济、临港经济和临站经济。集机场、高铁、城际、轨道交通、码头等重要交通方式交汇融合为一体的综合枢纽经济区，将是国家和地区未来经济增长的助推器。无论以何种交通方式为主导的交通枢纽经济，围绕交通站点进行的产业空间分布，整体都呈现“圈层拓展+产城融合”的布局模式。港城一体、站城一体的产城融合发展前提下，围绕圈层模式布局，将由经济活动的空间扩散效应及产业与交通枢纽的关联度呈现，形成核心圈层、拓展圈层以及辐射圈层的发展结构。

## 二、传统驱动向创新驱动转变

伴随着人工智能、大数据、物联网等新技术产业的发展，枢纽地区经济增长动力也由传统要素驱动转向创新驱动。围绕新产业、新业态、新模式等升级发展，构筑智慧综合交通枢纽，集聚新兴产业打造智能枢纽城市。在信息时代，交通枢纽不仅表现为由交通通道交汇形成的传统交通枢纽，还表现为由虚拟平台经济和供应链要素集聚的虚拟交通枢纽。交通枢纽与经济社会的融合更为深入，交通物流、电商零售、出行旅游等领域之间的界限逐渐模糊。运输组织可不在固定物理场所内、固定人员中、固定时间内完成任务，而依托虚拟化的互联网平台实现运输协调组织，对分散的人员、时间、场地资源进行调配。虚拟化的互联网平台不仅是运输组织的枢纽，也可演进为支撑经济运转的枢纽。网络预约定制、交通工具共享分享、精准化个性服务、大数据平台等新兴业态已成为互联网时代运输组织的重要特征。互联网平台依托平台上广泛运行的实体交通运行状况和数据量积累大量的数字信息，充分挖掘商业潜力，摸索运行规律，构建新的盈利模式，依托枢纽发展平台经济、流量经济和数字经济，将成为枢纽经济发展的新特征。

## 三、服务周边向服务城市群转变

交通运输业的快速发展使单一交通功能向多元城市功能拓展和突破，由单纯的客、货流汇聚向人流、货流、商流、信息流、资金流等要素集聚辐射转变（见表 3-2）。交通枢纽对各类经济要素流的整合能力大幅提升，从而打破传统产业界限。在交通枢纽中，交通功能与商品展示交易、旅游住宿、休闲娱乐等各类业态逐渐融为一体，商品的展示、交易、物流、仓储可在不同实体和虚拟空间转换完成，同时使运行效率和服务品质极大提升。随着交通枢纽辐射范围的扩大，其主导功能也由单纯的服务枢纽周边区域转向服务大都市区甚至更大的城市群。交通枢纽不再只是旅客中转地点和货物换装倒运的站场，而将成为购物、休闲、娱乐、商务等重要场所，土地开发价值得到极大提升，交通枢纽也将逐渐发展成为城市的零售购物中心、旅游中心和商务中心，成为撬动地区发展、优化区域城市空间职能分布的重要支点。

表 3-2　枢纽经济的演化阶段

| 阶段划分 | 枢纽 1.0 | 枢纽 2.0 | 枢纽 3.0 |
|---|---|---|---|
| | 交通+通道 | 交通+产业区 | 交通+智慧城市 |
| 流动要素 | 人流+货流 | 人流+货流+商流 | 人流+货流+商流+资金流+信息流 |
| 交通方式 | 单一交通 | 复合交通 | 多维交通 |
| 功能构成 | 交通运输 | 枢纽+商业+初级产业 | 枢纽+商务+文化休闲+生活居住+智能制造 |
| 发展动力 | 交通带动 | 交通带动+产业驱动 | 交通带动+产业驱动+资金驱动+创新驱动 |
| 经济腹地 | 枢纽周边 | 城市 | 大都市圈 |

## 拓展阅读

### 国际性综合交通枢纽

1. 国际性综合交通枢纽集群

形成以北京、天津为中心联动石家庄、雄安等城市的京津冀枢纽集群，以上海、杭州、南京为中心联动合肥、宁波等城市的长三角枢纽集群，以广州、深圳、香港为核心联动珠海、澳门等城市的粤港澳大湾区枢纽集群，以成都、重庆为中心的成渝地区双城经济圈枢纽集群。

2. 国际性综合交通枢纽城市

建设北京、天津、上海、南京、杭州、广州、深圳、成都、重庆、沈阳、大连、哈尔滨、青岛、厦门、郑州、武汉、海口、昆明、西安、乌鲁木齐等20个左右国际性综合交通枢纽城市。

3. 国际性综合交通枢纽港站

国际铁路枢纽和场站：在北京、上海、广州、重庆、成都、西安、郑州、武汉、长沙、乌鲁木齐、义乌、苏州、哈尔滨等城市以及满洲里、绥芬河、二连浩特、阿拉山口、霍尔果斯等口岸建设具有较强国际运输服务功能的铁路枢纽场站。

国际枢纽海港：发挥上海港、大连港、天津港、青岛港、连云港、宁波舟山港、厦门港、深圳港、广州港、北部湾港、洋浦港等国际枢纽海港作用，巩固提升上海国际航运中心地位，加快建设辐射全球的航运枢纽，推进天津北方、厦门东南、大连东北亚等国际航运中心建设。

国际航空（货运）枢纽：巩固北京、上海、广州、成都、昆明、深圳、重庆、西安、乌鲁木齐、哈尔滨等国际航空枢纽地位，推进郑州、天津、合肥、鄂州等国际航空货运枢纽建设。

国际邮政快递处理中心：在国际邮政快递枢纽城市和口岸城市，依托国际航空枢纽、国际铁路枢纽、国际枢纽海港、公路口岸等建设 40 个左右国际邮政快递处理中心。

资料来源：国家发改委．“十四五”现代综合交通运输体系发展规划[EB/OL].https://www.ndrc.gov.cn/fggz/fzzlgh/gjjzxgh/202203/t20220325_1320208_ext.html.

## 本章小结

从本质上说，枢纽经济是一种聚疏经济。空间资源聚合与疏散是枢纽经济发展的强大动力。资源聚合有利于枢纽产业形成和经济技术优化，促使产业链进一步完善；空间聚合有助于土地资源的高效集约利用，为枢纽建设和枢纽经济发展提供空间支持。枢纽经济成型并成熟后，再将资源不断疏散到周边，带动区域整体发展。枢纽经济的运行机制主要包括动力机制、演进机制和调适机制，枢纽经济在各种机制作用下沿着螺旋式路径向纵深发展。

技术是枢纽经济发展的重要驱动力，未来技术的进步与发展将对交通枢纽形态和枢纽经济形态产生深刻影响。人工智能和大数据发展也会进一步精准匹配交通供给和需求，商品的库存时间和物流配送时间也会得到显著压缩，这将极大地改变交通枢纽网络布局。私人交通工具和预约分享交通工具的发展使中短程出行和物流运输组织更为分散化。互联网平台的广泛使用，以及供需精准匹配的实现，将会进一步降低实体交通枢纽的依赖性。随着交通运输与经济社会融合层次更深、范围更广和水平更高，在现代科技革命和信息变革的深刻影响下，枢纽经济将极大地突破传统交通视角下的发展特征，在资源要素组织方式、产业发展方式、枢纽经济发展路径以及表现形式等方面发生深刻变化。

## 课程思政

### 格尔木：“旱码头”变“新枢纽”

格尔木建市是“两路精神”（青藏公路、川藏公路）的时代产物，也是老西藏精神的生动体现。1953 年，为了接应运送物资入藏的骆驼队，当时的西藏运输总队在茫茫戈壁中支起帐篷，建立转运站。这是格尔木西藏基地的源起，也是格尔木城市的发端。1954 年，在慕生忠将军的领导下，西藏运输总队奇迹般地探明并成功修筑青藏公路。1955 年，青藏公路管理局在格尔木成立，慕生忠任首任局长。围绕着管理局，西藏 20 多个厅局在格尔木设立办事机构，它们统归“西格办”管理，承担着粮食储运、物资调拨、石油采供、交通运输、地质勘探等一系列职责。1955 年是格尔木公路开发史上的重要一年，青藏公路、柳格公路和格茫公路相继通车，为格尔木的发展奠定了基础。来来往往的物资在这里转运，人员在这里休憩，这里成为作用重大的进藏中转站。格尔木西藏后勤基地成为格尔木城市的一部分，从市区的西北到西南，沿盐桥路分布着 43 个西藏派驻格尔木的独立单位，成为西藏在区外的最大基地。每年 85%的进藏物资和 90%以上的出藏物资都从格尔木中转，绝大部分邮件也从格尔木进藏。

格尔木因修建青藏公路而产生，虽然只是一个县级市，却是青海第二大城市，GDP 总量 400 多亿元，仅次于省会西宁，占海西州全州的 60%，远高于首府德令哈。因格尔木在青藏高原的重要性，自 2006 年青藏铁路通车以来，其一直是全国三大铁路枢纽之一，是内地进藏的门户城市。目前青藏、格库、敦格铁路已建成通车，已规划建设成格铁路，这些线路将使格尔木成为青藏高原第一个十字形铁路枢纽。同时，格尔木机场已开通西宁、西安、成都、郑州等地的航班，目前已初步形成包括公路、铁路、民航和管道运输等多种形式的十字立体交通网络，实现了从戈壁小城到综合交通枢纽的转变。

资料来源：左宇坤.因路而兴，天路“旱码头”焕新颜[EB/OL].http://dw.chinanews.com/chinanews/content.jsp?id=ft9527432&language=cht.（编者对其进行了整理改编）

## 课后习题

1. 枢纽经济有哪些运行机制？
2. 枢纽经济的演变趋势有哪些？

## 拓展学习

乌鲁木齐国际陆港区：正在由经济通道向枢纽经济转变

## 推荐阅读


[1] 朱占峰. 枢纽经济发展模式与运行机理研究[M]. 北京：中国财富出版社，2020.

[2] 吴文化，向爱兵，毛科俊，等. 我国枢纽经济发展理论与实践[M]. 北京：经济科学出版社，2019.

[3] 樊一江. 综合交通枢纽经济与联动开发[M].北京：人民交通出版社，2017.

[4] 王松，黄福华. 物流经济学[M].北京：科学出版社，2021.

# 第四章　物流枢纽的规划与模式运行

## 学习要点

1. 物流枢纽的概念及特征；
2. 物流枢纽的规划布局；
3. 物流枢纽的类型和发展模式；
4. 物流园区的功能和类型。

## 学习目标

了解物流枢纽的产生和发展过程；掌握物流枢纽规划布局的步骤；理解物流枢纽模式的运营；熟悉物流园区的建设和发展模式。

## 引导案例

### 武汉打造“五型”国家物流枢纽 加快推进现代物流体系建设

武汉素有“九省通衢”之称，是长江经济带与“一带一路”的战略交汇点，是内陆地区少有的集铁、水、公、空等国家级运输通道、枢纽于一体的综合运输超级城市，承载着建设强大国内市场、引领中部崛起的重要使命。武汉这种突出的综合交通区位优势，赋予了武汉建设物流枢纽城市的强大能力。武汉市交通运输局货运处负责人介绍，早在2018年12月，国家发展改革委、交通运输部印发了《国家物流枢纽布局和建设规划》，就将武汉列为陆港型、港口型、生产服务型、商贸服务型和空港型等5个国家物流枢纽承载城市。

“十四五”时期，武汉市将规划重点打造港口型、陆港型、空港型、生产服务型、商贸服务型“五型”国家物流枢纽，加快建设辐射区域更广、集聚效应更强、服务功能更优、运行效率更高的现代物流体系。

1. 强化港口型国家物流枢纽功能地位方面

在加快阳逻港口型国家物流枢纽建设的同时，推动其他港口物流枢纽特色化发展，同时开拓发展国际航运通道、巩固完善国内转运网络、优化提升港航服务体系。

2. 建设陆港型国家物流枢纽方面

突破发展武汉北部地区、南部地区“两廊”支撑多式联运网，增强场站设施支撑能力，建设中欧班列中部集结中心，提升发展“一环八向”铁路货运网。

3. 共建空港型国家物流枢纽方面

协调推进武汉—鄂州机场“双枢纽”设施功能建设，加快形成轴辐式航空网络体系，构建国际航空大通道；进一步优化提升天河机场枢纽服务能级；加快陆空联运创新发展。

4. 打造生产服务型国家物流枢纽方面

主要从以下几个方面着手建设：重点依托东湖综合保税区、东西湖空港保税物流中心，发展电子信息产业物流，推动形成东湖—东西湖电子信息产业物流组合枢纽布局；汽车产业物流，服务“中国车谷”建设；大宗商品物流，重点依托武汉工业港建设大宗商品物流枢纽，为铁矿石等大宗商品提供运输、仓储、加工、信息处理等物流服务；危化物流，形成化工产业和与化工产业配套的物流业集群，建设我国中部地区化工产品及危险品物流区域分拨中心；依托冷链物流基地、农副产品大市场等发展农副产品物流，规划建设农副产品冷链物流枢纽。

5. 培育商贸服务型国家物流枢纽方面

将做强汉口北国际贸易城，完善汉口北高新物流示范园等区域分拨设施建设，增强汉口北铁路货运中心功能；完善以城际转运分拨中心、城区公共配送站、社区末端配送设施为支撑的城市三级配送网络。

建设国家物流枢纽对加快长江经济带和“一带一路”发展、提升武汉产业转型升级效率、培育经济高质量发展新动能，具有极为重要的战略意义。

资料来源：徐靓丽.武汉打造“五型”国家物流枢纽，加快推进现代物流体系建设[N].长江商报，2021-01-20.（编者对其进行了整理改编）

## 第一节 物流枢纽的概念及特征

区域经济一体化和经济全球化背景下，现代物流作为区域经济发展的主导力量之一，对提高生产、流通及消费领域的效率和效益，改善产业布局和生产生活方式等均具有重要的作用。早在2006年“十一五”规划纲要中就提到“加强物流基础设施整合，建设大型物流枢纽，发展区域性物流中心”，即要实现物流系统高效运转，不仅要延长物流线路、扩张物流网络，更要关注物流节点的建设，特别是物流枢纽的建设布局。2022年1月24日，国家发改委印发《“十四五”现代流通体系建设规划》提出，到2025年，将推进120个左右国家物流枢纽布局和20个左右国家物流枢纽经济示范区建设。重点补齐中西部地区短板，构建全国骨干物流设施网络。推动枢纽干支仓配一体建设，打造“通道+枢纽+网络”物流运行体系。充分发挥国家物流枢纽联盟作用，促进枢纽业务协同、政策协调、运行协作。

## 一、物流枢纽的概念

枢纽是综合交通运输体系的重要组成部分，是协调运营、组织联合运输的中枢。而“物流枢纽”的概念是在“运输枢纽”概念扩展延伸和宏观层面引导物流业发展要求的基础上逐步发展形成的。

### （一）运输枢纽

#### 1. 运输枢纽的基本概念和作用

运输枢纽是几种运输方式或几条运输干线的交叉与衔接过程中所形成的多功能运输综合体。一般而言，在铁路运输、公路运输、水路运输、航空运输等几种运输方式各自发展的过程中，会逐步形成具有客运和货运功能的铁路枢纽、公路枢纽、水运枢纽、航空枢纽，因此运输枢纽基本上都是由相应的客运枢纽和货运枢纽组成的设施群整体。随着现代交通运输与物流发展逐渐融合，又形成了“综合运输枢纽”的概念，以更好地实现多种运输方式的优化整合。此时，运输枢纽已发展成为集设施设备、信息技术和运输组织综合管理于一体的复杂系统，成为物流发展的重要载体。具体来讲主要有以下作用：

（1）运输枢纽是运输系统网络的重要组成部分，同时也是多条运输干线或连接的交汇点，在整个运输系统网络中起着重要的疏通、集散功能。

（2）运输枢纽承担着不同运输方式的衔接、联运作业，以及同种运输方式客货中转、到发等运输作业，是组织联合运输的中枢。

（3）运输枢纽往往是地处两种或两种以上运输方式衔接的集散地。

（4）运输系统集中了不同环节的运输服务、仓储、信息等服务，已具备物流枢纽的部分功能，是物流系统的重要组成部分。

#### 2. 运输枢纽的发展

运输枢纽作为交通运输发展的重要基础设施，为旅客和货物的中转、集散提供服务，并开展相应的运输组织活动，在国民经济和社会发展过程中担任着重要的角色。运输枢纽规划布局的科学性、合理性对于交通运输的发展起着重要的推动作用。因此，2007 年交通运输部根据社会发展需要，组织编制了《国家公路运输枢纽布局规划》，将原 45 个公路主枢纽纳入新的布局规划方案，并确定 179 个国家公路运输枢纽。截至 2010 年，主枢纽站基本建成，并完善了相应的软硬件配套服务和设施。2008 年交通运输部进行改革，将国家民用航空局、国家邮政局等部门并入交通运输部管理。2013 年，铁道部被撤销，实行铁路政企分开，组建中国铁路总公司，以铁路客货运输服务为主业，实行多元化经营。至此，4 种运输方式均由交通运输部统一规划和管理，在很大程度上便于从国家运输战略层面进行综合运输的整理规划，有效地推动了我国综合运输体系的建设。2016 年交通运输部发布《道路运输“十三五”发展规划纲要》，强调继续加快推进国家公路运输枢纽建设，支持有条件的向物流园区转型发展。

2022 年 1 月国务院印发《“十四五”现代综合交通运输体系发展规划》，提出“十四五”时期，进一步完善枢纽集疏运体系，完善“八纵八横”高铁网，加快枢纽机场改扩建，着力提升枢纽机场综合保障能力，推动机场与各种交通方式深度融合，形成一批以机场为核心的现代化综合交通枢纽。这些具体政策及相应的实践探索有力地推动了现代综合交通运输体系的建设和发展，对于完善综合运输大通道、构建多层级一体化综合交通枢纽、推动交通运输高质量发展具有重要的战略意义。

## （二）物流枢纽

### 1. 物流枢纽的概念

物流枢纽是综合运输枢纽不断向综合运输物流的延伸和拓展，同时也是在传统物流不断向现代物流发展实践探索中逐步形成的。

现代物流与运输枢纽紧密相关，在实践中两者基础设施融合度也较高，在很多国家相关政策及学术研究文献中，普遍认为物流节点设施是综合运输体系的重要组成部分。物流枢纽作为物流网络体系构建的核心节点，自然也成为综合运输体系建设的重点。随着近年来交通运输基础设施建设的推动以及货运量、货物周转量跨越式的发展，各运输枢纽不断加强基础设施建设，逐渐出现了物流中心、物流园区等新型物流节点，物流枢纽也随之出现，并成为区域物流体系的核心，其演变过程如图 4-1 所示。

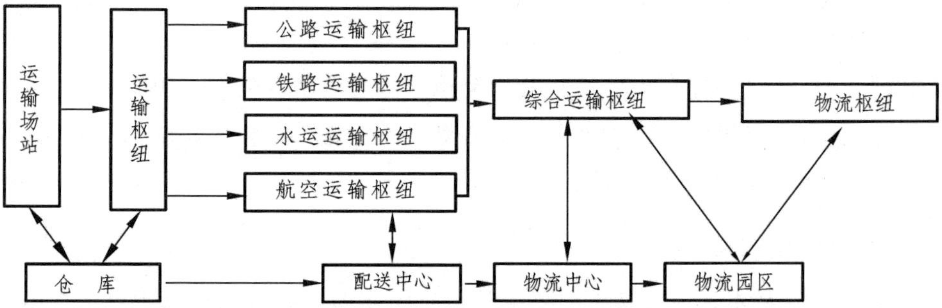


图 4-1　物流枢纽的发展过程示意图

由此可知，物流枢纽的概念是在运输枢纽概念的基础上扩展和延伸而来的，同样，物流枢纽的实体结构也是以运输枢纽为基础发展而来的。物流枢纽在整个物流网络体系中属于较高层次、关系全局的重要物流节点设施，是实现物流系统网络中各节点设施相互联系、配合的关键节点，具有重要的地位和作用。因此将物流枢纽定义为：以运输枢纽为依托，位于物流活动或需求较为集中的城市或物流节点，且拥有一定数量、相互间紧密联系、合理分工，承担区域间主要物流中转、交换、衔接功能的物流设施群。

### 2. 物流枢纽的特征

从定义上可以看出，物流枢纽是由多要素、多系统构成的具有特定功能的复杂系统，具有自身的功能、结构和运行规律。具体特征主要包括以下几个方面：

（1）区域性特征。从空间维度上来分析，物流枢纽的区域性特征主要是指物流枢纽的吸引辐射区域，即物流枢纽能够产生辐射效应的服务区域。由于不同区域特色不同，物流枢纽也呈现出显著的差异性。例如东北的粮食物流、浙江的日用品物流、山西的煤炭物流等，在此基础上形成的物流枢纽也具有显著的区域性特征。

（2）设施群结构特征。物流枢纽是多种运输方式组成的物流设施群，每一种运输方式或者物流设施设备在物流枢纽中均具有不同的功能和作用。一般包括两种设施实体：一是货运枢纽设施，包括铁路编组站和货运站、航空港或机场、公路货运站、港口码头及配套连接设施的运输线路；二是依托货运枢纽设施发展而来的以物流园区和物流中心为主的物流网络节点设施。

（3）分层次多功能特征。物流枢纽依托交通运输枢纽，承担了区域间主要的物流中转、衔接、交换的功能，各个层级、各个功能不同的物流节点设施（包括物流园区、物流中心、配送中心、货运场站等）和通道（一般以公路、轨道作为联络线）所组成的物流运作体系，不仅涉及不同运输方式有机衔接的服务功能，还涉及通过对物流枢纽设施合理空间布局和物流组织的规模化、集约化，以达到所服务的各企业在物流成本、效率方面的要求。

## 二、物流枢纽的层次界定

物流系统网络是一个多层级复杂系统，不同层级物流基础设施既相互联系又相互制约，形成相对稳定的网络结构。物流节点在各网络中的地位和作用不同，即便是在同一经济区域内，由于地区经济发展水平、社会经济条件不同，物流节点在区域物流体系中的地位也不同。不同层级物流节点的规划对应不同层面的区域物流发展规划，因此对物流节点层次进行划分是物流发展规划的前提。从宏观上看，可根据不同物流节点的建设规模大小、物流功能复杂程度以及辐射能力强弱，对物流枢纽层次结构进行划分。在一个城市范围内，将城市局部放大，主要涉及物流枢纽、物流园区、物流中心、配送中心、货运场站等层次（见图 4-2）。

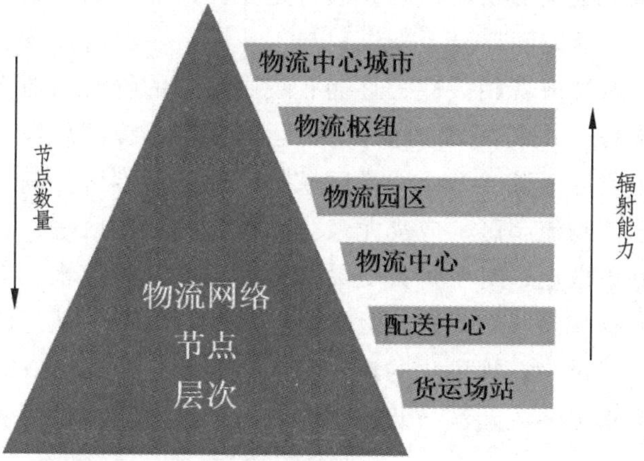


图 4-2　物流系统网络节点层次示意图

### （一）物流中心城市

物流中心城市处于物流系统网络最上层，具有较强的辐射带动能力，拥有相对集中的物流需求量和交换量，能够为服务区域提供强大的仓储、分拨、运输和配送服务。例如中国八大物流中心城市，武汉、哈尔滨、上海、广东、深圳、厦门等，均因其具有超强的物流服务能力，成为支持当地经济和社会发展的重要节点。

### （二）物流枢纽

物流枢纽位于物流中心城市和物流园区之间，在物流网络系统中具有特殊的地位和作用，是物流系统网络中重要的集散中心，也是保障物流网络畅通、实施宏观调控的关键，具有较强的承载能力和吸引辐射效应，能够为区域范围内及区域间提供强大的物流服务功能。从规模关系上来看，一般物流枢纽包括若干物流园区、物流中心、配送中心等节点设施。其规模大小与其在区域物流网络中的地位、功能以及枢纽城市发展物流产业的战略选择有关。区域物流枢纽规模大、辐射区域范围广，其区域物流枢纽节点的总体规模就大，辐射能级也就高。物流园区是物流枢纽内关键的物流活动场所，所以其相对于物流中心和配送中心来讲规模要大很多。从数量关系上来看，不同层次物流节点设施的数量比例关系不同，一般情况下，如果考虑市场因素，那么上下层次的物流节点的比例关系为 1∶3，如果考虑交通因素，两者的比例关系为 1∶4。因此在区域物流枢纽规划中，首先要根据区域物流在物流网络中的层级，确定枢纽内物流园区数量，然后再依次确定物流园区、物流中心和配送中心的数目。当然，在实际中并没有完全确定数量比例关系，具体需要结合城市发展规模、交通区位特点及城市物流服务辐射范围灵活布局建设。

### （三）物流园区

物流园区介于物流枢纽和物流中心之间，集约了多种物流集散设施设备，它可以包含多个具有不同功能和服务范围的物流中心，通常是具有产业组织、经济运行等物流组织功能的规模化、功能化区域。从空间概念上来讲，与工业园区、经济开发区、高新技术开发区的概念相似，具有产业一致性或者相关性，且拥有集中连片的物流用地空间，实行专业化和规模化经营，发挥整体优势，共享相关设施，降低运营成本，提高规模效益。按照其满足物流服务需求标准划分，主要有 3 种类型：一是区域物流组织型园区，满足所在区域的物流组织与管理，如深圳市的港口物流园区、成都龙泉公路口岸物流园区等；二是商贸型物流园区，基本位于传统优势商品集散地，对于扩大交易规模和降低交易成本具有重要作用，如成都物流传化基地、义乌四大物流园区等；三是运输枢纽型物流园区，从运输组织与服务的角度，可以实现规模化运输，反过来，规模化的运输组织也为物流组织与管理活动的集中创造了基础条件，如上海洋山深水港物流园区、北京空港物流园区、天津港物流园区等。

### （四）物流中心

物流中心位于物流系统网络结构中间层，主要作为物流网络上城市之间货物及其信息交流的枢纽，是向下一级物流节点发送货物的源头，是保障货物在供应链上有效衔接的设施和机构。根据其所属关系可分为公共型物流中心和自用型物流中心。一般公共型物流中心面对更广泛的客户，具有综合性、复杂性的特点；自用型物流中心的设施规模一般，通常为企业内部提供物流服务。

### （五）配送中心

配送中心属于低层次的物流节点设施，介于物流中心和货运场站之间，辐射范围相对较小，主要职能是联络物流中心，实现物流中心与城市内企业、居民消费区之间的小批量、多批次、多品种的货物配送。其数量较多、规模较小，更接近所服务的区域及对象。

### （六）货运场站

货运场站属于基层物流节点，基础设施设备配置相对比较简单，具有货物中转换装、集结暂存、通信信息、运输代理、车辆检修等功能，其数量相对较多，规模大小不一，功能差异也较大，较广泛地分布于城乡各区域。

## 拓展阅读

#### 聚焦打造“通道+枢纽+网络”现代物流运行体系

2019 年，国家发展改革委、交通运输部联合印发《关于做好 2019 年国家物流枢纽建设工作的通知》，确定了 2019 年国家物流枢纽建设名单，23 个物流枢纽入选。2020 年，共有 22 个物流枢纽入选 2020 年国家物流枢纽建设名单，覆盖了《国家物流枢纽布局和建设规划》确定的 6 种国家物流枢纽类型。最终目标是形成一批具有国际影响的枢纽经济增长极，将国家物流枢纽打造成为产业转型升级、区域经济协调发展和国民经济竞争力提升的重要推动力量。

2021 年 7 月，国家发改委印发《国家物流枢纽网络建设实施方案（2021—2025 年）》。其中明确了“十四五”期间将聚焦打造“通道+枢纽+网络”现代物流运行体系。一方面，围绕推动存量国家物流枢纽高质量发展，整合优化存量物流设施，强化多式联运组织能力，促进国家物流枢纽互联成网，推动完善以国家物流枢纽为支撑的“轴辐式”物流服务体系；培育发展枢纽经济、通道经济，打造经济和产业发展走廊。另一方面，围绕加快健全国家物流枢纽网络，按照“成熟一个、落地一个”原则，稳步推进 120 个左右国家物流枢纽布局建设；支持城市群内国家物流枢纽共建共享共用和一体化衔接，强化都市圈物流网点体系与国家物流枢纽网络有机衔接、协同联动。

资料来源：国家发改委.国家物流枢纽网络建设实施方案（2021—2025 年）[EB/OL]. https://www.ndrc.gov.cn/?code=&state=123.

## 第二节 物流枢纽的规划布局

物流枢纽作为物流系统网络中的关键节点，对于整个区域物流系统的效率具有至关重要的作用，同时城市自身发展也对物流系统提出更高的要求，国家和各级政府高度重视物流枢纽的布局规划，以有效提升城市的物流系统作业效率，充分发挥物流枢纽的功能。2019 年 3 月国家发改委发布《关于推动物流高质量发展促进形成强大国内市场的意见》。意见指出，依据国土空间规划，在国家物流骨干网络的关键节点，选择部分基础条件成熟的承载城市，启动第一批 15 个左右国家物流枢纽布局建设，培育形成一批资源整合能力强、运营模式先进的枢纽运营企业。2021 年国家发改委又印发《国家物流枢纽网络建设实施方案（2021—2025 年）》，明确提出加快健全国家物流枢纽网络。同时，结合实际适时调整优化国家物流枢纽承载城市布局，重点补齐内陆地区枢纽短板，优化沿海地区枢纽布局，推动国家物流枢纽网络区域均衡布局。

### 一、物流枢纽的发展演变基础

物流枢纽规划和建设问题的提出，是在城市作为物流枢纽载体及其物流枢纽层次性问题基础上，通过符合物流发展和运作逻辑演变的结果。这种结果的形成，在很大程度上是人们对物流网络化发展的认知，以及国家对区域物流枢纽的界定。研究物流枢纽形成和发展演变的过程对于科学规划、合理建设某一地区物流枢纽具有重要的意义和作用。

#### （一）物流网络化运作与发展的需求

随着社会化分工的不断深化，专业化的第三方物流服务出现，通过不断优化仓储、运输过程及服务范围的扩大，形成了依托区域分拨中心、城市配送中心的节点化物流运作，有效实现了区域物流的集中化和规模化运作，并随着第三方物流服务企业的扩张运作和物流需求的进一步扩大，逐步发展演变为多节点的联动运作，即网络化运作。

#### （二）城市成为物流枢纽节点

物流网络化运作具有通过多种物流资源聚集的规模经济发展能力，这些具有不同功能和运作模式的节点的发展，不断推动物流规模化、网络化运作，使枢纽的功能不断完善，规模不断扩张，一些物流需求量大的枢纽城市在物流运作的支持下逐步发展成为物流枢纽，如美国的孟菲斯因联邦快递成为国际著名的物流枢纽城市。因此在进行物流枢纽规划时，应考虑这一特征，根据城市的物流需求、地理区位优势和物流资源进行规划布局。

#### （三）运输枢纽的形成和发展

物流枢纽和运输枢纽联系密切，很大程度上促进了运输枢纽演变为物流枢纽城市。随着社会交通运输需求的不断扩张，铁路、公路、水运、航空、管道 5 种运输方式得到了快速发展。同时，随着人们消费水平的提高，消费方式的改变，对运输服务的需求形态逐步多样化，各种运输方式在运输服务过程中分工合作，综合运输成为运输枢纽的发展方向，并使拥有大型服务区域的运输枢纽城市成为物流枢纽。因此，在进行物流枢纽规划布局时，运输枢纽城市的规划也成为重要的规划内容。

### （四）物流枢纽城市重复建设问题

不同城市均积极培育发展物流产业，在集聚物流资源方面存在较大的竞争，导致部分城市物流业发展目标和服务功能不清晰或者不准确，从而出现物流效率低、资源配置发展效能不佳等一系列问题。为进一步整合和优化配置区域物流资源，提高物流业发展和企业运作效率，降低城市发展的物流成本，应从宏观层面对物流网络节点的层次、规模、数量等进行科学规划布局。

## 二、物流枢纽规划布局的原则

物流枢纽规划布局指通过使用一定的方法对物流枢纽及其有关设施设备在空间位置上的安排。具体来讲，包括通过网络分析优化其位置和数量，使物流网络系统获得合理的运输、库存成本，有效满足客户的需求。从宏观层面上来讲，物流枢纽规划布局主要研究物流枢纽的空间结构、层次类别与地区空间适应性问题，也就是在掌握物流枢纽空间布局规律的基础上，在省级及其以上的宏观范围内确定物流枢纽层次类别与其所依托的城市之间的关系，即研究物流枢纽在物流网络上的层次位置关系，以及在宏观范围内各个城市所具备的建设不同层级物流枢纽的条件。

为了使物流枢纽能够发挥其应有的作用,物流枢纽在规划时需要遵循以下几方面的原则：

### （一）经济合理性原则

物流枢纽的规划设计应当遵从经济学上“成本－收益”假定。首先要以该城市物流发展供需现状和预测为依据，按照服务空间范围的大小，结合规划建设目标，综合考虑影响物流企业布局的各种因素，选择最佳的空间布局，以利于低成本、高效率地开展物流服务。

### （二）环境合理性原则

缓解城市交通压力、减轻物流对环境的不利影响是物流枢纽建设的目的之一，也是“以人为本”思想的直接体现，同时也是城市可持续发展的必然要求。

### （三）资源合理利用原则

物流枢纽规划建设同其他物流节点的规划设计一样，具有一定的超前性，任何盲目、不符合实际的规划都会造成不必要的资源浪费。因此，必须考虑资源合理利用原则，结合地区实际，充分利用现有物流设施设备，对现有设施进行调整和改造，以有效减少用地结构调整和资金投入。例如 2020 年河南省发布《关于加快实施开封等 18 个区域物流枢纽建设方案的通知》，规划通过优化原有基础设施网络，拓展区域物流枢纽的辐射服务范围，带动各层级物流分拨和末端配送设施协同发展。加快形成干支衔接紧、覆盖范围广、运作效率高的区域物流基础设施网络和集疏运体系，降低物流成本，提升社会物流效率。

### （四）统一规划设计原则

物流枢纽的规划布局应与国家及省市的经济发展方针、政策相适应，与我国物流资源和需求分布相适应，从城市整体发展的角度统筹考虑，明确规划建设的目标和方向，顺应城市产业结构调整空间布局的变化需求，与城市功能定位和发展目标相统一，进而有效实现区域经济高质量发展。

## 三、物流枢纽规划布局的步骤

物流枢纽规划布局的目的是明确城市中物流枢纽的数量、区域位置和规模、功能定位，协调物流枢纽在城市内空间中的合理布局，进而实现物流枢纽的最优化配置。合理有效的物流枢纽布局能够为整个城市以及区域物流发展和社会经济进步带来积极的影响。因此在进行物流枢纽规划布局时，应结合规划布局的基本原则，从以下 3 个环节入手分析（见图 4-3）。

### （一）建设物流枢纽的基础条件分析

基础条件分析是建设物流枢纽的前提，主要涉及对物流枢纽规划布局的城市规划环境、物流需求情况、综合交通、物流节点、城市产业布局等进行分析。

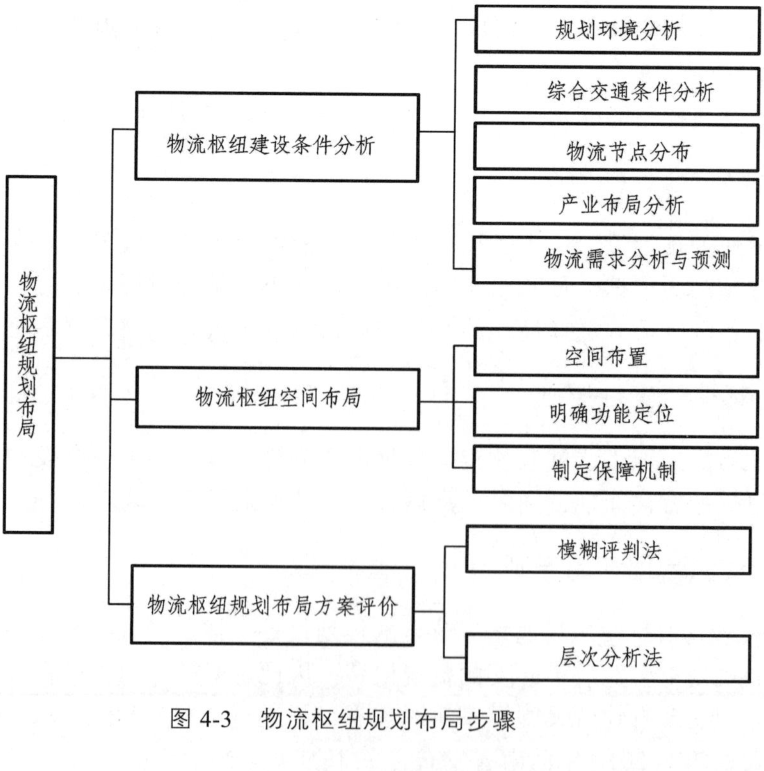


图 4-3　物流枢纽规划布局步骤

1. 城市规划环境

物流枢纽的建设和运作受到诸多因素的影响，因此在进行建设规划时应充分考虑城市规划环境，包括市场环境、服务环境和政策环境等。

（1）市场环境。市场环境对物流枢纽的经济资源配置具有决定性影响，不同类型的物流枢纽对市场环境的要求也不尽相同。例如生产服务型物流枢纽的运行，其市场环境受加工制造业集聚度和物流产业融合度的影响。一方面，加工制造业必须发达，形成足够的规模才能带动现代物流业的发展；另一方面，现代物流企业的规模化，能够满足加工制造业对优质物流服务的要求。制造业与物流业的深度融合为生产服务型物流枢纽经济的发展提供了良好的运行环境。商贸服务型物流枢纽的市场环境主要指商贸市场的交易量、辐射范围以及专业物流的协作度。

（2）服务环境。现代物流枢纽的高质量运作，需要技术服务、金融服务、货代服务、法律服务等较为完善的服务体系作为支撑。其中技术服务即是物流枢纽运行系统的有机组成，同时也是其高效发展的有效保障。金融服务则是物流枢纽经济运行的核心要素，需要注重预警和防范资金链中断。

（3）政策环境。物流枢纽的规划、发展需要产业政策的保障和支持。为推进物流枢纽的健康有序发展，在充分尊重市场经济运行规律的基础上，政府应深入调查研究，有针对性地引导枢纽偏好型产业在空间上的集聚，充分发挥物流枢纽基础设施服务功能，实现规模经济效应。同时倡导绿色运营，在市场经济环境下，企业一般都在追求自身效益最大化。因此物流枢纽需要通过政府宏观政策的调控和约束，设置准入门槛、技术指标限制、人员素质要求，以及通过税收、财政、土地等指标的激励，引导物流枢纽绿色、健康、有序发展。

2. 物流需求情况分析

物流枢纽建设发展的最终目标是利用更高效的方式满足城市的物流需求，因此在进行物流枢纽规划布局时必须考虑城市的物流需求。

（1）物流需求的数量。物流需求的数量主要是指在物流枢纽规划中，所在城市以及该城市与周边区域对物流服务需求数量的大小。物流需求量的大小受到多方面影响，具体来讲主要涉及以下几个方面：首先，经济发展水平。一个城市经济发展到一定程度，必然会产生城市物流。随着城市经济水平的提高，社会活动不断增多，物流需求也会逐渐增多，两者相辅相成。同时物流需求的模式也会随着物流量而发生改变，如当物流需求水平较低时，多为简单、分散的物流需求，而当物流需求水平提升时，就需要更专业、个性化的物流服务。其次，产业结构。第一、二、三产业对物流的需求量和内容相差较大，因此产业结构也成为其重要的影响因素。第一产业通常有基础服务、冷链、即时配送服务等不同规格的物流需求；第二产业通常为大宗商品的物流服务需求；第三产业则主要是无形服务，需求量虽小，但个性化服务要求比较普遍。随着国家经济发展，第三产业的比例不断上升，第一、二产业不断降低，物流需求也在不断发生变化，因此产业结构调整会使物流需求产生相应变化。再次，消费水平。消费水平对物流需求的影响有直接和间接两种。直接影响是随着人们消费水平的提高，人们更加追求有品质的服务，因此个性化、准时高效的物流服务越来越普遍；而间接影响则是生产经营企业对物流规模和需求的提升。最后，资产投资、物流供给、服务水平等均能影响该地区的物流需求。

（2）物流需求空间分布。物流需求的空间分布主要是指同一时间段，不同区域物流需求的空间，即按照物流需求的空间分布来分析物流需求量的大小。这一指标直接影响物流枢纽中物流园区、物流中心、配送中心、货运场站等物流节点的合理布局。

3. 城市综合交通环境

城市综合交通涵盖了存在于城市中及与城市有关的各种交通形式。从地域关系上看，城市的综合交通大致分为城市对外交通和城市交通两大部分。城市对外交通，泛指本城市与其他城市间的交通，及城市行政区范围内的城区与周围城镇、乡村间的交通。城市交通是指城市（城区）内的交通，包括城市道路交通、城市轨道交通等。

### （二）物流枢纽空间布局

总体来讲，首先是空间布置：主要规划物流枢纽承载城市空间布局的一般类型结构及其特征，重点遴选和计划物流枢纽承载城市的上下游节点分布及其运营网络安排，以及相关要素结构及其经济活动的关联。

其次是明确功能定位：主要是规划不同层次类别的物流节点设施的功能分布及其定位等，明确核心枢纽、物流中心、物流园区、一般集散点等。

最后是制定保障机制：要想实现物流枢纽的高效运转，就必须确保多层级、多领域节点的部门之间紧密配合。

### （三）物流枢纽规划布局方案评价

方案的综合评价是物流枢纽布局规划的重要环节。物流枢纽是一个复杂开放的大系统，需要通过建立可行的方案，在经济效益的基础上再结合其他因素对物流枢纽布局的要求，综合分析比较，构建评价指标体系，尽可能全面准确地包含各相关因素，对物流枢纽布局方案做出有效评价。

1. 指标体系构建的目的

物流枢纽布局方案评价是利用评价指标体系，通过对具体方案的详细分析，得出对整体的评价结果，所以说，建立科学合理的评价指标体系是方案科学、合理的重要前提。

2. 指标体系构建的原则

评价指标的构建遵循合理性、可操作性、导向性和层次性原则。首先是合理性原则，选取的指标要能够反映出空间布局方案的各个方面；其次是可操作性原则，尽可能选择易量化的、可测量的指标，且各指标具有较强的代表性；再次是导向性原则，指标能够反映出不同布局方案的客观情况，能够为相关部门提供参考；最后是层次性原则，指标的选取具有清晰的层次，各层之间的关系较为明确。例如总目标设定为物流枢纽布局的优化选择，那么分目标层则由交通便利性、社会经济效益、产业聚集、可持续指标构成。以交通便利性为例，其子目标则可以选择与各不同运输方式的衔接程度等，社会经济效益则可以选择物流成本、区域服务能力等量化指标，相关产业集聚则可选择物流需求量、潜在物流需求量等指标。

3. 物流枢纽选址的综合评价方法

物流节点选址的评价最常用的有数据包络分析法、层次分析法、模糊评价法等，这里主要介绍层次分析法和模糊评价法两种方法。

（1）层次分析法。层次分析法（Analytic Hierarchy Process，AHP）是一种定性和定量相结合的、系统化、层次化的分析方法。其特点是利用较少的定量信息使决策的思维过程数学化，从而为多目标、多准则或无结构特性的复杂决策问题提供简便的决策方法。其步骤大致如下：

第一，建立递阶层次结构。将决策目标、考虑因素和决策对象按它们之间的相互关系分为一级指标、二级指标和三级指标，绘出层次结构图。一级指标是最高层，具体指决策的目的、要解决的问题。三级指标是最底层，具体指决策时的备选方案。二级目标是中间层，具体指考虑的因素、决策的准则。在进行物流枢纽布局方案评价时，可将布局方案优化作为决策目标（A），布局合理性（$A_1$）、便捷性（$A_2$）、经济效益（$A_3$）、可持续发展（$A_4$）作为二级指标。而每一个二级指标下又可设置三级指标，如布局合理性因素（$A_1$），可进一步设置三级指标，如满足物流需求程度（$A_{11}$）、与现有设施融合度（$A_{12}$）、物流服务能力（$A_{13}$）等。

第二，构建判断矩阵。在确定各层次各因素之间的权重时，如果只是定性的结果，则常常不容易被别人接受，因此可采取一致矩阵法，即不把所有因素放在一起比较，而是两两相互比较。此时采用相对尺度，以尽可能减少性质不同的诸因素相互比较的困难，以提高准确度。同层指标之间进行重要程度的两两比较，然后得到指标的量化判断矩阵。

第三，计算各指标权重。根据构建的判断矩阵计算矩阵特征值，并找出最大特征值，得到判断矩阵和各矩阵的最大特征值之后，再对判断矩阵进行一致性检验，最后运用和积法对判断矩阵进行求解，得到各指标权重。

（2）模糊评价法。模糊评价法是一种基于模糊数学的综合评价方法。运用数学中模糊统计的方法，把定性评价转化为定量评价，即用模糊数学对受到多种因素制约的事物或对象做出一个总体的评价。它具有结果清晰、系统性强的特点，能较好地解决模糊的、难以量化的问题，适合各种非确定性问题的解决。根据所建立评价指标体系的不同，模糊评判可分为单层模糊评价和多层模糊评判。在物流枢纽选址的综合评价中，因为涉及因素较多，而且各因素之间又相互影响，因此较适合选择多层次模糊评价法来进行物流枢纽的选址评价。

多层次模糊评价需要先按最低层次的各个因素进行综合评价，然后再按上一层次的各因素进行综合评判，以此逐层评判，直到最高层次，得出总的评价结果。

## 四、国家物流枢纽规划布局要求

国家物流枢纽是物流体系的核心基础设施，是辐射区域更广、集聚效应更强、服务功能更优、运行效率更高的综合性物流枢纽，在全国物流网络中发挥着关键节点、重要平台和骨干枢纽的作用。在《国家物流枢纽布局和建设规划》中，特别强调了物流枢纽的空间布局环节，指出各地要在国家总体战略布局框架内，根据地方实际，打造特色产业，壮大物流枢纽经济。

《国家物流枢纽布局和建设规划》以习近平新时代中国特色社会主义思想为指导，按照高质量发展的要求，统筹推进“五位一体”总体布局和协调推进“四个全面”战略布局，坚持以供给侧结构性改革为主线，推动物流组织模式和行业管理体制机制创新，打造“通道+枢纽+网络”的物流运行体系，为优化国家经济空间布局提供有力支撑。

基于此，国家物流枢纽建设应遵循市场主导、规划引导，集约整合、融合创新，统筹兼顾、系统成网，协调衔接、开放共享，智慧高效、绿色发展的基本原则，到 2025 年，布局建设 150 个左右国家物流枢纽，枢纽间的分工协作和对接机制更加完善，社会物流运行效率大幅度提高；到 2035 年，基本形成与现代化经济体系相适应的国家物流枢纽网络，实现与综合交通运输体系顺畅衔接、协同发展，物流规模化、组织化、网络化、智能化水平全面提升，铁路、水运等干线通道能力充分释放，运输结构更加合理。

加强宏观层面的系统布局，依据区域经济总量、产业空间布局、基础设施联通度和人口分布等，统筹考虑国家重大战略实施、区域经济发展、产业结构优化升级等需要，结合“十纵十横”交通运输通道和国内物流大通道基本格局，选择 127 个具备一定基础条件的城市作为国家物流枢纽承载城市，规划建设 212 个国家物流枢纽，包括 41 个陆港型、30 个港口型、23 个空港型、47 个生产服务型、55 个商贸服务型和 16 个陆上边境口岸型国家物流枢纽。

国家物流枢纽规划建设要求：一是区位条件良好，毗邻港口、机场、铁路场站等重要交通基础设施和产业聚集区，与城市中心的距离位于经济合理的物流半径内，并与城市群分工相匹配；二是空间布局集约，以连片集中布局为主，集中设置物流设施，集约利用土地资源；三是存量设施优先，以完善提升已建成物流设施的枢纽功能为主，必要情况下可结合区域经济发展需要适当整合、迁移或新建枢纽设施；四是开放性、公共性强，具备提供公共物流服务、引导分散资源有序聚集、推动区域物流集约发展等功能；五是服务功能完善，具备干线运输、区域分拨等功能，以及多式联运转运设施设备和系统集成、互联兼容的公共信息平台等；六是统筹运营管理；七是区域协同联动。

宁波—舟山港口型国家物流枢纽规划布局（见图 4-4）：依托宁波北仑、镇海和老塘山港区及后方陆域，共同建设港口型国家物流枢纽（包括主体功能区和协同发展区），形成以“六大体系”为引领、以“三大服务”为途径、以“四大融合”为支撑的枢纽发展格局。其中“六大体系”是指国际集装箱物流体系、油气物流体系、铁矿石物流体系、煤炭物流体系、粮油集散物流、跨境电商物流体系。“三大服务”则是国际多式联运组织、战略资源交易、国际供应链管理，打造集物流、资金流、信息流于一体的综合物流枢纽。“四大融合”则主要起到支撑作用，通过国际多式联运环节融合、国际供应链服务体系融合、跨区域物流枢纽网络融合、物流枢纽经济融合，支撑三大服务功能。将宁波—舟山港口型国家物流枢纽打造成为国际多式联运服务示范区、全国油气产业链融合发展示范区、国际粮油储运加工交易示范区、全球数字贸易物流示范区，为物流枢纽在发展国际多式联运、服务实体经济、服务国际贸易方面探索先行示范经验。

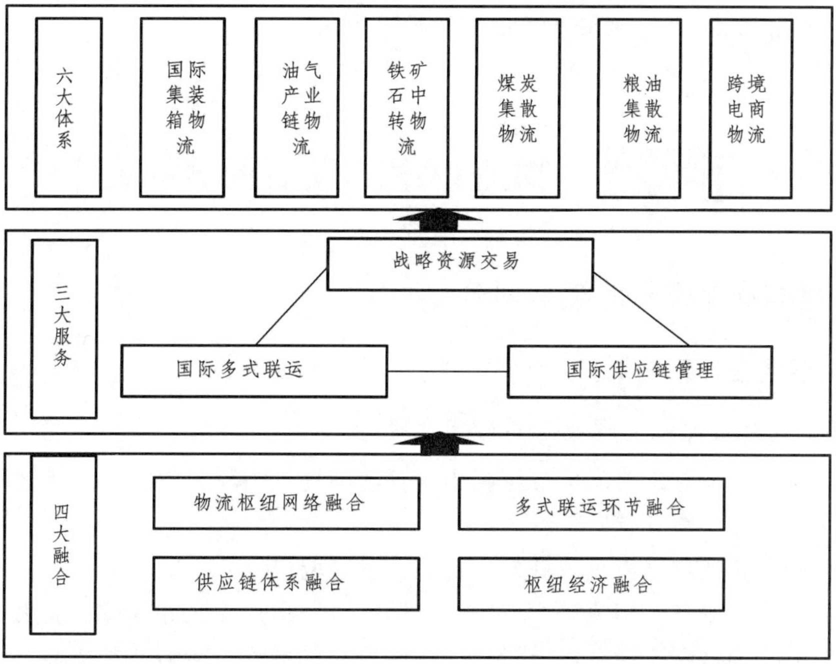


图 4-4 宁波—舟山港口型国家物流枢纽发展格局示意图

## 拓展阅读

### 国家物流枢纽布局和建设规划基本原则

1. 市场主导、规划引领。遵循市场经济规律和现代物流发展规律，通过规划引领和指导，推动物流资源向有市场需求的枢纽进一步集聚，支持和引导具备条件的物流枢纽做大做强，在物流运行体系中发挥骨干作用。

2. 集约整合、融合创新。坚持以存量设施整合提升为主、以增量设施补短板为辅，重点提高现有物流枢纽资源集约利用水平。依托国家物流枢纽，加强物流与交通、制造、商贸等产业联动融合，培育行业发展新动能，探索枢纽经济新范式。

3. 统筹兼顾、系统成网。统筹城市经济发展基础和增长潜力，兼顾东中西部地区协调发展，围绕产业发展、区域协调、公共服务、内联外通等需要，科学选址、合理布局、加强联动，加快构建国家物流枢纽网络。

4. 协调衔接、开放共享。加强物流与交通基础设施衔接，提高不同运输方式间货物换装效率，推动信息互联互通、设施协调匹配、设备共享共用，增强国家物流枢纽多式联运功能，提高运行效率和一体化组织水平。

5. 智慧高效、绿色发展。顺应现代物流业发展新趋势，加强现代信息技术和智能化、绿色化装备应用，推进货物运输结构调整，提高资源配置效率，降低能耗和排放水平，打造绿色智慧型国家物流枢纽。

资料来源：国家发改委.国家物流枢纽布局和建设规划[EB/OL].https://zfxxgk.Ndrc.gov.cn/web/iteminfo.jsp?id=15953.

# 第三节 物流枢纽的发展模式和运行

## 一、我国物流枢纽的类型划分

### （一）根据辐射范围划分

1. 国家战略级综合交通物流枢纽承载城市

这类城市一般具有重要的区域影响力，且能够提供国际、省际大型货运代理和分销物流活动的相关服务。一般具有以下特征：

（1）位于国家战略层面重点开发、优先开发区域；

（2）靠近或者服务于国家级产业园区、国家级经济开发区等区域产业集聚区；

（3）紧靠全国铁路一级及以上货运站、港口、机场等，能够便利衔接 2 种以上对外运输方式；

（4）毗邻海关监管区域，如出口加工区、综合保税区、自贸区等；

（5）具备一定的物流发展规模。

2. 区域级综合交通枢纽承载城市

这类城市是按照所在省份经济社会发展需求，具有省际影响力，依托省域内的主导产业功能区，能够服务省域范围内城际大批次货物分拨及转运为主的物流节点城市。在充分考虑每个城市的经济社会发展程度差异和产业特征对物流需求影响的基础上，根据其区域经济影响、交通枢纽重要性、物流运营水平等因素来确定区域级综合交通物流枢纽承载城市。一般包括以下特征：

（1）靠近和服务于省际以上产业园区、经济技术开发区等区域重大产业集中区；

（2）布局省域范围内二等站以上铁路站、重要港口、支线机场，能够便利衔接 2 种以上对外运输方式；

（3）毗邻出口监管仓或者保税仓。

例如，河南省安阳市通过不断扩大国家物资储备、大宗农产品交易和内陆集装箱多式联运的规模，加快铁路专线和铁路口岸化建设，开拓海铁联运线路班列，提升优质钢材及其深加工产业、新能源汽车及零部件制造、智能终端和半导体芯片制造等物流供应链配套服务水平，推进重点物流产业园区建设。

### （二）国家物流枢纽发展规划的 6 种类型

根据《国家物流枢纽布局和建设规划》，依据类型和功能定位的不同，国家物流枢纽分为陆港型、港口型、空港型、生产服务型、商贸服务型、陆上边境口岸型等6种类型，其中41个陆港型、30个港口型、23个空港型、47个生产服务型、55个商贸服务型和16个陆上边境口岸型国家物流枢纽，具体名单见表4-1。

表4-1　国家物流枢纽类型及承载城市

| 序号 | 类型 | 承载城市 |
|---|---|---|
| 1 | 陆港型国家物流枢纽 | 石家庄、保定、太原、大同、临汾、呼和浩特、乌兰察布、沈阳、长春、哈尔滨、佳木斯、南京、徐州、杭州、合肥、南昌、鹰潭、济南、潍坊、郑州、安阳、武汉、长沙、衡阳、南宁、柳州、重庆、成都、遂宁、贵阳、遵义、昆明、拉萨、西安、延安、兰州、酒泉、格尔木、乌鲁木齐、哈密、库尔勒 |
| 2 | 港口型国家物流枢纽 | 天津、唐山、秦皇岛、沧州、大连、营口、上海、南京、苏州、南通、连云港、宁波—舟山、芜湖、安庆、福州、厦门、九江、青岛、日照、烟台、武汉、宜昌、岳阳、广州、深圳、湛江、钦州—北海—防城港、洋浦、重庆、泸州 |
| 3 | 空港型国家物流枢纽城市 | 北京、天津、哈尔滨、上海、南京、杭州、宁波、厦门、青岛、郑州、长沙、武汉—鄂州、广州、深圳、三亚、重庆、成都、贵阳、昆明、拉萨、西安、银川、乌鲁木齐 |
| 4 | 生产服务型国家物流枢纽 | 天津、石家庄、唐山、邯郸、太原、鄂尔多斯、包头、沈阳、大连、长春、哈尔滨、大庆、上海、南京、无锡、苏州、杭州、宁波、嘉兴、金华、合肥、蚌埠、福州、三明、南昌、青岛、郑州、洛阳、武汉、十堰、襄阳、长沙、郴州、广州、深圳、珠海、佛山、东莞、南宁、柳州、重庆、成都、攀枝花、贵阳、西安、宝鸡、石河子 |
| 5 | 商贸服务型国家物流枢纽 | 天津、石家庄、保定、太原、呼和浩特、赤峰、沈阳、大连、长春、吉林、哈尔滨、牡丹江、上海、南京、南通、杭州、温州、金华（义乌）、合肥、阜阳、福州、平潭、厦门、泉州、南昌、赣州、济南、青岛、临沂、郑州、洛阳、商丘、南阳、信阳、武汉、长沙、怀化、广州、深圳、汕头、南宁、桂林、海口、重庆、成都、达州、贵阳、昆明、大理、西安、兰州、西宁、银川、乌鲁木齐、喀什 |
| 6 | 陆上边境口岸型国家物流枢纽 | 呼伦贝尔（满洲里）、锡林郭勒（二连浩特）、丹东、延边（珲春）、黑河、牡丹江（绥芬河—东宁）、防城港（东兴）、崇左（凭祥）、德宏（瑞丽）、红河（河口）、西双版纳（磨憨）、日喀则（吉隆）、伊犁（霍尔果斯）、博尔达拉（阿拉山口）、克孜勒苏（吐尔尕特）、喀什（红其拉甫） |

在这些承载城市中，很多城市兼具多种类型物流枢纽定位。例如，天津、上海、南京、武汉、重庆等同时具有生产服务型国家物流枢纽承载城市、商贸服务型国家物流枢纽承载城市、空港型国家物流枢纽承载城市、港口型国家物流枢纽承载城市定位；深圳、宁波、广州等则兼具空港型国家物流枢纽承载城市、港口型国家物流枢纽承载城市、生产服务型国家物流枢纽承载城市定位。

不同类型物流枢纽承载城市的功能定位不同，发展方向和目的也不相同。

（1）陆港型物流枢纽多半处于公路、铁路大通道沿线或者交汇处，具有明显的枢纽功能，如长春、沈阳、武汉、郑州、安阳、西安等。对于这些城市，要发展物流枢纽经济，一是要完善公路、铁路基础设施，合理调整公路、铁路基础设施的分布以及投入和产出的比例；二是要加强对外互联互通，实现地区之间的互联互通。例如，石家庄陆港型国家物流枢纽由依托石家庄国际陆港建设的“核心区”，以及依托石家庄综合保税区建设的“功能互补区”两个片区（高邑县和正定县）构成，通过京广铁路、新元高速及107国道等交通干线互联互通，形成“一体两翼、南北呼应”的发展格局，实现了建设集公、铁、海、空多式联运于一体的陆港型国家物流枢纽。

（2）港口型国家物流枢纽承载城市通过沿海或者内河港口连接国内外港口和航线集疏运网络，达到水水中转、水陆联运无缝对接，实现为腹地区域级港口辐射区域提供货物集散、国际中转、保税监管、转口贸易等物流服务和供应链金融服务。例如营口、大连、广州、深圳、湛江、芜湖、武汉、九江、连云港等大多沿海、沿江分布，且多分布在东南沿海地区，具有明显的地域分布特征，先天地理位置优异，经济条件发展良好。在建设物流枢纽时，可以从以下两个方面入手：一是持续维持良好的港口环境。在发展经济的同时，一方面保护且治理港口环境，促进港口可持续发展；另一方面要维护港口设施，并持续保障港口设施的完善。二是不断借鉴发达国家物流枢纽建设经验，带动我国物流业的快速、高效发展。

作为港口型国家物流枢纽承载城市，武汉市2019年货运总量67 555万吨，社会物流总额超4万亿元，社会物流总费用与GDP比率约13.6%。依托长江中游航运中心建设，阳逻港集装箱吞吐量167万标箱，成为长江中上游最大的集装箱枢纽港。国际陆海大通道初步形成，阳逻港江海直达航线成为长江中上游运量最大的外贸集装箱航线，中欧班列“五线并行”，通过铁水、铁公、公水等多次联运与阳逻港国际水运航线无缝衔接。

（3）空港型国家物流枢纽通过依托航空枢纽机场，主要为空港及其辐射区域提供快捷、高效的铁路—航空、公路—航空等联运服务和国内外航空直运、中转、集散等物流服务。这类承载城市主要分布在拥有大型国际机场的城市，分布相对分散，服务范围辐射全国。在发展过程中一方面需要强化产业链综合发展，在不断扩展中转、集散等物流服务以及联运服务的同时，也要注重培育周边产业，通过产业提升和转型带动机场周边区域产业链；另一方面需要着力提升运行质量。在发展联运业务时要注意与本地以及其他区域公路、铁路快速衔接，以及同国际市场的对接，不断提升运行质量。

例如2020年入选空港型国家物流枢纽承载城市的重庆，规划面积9.8平方千米，是西部地区唯一拥有空、铁、公、水多式联运条件的国家中心城市，在航空领域构建起覆盖全球五大洲74个城市的国际航线网络，国际（地区）航空货邮吞吐量达到15万吨以上，居中西部城市第一。“十四五”时期，重庆空港型国家物流枢纽将聚焦国际航空物流枢纽、中新“双枢纽”航空物流运营中心、临空经济创新发展示范区、国家战略安全保障基地四大发展定位，将主要承担四大基本功能和四大延伸功能（见图4-5）。“四大基本功能”包括中心场站+干线运输枢纽功能、分拨配送枢纽功能、多式联运枢纽功能、国际物流服务功能；“四大延伸功能”包括综合性自由贸易服务功能、物流供应链金融服务功能、空港数据中心服务功能、应急保障服务功能。大力推进“通道+枢纽+网络”的现代物流运行体系建设，规划将渝北打造成为重庆在推进“一带一路”倡议中发挥重要作用的航空枢纽门户。

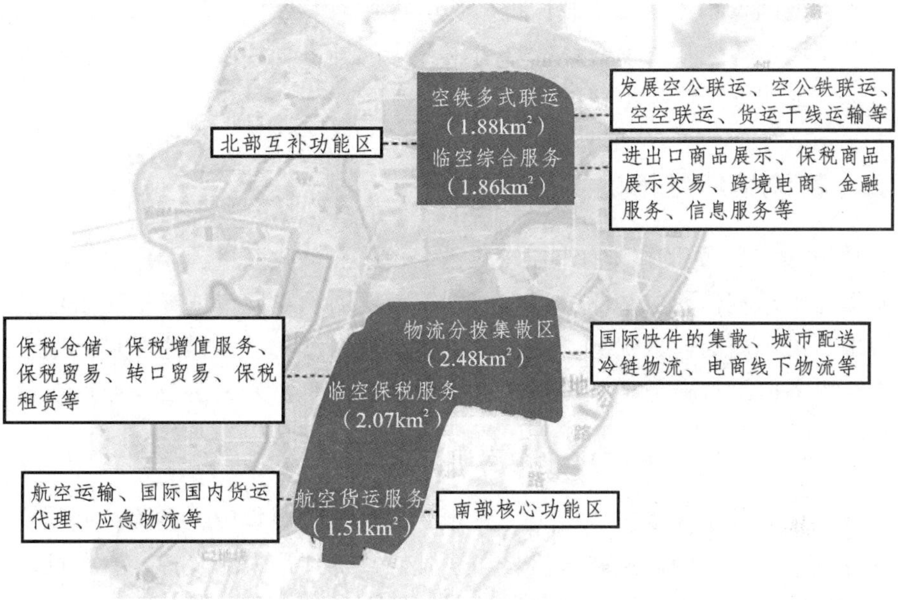


图 4-5　重庆空港型国家物流枢纽规划布局

（4）生产服务型国家物流枢纽依托制造业基地、大型厂矿、农业主产区、产业集聚区等形成的生产服务型国家枢纽，主要为工业、农业生产提供原材料供应、分销、中间产品和产品储运等一体化功能的现代供应链服务。此类承载枢纽城市分布相对集中，一般分布在拥有大型厂矿、制造业基地的地方。例如沈阳生产服务型国家物流枢纽，由铁西集中发展区和辽中沈阳综合保税区近海片区两部分构成，以服务铁西区国家装备制造基地和中德园智能制造产业为基础，面向东北地区和环渤海经济区制造业、资源性产业等重点产业提供生产性物流服务。两个片区将形成国际国内功能互补联动，构建一体集成、满足“大循环”“双循环”发展需要的产业供应链服务体系。

（5）商贸服务型国家物流枢纽承载城市依托商贸集聚区、大型专业市场等多个载体，为国内外和区域城市大规模商贸活动及消费需求提供商品仓储、干支联运、分拨配送等物流服务以及供应链金融等增值服务，如哈尔滨、南京、温州、杭州、金华、昆明等。义乌国家物流枢纽位于商贸服务业集聚区内，由国内贸易物流片区和铁路口岸国际物流片区构成，已形成国内公路物流组织中心、长三角商贸物流分拨中心、智能云仓和电商快递物流区。依托义乌全球最大小商品市场商流、物流、资金流和信息流高度汇聚带来的巨大流量，将全面建立与世界“小商品之都”相匹配的国内国际物流服务体系，进一步提高义乌商品贸易的物流效率。此类承载城市与生产服务型国家物流枢纽城市分布情况相似，相对比较集中，在发展物流枢纽经济时应着力于提供现代化增值服务，发展智慧物流，促进城市向综合型发展。

（6）陆上边境口岸型国家物流枢纽承载城市，如丹东、延边（珲春）、锡林郭勒、西双版纳等。此类承载城市具有显著的地域特色，分布在国家边境城市，在发展物流枢纽经济时，一要积极对接境内外物流通道提升口岸物流的建设水平；二要着力实现口岸物流信息平台的信息共享，实现全面提升通关便利化水平。这是加快货物快速流通、降低物流成本的重要举措。

不同类型国家物流枢纽承载城市的功能定位、发展目标均不同，尤其是多类型的国家物流枢纽承载城市，应在国家总体战略引领下，剖析每个区域的物流枢纽经济发展战略，明确发展目标，加快发展物流枢纽经济。

## 二、物流枢纽经济的发展模式

2019 年 9 月，首批国家物流枢纽建设名单公布，我国进入国家物流枢纽布局与建设新时代，并提出了培育枢纽经济的战略规划，探索推动承载城市依托枢纽培育具有自身特色的枢纽经济增长极和新的比较优势。基本模式主要有以下 3 种：枢纽布局与城市产业布局协同发展、物流服务网络打造与产业网络化组织联动、枢纽要素聚集与产业形态融合创新。

### （一）枢纽布局与城市产业布局协同发展

该模式可有效实现物流、资金、人才、信息等资源集中，在弥补城市自身资源要素薄弱短板的同时，使区域内产业整体优势和规模效益得到最大的发挥，直接推动枢纽产业的规模壮大，实现国家物流枢纽与区域经济融合发展。

主要体现在 3 个方面：一是物流产业规模化发展。依托城市产业结构和布局，对内贯通国家骨干网络，对外融入全球物流网络，横向推动铁路与公路、水运、航空物流枢纽链接，打造多式联运，集中实现货物集散、存储、分拨、转运等多种功能，促进跨区域物流活动组织化、规模化运行。二是壮大既有产业规模。通过物流枢纽功能拓展和技术提升盘活存量，推动传统产业转型升级，实现地区与世界沟通的便捷性和效率提升，吸引更多的相关企业迁移，逐渐形成产业聚集及规模效应。三是促进衍生产业发展。依托物流枢纽集聚各种资源要素优势，注入增量，积极培育发展特色新兴产业，为地区现代产业体系重构和创新注入新内涵。

### （二）物流服务网络打造与产业网络化组织联动

该模式能有效推动物流枢纽与腹地生产、流通、贸易等大型企业的无缝对接，通过产业合理分工和资源配置优化，实现物流与相关产业的联动发展与合作共赢，助力产业迈向全球价值链中高端，提高区域经济发展质量效益水平。

主要体现在 3 个方面：一是物流服务网络与产业网络化组织联动，能够开拓更大的生存发展空间，使物流业占据更多的市场份额，在联动过程中，不断提升物流运输效率和服务水平，促进物流业服务方式的创新；二是以产业供应链为基础打造枢纽物流服务网络，优化运力和运输路径，实现物流成本降低、效率增长，进而不断扩大辐射范围，塑造产业发展新的竞争优势，同时提高应对市场需求变化的速度和效率，扩展原有产业链条，让企业找到新的经济增长点；三是物流业与第一产业、第二产业联动发展促进了产业结构优化升级，有效地整合了第一、二、三产业的资源，延长了产业链条，同时使服务业的比例得到明显提升，服务业的价值也得到有效发挥。

（三）枢纽要素聚集与产业形态融合创新

该模式是指促进物流枢纽要素快速集聚、融合到其他产业中，促进技术融合、产业升级、结构调整与模式创新，依托城市集群发展提升全要素生产率。传统物流枢纽强调的是实体的网络枢纽，物流的要素“物”必须在枢纽进行集中配置。培育经济发展新动能则需要创新引领、数字赋能，重构供应链与产业链，推动经济走质量效益型发展之路。借助现代物流枢纽与网络，促进经济资源要素高效协同，这就要求从交通型枢纽向管理型枢纽转变，更加强调物流管理与供应链管理；通过物流资源要素的智慧调度与数字赋能，推动物流枢纽从实体型枢纽向智慧型枢纽转变。例如阿里巴巴集团旗下的电子商务平台依托菜鸟物流网络聚集商贸物流，平台所在地不一定在传统的干线交叉点上，可以放于任何一个城市，如杭州，围绕平台利用菜鸟“物流大脑”，可以在全国范围开展网络化的物流服务，形成枢纽聚集资源、“物流大脑”统一调度和管理的局面。我国很多城市在聚集产业和经济要素时，完全可以颠覆以前道路交通节点的概念，用一种全新的手段来聚集资源，实现聚集发展新模式，推动枢纽经济发展。

## 第四节 物流园区的形成与发展

物流园区是近年来现代物流业发展中出现的新型业态，从经济学角度来看，物流园区是区域经济发展到一定阶段的产物，是各种物流资源在空间上高度聚集、密切分布的区域发展实体，也是一定区域内经济发展的内部因素与外部条件相互作用而产生的服务综合体。

### 一、物流园区的概念

（一）对物流园区的界定

物流园区最早出现在 20 世纪 60 年代的日本东京，此后，英国、美国、比利时、加拿大、墨西哥等也都先后建立了物流园区和货运配送中心。当前，物流园区的规划、建设与运营在世界范围内的发展方兴未艾，是现代物流业发展的重要趋势。但从最初出现物流园区的概念到现在，物流园区在国外还没有通用的定义，各个国家的建设情况不同，对于物流园区的理解也有所不同。

1. 日本对物流园区的定义和理解

在日本，物流园区被称为“物流团地”（Distribution Park），是一个空间概念，一般是指多种物流设施和不同类型的物流企业在空间上集中布局，且具有一定规模和综合服务功能的物流集节点。1965 年开始，日本在规划城市时，从城市整体利益出发，为解决城市功能紊乱、交通拥堵、环境恶化等问题，减轻产业对环境压力，顺应物流业发展趋势，实现货畅其流，在东京分别建设了葛西、和平岛、板桥和足立4个现代化物流园区，通过逐步配套完善各项基础设施、服务设施，提供各种优惠政策，吸引大型物流中心在此聚集，使其获得规模效益。这对整合市场、降低物流成本发挥了重大作用，同时也减轻了大型配送中心在市中心分布所带来的种种不利影响，成为支撑日本现代经济的基础产业。

2. 欧洲各国对物流园区的定义和理解

在德国，物流园区被称为“货运村”。德国许多物流园区的面积都超过2平方千米，物流园区的规划选址主要考虑4个方面：一是转运方便；二是交通便利；三是经济合理；四是生态环保。1984年，德国第一个真正意义上的物流园区——不莱梅物流园区，在不莱梅市政府和州政府的支持下组建而成，通过优惠土地价格，扩建周边的公路、港口等基础设施建设促使园区迅速发展。在1992年的联邦德国运输网规划中，规划建设42个货运中心，据不完全统计，现已建成并投入使用35个，其中较著名的物流园区为不莱梅物流园区和纽伦堡物流园区。例如纽伦堡物流园区，作为交通枢纽建于20世纪70年代中期，80年代向物流园区发展，占地3.37平方千米。其中，一期开发2.17平方千米，二期开发1.2平方千米，建设的主体是由政府支持的股份公司，建设资金来源主要是政府拨款和企业贷款。物流园区管理股份公司的职能是土地开发、公用运输、基础设施建设、大型设备租赁、公用设施维护以及与有关部门协调等。在物流园区的规划建设方面，德国与日本有一定差别。德国的基本做法是联邦政府统筹规划，州政府、市政府投资建设，公司化经营管理，入驻企业自主经营。

与欧洲其他国家不同，英国的物流园区只在特定条件下才会去追求地区规划或环境保护目标，可以说在物流园区规划建设上，英国奉行的不是政府行为而强调市场导向，以单一经济利益为追求目标。

法国物流园区是以政府和民间团体、私人合作（可能的伙伴合作包括：公共和私营团体或机构、地方和城市当局、投资人等）的形式加以规划和提供资金建设的，最终转由一家经营公司来管理。

荷兰拥有先进的港口建设和发达的物流配送系统，是世界上最重要的贸易转口国之一。荷兰物流园区的代表是文洛港，它是由当地政府和综合运输中转站的经营者ECF（欧洲联合中转站）创建的，市场推广是按照货物配送中心的运作模式通过对外招商来实现的。虽然物流园区的开发商没有采取设立中立的经营机构来实现与企业的互利合作，但仍成立了一个代表文洛地区运输业的联合会组织，其主要任务是加强组织成员间的合作，为物流园区的营销及物流运营方面的专业问题提供帮助等。

总之，欧洲物流园区有以下共同点：采用综合的运输方式，物流园区为所有用户服务，是一个开放的服务系统；物流园区的运营由一个中立的组织或机构来组织，如物流园区管理公司，全面为入驻企业服务。

### （二）我国物流园区概念的产生

在国内，第一个物流园区出现在深圳，当时命名为“深圳平湖物流基地”。该地始建于

1998 年 12 月 1 日，有以下 3 个特征：综合集约性、独立专业性和公共公益性。物流基地是从事专业物流产业、具有公共公益特性的相对集中的独立区域。但在 2001 年中华人民共和国国家标准《物流术语》中没有对“物流产业”“物流行业”“物流园区”“物流基地”等概念做出界定。2006 年新修订的中华人民共和国国家标准《物流术语》（GB / T18354）中，才对物流园区的概念进行了界定：物流园区是指为了实现物流设施集约化和物流运作共同化，或者出于城市物流设施空间布局合理化的目的，而在城市周边等各区域集中建设的物流设施群和众多物流业者在地域上的物理集结地。

### （三）物流园区的内涵

物流园区通过将众多物流企业聚集在一起，实现专业化、规模化经营，发挥整体优势，降低运营成本，促进物流技术和服务水平的提高。其内涵可以归纳为以下几点：

（1）物流园区是规模化、功能化的区域。通常由分布相对集中的物流组织设施或是不同的专业物流企业构成；具有显著的空间概念，与工业园区、经济开发区等概念一样，具有产业一致性或相关性，拥有集中连片的物流用地空间。

（2）物流园区是具有经济开发性质的城市物流功能区域。作为城市物流功能区，物流园区包括物流中心、配送中心、运输枢纽设施等适应城市物流管理与运作需求的物流基础设施。

（3）物流园区具有经济功能，主要任务是开展满足城市居民消费、就近生产、区域生产组织所需要的企业生产经营活动。

## 二、物流园区产生的原因

物流园区实际上就是一种特殊形态的物流业集群。物流园区作为社会经济和现代化物流系统发展到一定阶段的产物，其产生和存在具有一定的历史必然性。

### （一）经济条件：商品流通的日益膨胀

物流园区是市场经济发展到一定阶段的产物，它的产生与发展需要一定的工业化进程与经济发展条件。工业化初期，经济总体属于短缺经济，社会处于重生产、轻流通的状态。而随着工业化进程的加快，市场形态不断发生变化，由原来的买方市场逐步转变为卖方市场，市场竞争由生产领域转向流通领域，物流在国民经济中的地位不断突出，物流成为企业缩减成本、提高竞争力的重要手段。

### （二）内在需求：物流企业的合理整合

物流行业因其业务的特殊性，涉及范围与行业广泛，需要大批的不同专业的企业协同经营、分工协作，才能完整高效地发挥出物流运作的整体优势。物流园区的出现，正是为不同物流专业企业协同合作创造了一个良好的环境。

### （三）推动力量：政府规划投资的主导作用

发达的物流产业水平对城市规划发展提出严峻挑战。一方面，城市发展需要的是以人为本、以环境资源优化配置为依据的持续发展战略；另一方面，物流业给城市带来了交通拥挤、城市功能紊乱、城市组织协调混乱不堪。由此带给政府的课题是从全局规划的角度，建立完善、有序的资源利用体系；建立以物流园区为核心的合理、高效的物流系统，通过物流园区的优化、组织与协调，从根本上解决这些问题。政府认识到物流业在经济发展过程中具有的重要的地位和作用，通过投资物流基础设施、规划物流园区建设、培育物流市场体系等手段，加快物流现代化程度与合理化程度。

### （四）外部环境：经济贸易全球化

在经济全球化和可持续发展的背景下，各跨国公司纷纷调整发展战略，现代物流思想从关注近期的、微观的利润和成本，提升到长期战略性发展策略，物流成为经济发展战略的重要组成部分，物流活动也跨出国界，形成全球化的物流网络。

## 三、物流园区的功能

物流园区的功能主要表现在对经济社会发展的促进、对产业发展的推动以及对城市结构和环境功能的优化 3 个方面（见图 4-6）。

### （一）促进区域经济发展

在规划建设物流园区时，就需要综合考虑区域经济的发展趋势，以提高区域经济的发展竞争力为目的，这也是物流园区开发建设的先决条件。物流园区的发展能够形成产业集群效应，为加入园区的企业提供一个公共发展平台，使物流产业链的一体化整合得以实现。同时物流园区还可以通过对既有设施及资源进行功能整合，对现有物流设施在功能上产生替代效应，并通过规模化和组织化经营，提高竞争优势，从而确保经济发展所必需的物流运作效率和水平。

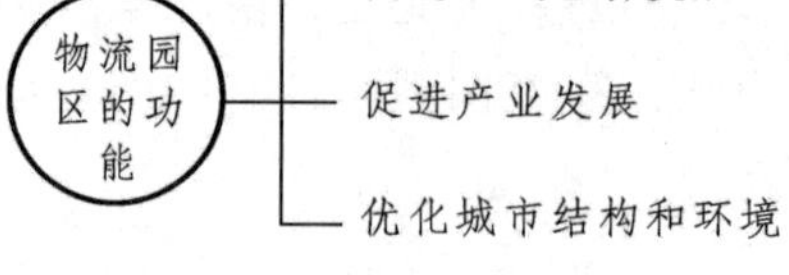


图 4-6　物流园区的功能

### （二）促进产业发展

1. 整合现有资源，形成物流产业化

通过资源的集约和有效运用，能够进一步优化物流市场环境，提高社会化物流程度。首先应该对物流园区入驻企业进行数量上的整合，然后进行业务上的整合，综合各企业的业务，实现优势互补，形成集合优势。整合有助于推动物流产业向集约化、社会化和专业化方向发展，整合之后采取“第三方物流”产业组织形式，促使区域内的中小型生产制造企业将物流业务从传统业务中剥离出来，外包给专业的第三方物流公司，进而帮助企业集中于核心业务，降低企业经营成本，提高市场竞争力。

2. 有助于推动物流企业的发展

物流园区在聚集各种物流服务提供商的同时，也为物流企业提供了良好的发展空间，推动了物流企业自身的发展。这些推动作用主要包括资金、技术、人才和信息化管理等方面。

（1）资金推动。根据各国物流园区建设经验来看，德国、日本等均由政府统一投资、规划建设，以信用贷款、企业投资为补充，很少由企业独立开发。因此物流园区通常属于政府出资进行的物流基础设施建设。政府投资可有效减少物流企业前期投入成本，进而促进物流企业将更多的资金投入核心能力和物流服务的开发之中。物流园区通过为物流企业服务获得良好的投资回报，从而形成良性的资金链循环，促进物流服务水平的不断提升。

（2）技术推动。物流园区中入驻着不同实力和水平的物流企业，尤其是一些行业领先者在物流园区驻扎，他们给物流行业不断带来最新的物流设备、技术及应用经验。而物流园区管理部门则不断关注最新的物流业界技术发展动向，也可以通过各种信息传播平台共享给企业，从而促进行业内的技术交流和传播。

（3）人才推动。各物流园区在建设过程中发现，物流企业对人才的需求不够重视。在物流园区建设发展过程中，可以考虑引入物流专业培训部门，同社会教育和培训机构合作，形成物流人才培养基地。这样既可以为园区内企业输送人才，也可以为社会提供更多的物流知识，推动物流社会化的进程。例如，为了拓展物流园区青年人才国际视野，学习物流产业发展新思路、新方法，2021 年重庆公路物流基地公司组织园区青年人才参加以“共建西部陆海新通道，共享西部发展新机遇”为主题的物博会；围绕商贸物流产业园区的人才需求，突出引才、育才、聚才、用才，强化人才聚集，建立园区人才招聘公共平台，为园区企业招聘人才 1 000 余人，并设立园区人才专项经费，推动物流人才培养。在人才管理中，园区管理还能够集成园区内企业的人事管理职能，提升部分进驻物流企业，尤其是小型物流企业人力资源管理能力。

（4）信息化管理推动。物流园区具有指挥、管理和信息处理的功能，目前我国物流园区较重视园区信息化建设工作，从信息化投入现状来看，信息化投入超过 500 万元的物流园区占 50%，大部分园区均将信息化水平的提升作为园区重点工作。在国家政策支持和市场需求旺盛的背景下，物流园区信息化建设将提高物流园区的生产力，满足市场多样化、个性化的服务需求，促进物流园区的长远发展。现代物流企业面向的是供应链管理环境，没有良好的管理信息系统的支持，几乎无法应对市场竞争，但是信息化的风险和巨额的投资又使一些中小物流企业观望不前。物流园区通过引入技术较为成熟的信息系统，并整合园区内各企业的信息系统，形成一个统一的指挥管理中心，提高了整个园区的工作效率。而通过信息技术的运用，中小物流企业获得了信息化管理带来的优势，逐步建立起具备现代化管理水平的企业制度和文化，从而推动整个产业管理的信息化。

## 拓展阅读

### 江苏省物流园区发展趋势

1. 全面连接。通过互联网、物联网，加快园区业务线上化转型，推动物流园区全面接入互联网，以信息互联、设施互联带动物流互联，打造在线物流园区，助力线下物流园区创新业务开展。

2. 数字转型。充分利用各种信息技术，开发运力交易、支付结算、融资保险、信用管理等业务辅助功能，加快园区数字化发展，打破信息不对称和信息孤岛，提升物流数字化水平，再造物流园区业务流程和运营模式。

3. 产业融合。通过信息互联互通，加强物流园区与产业集聚区的融合发展，将制造商贸业的采购、分销、物流等非核心业务在物流园区集中，提升产业服务的专业化、社会化水平，助力区域经济价值链升级。

4. 智能升级。加快推进物流园区机械化、自动化、智能化水平，提高园区整体运作效率，改变传统物流园区的运作方式。推动自动化立体库、自动分拣机、传输带等自动化设备进入普及应用期，提升园区自动化水平。

5. 平台开发。深入推进互联网与物流园区融合发展，推动物流园区公共信息平台技术升级、功能升级、模式升级，打造物流园区互联网平台，集聚更多物流资源和目标用户，打破园区区域限制和分工体系，重构物流园区商业模式。

资料来源：前瞻产业研究院.江苏省物流园区发展现状分析[EB/OL].https://baijiahao.baidu.com/s?id=1676139598577050487&wfr=spider&for=pc.（编者对其进行了整理改编）

### （三）优化城市结构和环境

物流园区的选址和规划有助于实现城市产业的集成化和系统化，优化产业结构，同时在一定程度上起到优化城市结构和环境的作用。

首先，改善交通状况。结合相关专家的统计数据分析，在城市合理的地点建设物流园区，可使城市内的交通量减少 15%~20%，尤其是对于一些交通问题较为严重的大城市，可有效改善交通状况。通过对物流园区合理的布局规划，将物流园区建立在市中心区域之外，既有利于缓解交通压力，同时也能有效改善城市面貌和物流运作环境。

其次，改善城市用地结构。随着经济高速发展，城市化不断加速，城市土地的价格也在不断上涨，使物流园区用地面临着功能调整问题。因此，物流园区的规划和建设，不仅需要良好的场所保证，而且将为城市用地结构的改善和调整创造有利的条件。

最后，改善生态和居住环境。物流园区一般具有规模大且处于交通枢纽位置的特征，相关货运站、线路、货场设施等会对城市交通和环境造成一定的影响。在物流园区作业过程中亦会产生噪声，进而影响周边居民的生活。结合绿色可持续发展原则，将园区建在城市中心区域之外则能有效解决此类问题。

## 四、物流园区的类型

近年来，物流园区的发展取得了突出的成就，园区的数量不断增加，其类型也日趋多样化。结合目前相关研究，主要有以下几种分类（见表 4-2）。

表 4-2　物流园区分类标准

| 序号 | 分类标准 | 园区类型 |
| --- | --- | --- |
| 1 | 服务对象 | 综合服务型物流园区 |
| | | 货运枢纽型物流园区 |
| | | 商贸服务型物流园区 |
| | | 生产服务型物流园区 |
| | | 口岸服务型物流园区 |
| 2 | 服务地域 | 国际性物流园区 |
| | | 区域性物流园区 |
| | | 市域配送型物流园区 |
| 3 | 开发主体 | 公共投资型物流园区 |
| | | 私有投资型物流园区 |
| | | 公共-私人合资型物流园区 |
| 4 | 主体服务功能 | 仓储配送型物流园区 |
| | | 转运型物流园区 |
| | | 流通加工型物流园区 |
| | | 综合型物流园区 |

### （一）按照服务对象不同分

按照服务不同，分为综合服务型、货运枢纽型、商贸服务型、生产服务型和口岸服务型等 5 类。

（1）综合服务型物流园区重点发挥综合性、多元化优势，促进多种物流功能互补、信息共享，满足城市和区域的规模物流需求。一般要求具有两种（含）以上运输方式，能够实现多式联运和无缝衔接，至少能够提供货运枢纽、商贸服务、生产服务、口岸服务中的两种以上服务，满足城市和区域的规模物流需求。

（2）货运枢纽型物流园区要求依托交通枢纽，具备两种（含）以上运输方式，能够实现多式联运，具有提供大批量货物转运的物流设施，为国际性或区域性货物中转服务，重点发展多式联运等先进运输组织方式，提高货运效率，为国际性或区域性货物中转服务。

（3）商贸服务型物流园区重点利用现代信息技术推动物流组织模式创新，促进货源与车源信息的高效匹配，实现物流园区与服务对象的融合发展。一般要求依托城市大型商圈、批发市场、专业市场，能够为商贸企业提供运输、配送、仓储等物流服务以及商品展示、电子商务、融资保险等配套服务，满足一般商业和大宗商品贸易的物流需求。

（4）生产服务型物流园区重点开展供应链一体化服务，满足生产制造企业的物料供应与产品销售等物流需求。一般要求毗邻工业园区或特大型生产制造企业，能够为制造企业提供采购供应、库存管理、物料计划、准时配送、产能管理、协作加工、运输分拨、信息服务、分销贸易及金融保险等供应链一体化服务，满足生产制造企业的物料供应与产品销售等物流需求。

（5）口岸服务型物流园区重点构建具备进出口货物转运、集散功能，服务于全球贸易、营销网络的物流支撑体系，满足国际贸易企业物流需求。一般要求依托口岸，能够为进出口货物提供报关、报检、仓储、国际采购、分销和配送、国际中转、国际转口贸易、商品展示等服务，满足国际贸易企业物流需求。

### （二）按照服务地域不同分

按照服务地域不同，分为国际性物流园区、区域性物流园区和市域配送型物流园区。

### （三）按照开发主体不同分

按照开发主体不同，分为公共投资型物流园区、私有投资型物流园区、公共-私人合资型物流园区。

### （四）按照主体服务功能分

按照主体服务功能不同，分为仓储配送型物流园区、转运型物流园区、流通加工型物流园区、综合型物流园区。

## 五、物流园区的发展

### （一）国外物流园区的建设与运营模式

物流园区的建设与运营有两种代表模式：日本模式和德国模式。

1. 日本模式

日本的物流园区建设历史稍长，在建设中积累了一定的经验，其基本做法是：

（1）重视规划。日本政府十分重视园区发展规划和配套的市政规划，主要选择在城市的市郊边缘带、内环线外或城市之间的主要干道附近，规划物流园区。

（2）优惠的土地使用和政府投资政策。将规划的园区内土地分地块以生地价格出售给不同类型的物流行业协会，这些协会再以股份制的形式在其内部会员中招募资金，用来购买土地和建造物流设施，若资金不足，政府可提供长期低息贷款。

（3）良好的市政设施配套及投资环境。政府对规划的物流园区，积极加快交通、市政设施的配套建设，吸引物流企业进驻园区；并在促进物流企业发展的同时，促使物流园区的地价和房产升值，使投资者得到回报。

2. 德国模式

德国政府在物流园区的规划和建设上与日本存在一定区别，也是近几年我国较为推崇的园区发展经验，其区别如表 4-3 所示。德国一般采取联邦政府统筹规划，州政府、市政府扶持建设，公司化经营管理，入驻企业自主经营的发展模式，园区管理机构主要采取公益组织管理和有限公司管理两种方式。

德国“货运村”的盈利模式主要来自两个方面：一是出租收入，政府将货运中心的场地向运输企业或者与运输有关的企业出租，承租企业则依据自身的经营需要建设相应的库房、堆场、车间，配备相关的机械设备和服务设施并缴纳相关费用；二是服务费，政府通过提供良好的公共设施和优良的服务收取一定的服务费。

表 4-3　日本、德国物流园区建设和运营模式对比

| 项目 | 日本 | 德国 |
|---|---|---|
| 建设模式 | 政府统一规划集资、行业协会组织投融资、企业租赁经营 | 联邦政府统筹规划、州政府扶持建设、企业自主经营 |
| 融资模式 | 政府低息贷款、生地买卖差价 | 以各级政府出资扶持为主、信用借贷和企业投资为辅 |
| 园区管理机构 | 园区企业组成的联合会 | 有限公司与公益组织进行管理 |
| 典型代表 | 东京和平岛、葛西物流园 | 不莱梅物流园区 |

## （二）我国物流园区的建设与发展

目前，国内很多城市都在大力发展物流业，物流园区的开发与运营模式是企业和政府关注的焦点，也直接关系到物流园区功能的发挥。作为物流功能发挥的重要载体，物流园区应以提升运营效率、降低运营成本、优化发展环境为出发点，并充分考虑物流业发展趋势，选择合理开发建设与运营模式。

1. 现阶段我国物流园区开发建设模式

（1）政府主导发展模式（又称自上而下模式）：主要由政府主导规划开发，通过政府的资金和政策支持，拉动相关产业发展，如深圳平湖物流基地。在平湖物流基地的开发建设过程中，深圳市、龙岗区两级政府都成立了专门的领导小组，分别由市区两级的主要领导任组长，成员单位包括市区两级的土地规划与建设、交通运输等部门，由龙岗区平湖物流基地建设领导小组办公室全面负责。

（2）主体企业引导模式：主要由大型物流企业开发建设物流园区并率先在园区开展经营，带动和引导其他物流企业或者相关企业入园经营，逐步实现物流产业的聚集，一般具有明显的营利性质。

（3）政企联合开发模式：由政府统一规划，组织物流企业共同开发的模式，即政府相关部门从总体上对物流园区做出规划，通过招商引资等方式引入企业，并由相关企业负责具体

项目的开发，共同完成物流园区的开发建设。

（4）产业地产开发模式：将物流园区作为产业地产项目，通过给予开发者适合产业项目开发的土地政策、税收政策和优惠的市政配套等相关政策，由产业地产商主持进行物流园区的道路、仓库和其他物流基础设施及基础性装备的建设、投资，然后以租赁、转让或合资、合作经营的方式进行物流园区相关设施的经营和管理。

一般来说，由于物流园区项目建设规模比较大，涉及经营范围较广，这就要求不仅在投资方面要能够跟上开发建设的步伐，同时也要求园区具备专业经营运作能力。若单纯采用一种开发模式，往往很难达到园区建设和发展的目的。因此很多物流园区是上述多种模式的混合运用。

2. 现阶段物我国流园区运营模式

物流园区作为现代物流业发展的新趋势，目前发展较为迅速，国内物流园区的运营模式主要分为经济开发区模式、主体企业引导模式、工业地产商模式和综合运作模式 4 种（见图 4-7）。

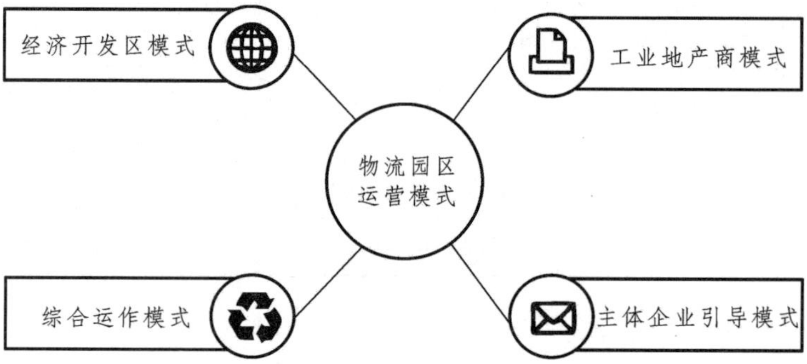


图 4-7　物流园区四种运营模式

（1）经济开发区模式。该模式是将物流园区作为一个类似于目前工业开发区、高新技术开发区项目进行有组织的开发和建设。该模式要求政府在特定的开发规划、政策下设立专门的开发部门进行经济开发。通过物流园区的经济开发，引进优秀的物流企业，改善城市流通环境，在规模化物流运作资源及条件支撑下，创造城市发展的支撑点。

（2）主体企业引导模式。以主体企业的经营实力为中心，整合城市的存量资源，利用企业在物流方面和供应链管理中的优势地位，在政府政策的合理引导下，逐步实现物流产业在物流园区内的聚集，吸引物流环境依赖性强的企业入驻，实现物流园区开发建设的目的。该模式的显著特征是：主导企业是未来物流园区管理运营的主体，采用了自下而上的拉动方式，从市场配置资源的优势出发。由于企业本身具有丰富的物流经营管理经验和较高的专业技术水平，该模式降低了物流园区因功能定位不合理和需求不足等因素所造成的投资风险。

（3）工业地产商模式。该模式是将物流园区作为工业地产项目，通过给予开发者适应工业项目开发的适宜的土地政策、税收政策和优惠的市政配套等相关政策，由工业地产商主持进行物流园区的道路、仓库、其他物流基础设施及基础性装备的建设和投资，然后以租赁、转让或合资、合作经营的方式进行物流园区相关设施的经营和管理。目前，经济发达国家，如澳大利亚、美国、德国等，均有此种开发模式的范例。

（4）综合运作模式。该模式是指对上述经济开发区模式、主体企业引导模式、工业地产商模式进行混合运用的物流园区开发和运营模式。

目前，国内物流园的运营管理主要以经济开发区模式为主，尤其是在物流园区的起步阶段，此模式能够有效协调政府各部门之间的关系，有利于园区后续运营发展。随着新一代技术革命和产业变革的兴起，新技术、新模式、新业态不断影响物流园区的发展方向，推动物流园区的管理向智慧化、精细化方向转变。

## 本章小结

物流枢纽作为物流网络体系构建的核心节点，自然也成为综合运输体系建设的重点，它的发展是在传统物流不断向现代物流发展的实践探索中逐步形成的。作为物流枢纽，其具有典型的分层次、多功能特征，依托交通运输枢纽，承担了区域间主要的物流中转、衔接、交换功能，是由各个层级、各个功能不同的物流节点设施和通道所组成的物流运作体系，以更好地满足各企业在物流成本、效率等方面的要求。因此，从宏观上可以将其划分为物流枢纽、物流园区、物流中心、配送中心、货运场站等层次结构。

为进一步使物流枢纽发挥其应有的作用，国家和各级政府高度重视物流枢纽的布局规划，以有效提升城市的物流系统作业效率，充分发挥物流枢纽的功能。在进行物流枢纽规划布局时，应结合规划布局的基本原则，从建设物流枢纽的基础条件、物流枢纽空间布局、物流枢纽规划布局方案评价 3 个环节入手分析，最终确定物流枢纽规划布局方案。

国家物流枢纽是物流体系的核心基础设施，是辐射区域更广、集聚效应更强、服务功能更优、运行效率更高的综合性物流枢纽，在全国物流网络中发挥着关键节点、重要平台和骨干枢纽的作用。根据《国家物流枢纽布局和建设规划》，依据类型和功能定位的不同，国家物流枢纽分为陆港型、港口型、空港型、生产服务型、商贸服务型、陆上边境口岸型等 6 种类型。不同类型物流枢纽承载城市的功能定位不同，发展方向和目的也不相同，但均需要在国家战略引领下，剖析每个区域的物流枢纽经济发展战略，明确发展目标，加快发展物流枢纽经济。

## 课程思政

### 青岛港自动化码头创新团队：锐意进取，奏响时代发展最强音

山东港口青岛港自动化码头创新团队从零起步，实现无人自动化码头建设从跟跑到并跑再到领跑的全方位突破；他们凭借多项全球首创的科技成果，在 5G 与氢能时代为中国“智”造、中国创造贡献“中国方案”；他们紧抓城市发展新机遇，打造产业发展全新典范，他们用创新和专注，奏响时代发展最强音。

从 2013 到 2017 年 5 月，几年的时间里，山东港口青岛港自动化码头技术不断推陈出新，

以实际建设成果为我们呈现了最完美的“中国速度”。到了 2019 年 11 月 28 日，山东港口青岛港全自动化集装箱码头（二期）投产运营。通过多项全球首创科技成果，在 5G、自动化技术与氢能加持下拥抱时代，领军当今世界最先进的全自动化码头科技水平，再次以中国“智”造、中国创造向全球港航业奉献了“中国方案”。

对于整个山东港口青岛港自动化码头创新团队来说，整个码头就是他们的孩子，见证了从无到有的全过程，李永翠便是这支战功卓著团队中的一员。在来到无人自动化码头前，李永翠是在人工码头工作。相对来说那里稳定且压力小，但在接到要筹建无人自动化码头的任务时，她没有推辞。“在我看来，人生就是要不断挑战自我，不断推陈出新，实现更高的目标。”跳出舒适圈的李永翠，面对的是当时全亚洲都没有一个全自动化码头的现状，没有可以参考的范例，意味着一切都要从零开始。

整个团队要面对外界给予的期待，而这种期待更多的时候带给他们的是一种压力。对于这项光荣但艰巨的任务，整个自动化码头创新团队没有放弃，而是将压力化作继续前进的动力，令自动化码头终于在 2017 年顺利建成，并投入运营。“对于每个人来说，选择不同的路会有不同的结果，我并不后悔自己当初的选择，因为我认为自己始终在正确的道路上前进。”李永翠的话也说出了整个团队的心声。在找到方向感后，整个自动化码头创新团队攀登了相关技术领域的一个个高峰，在实现中国“智”造的同时，用“锐气”引领整个行业的科技前沿。

对于整个无人自动化码头创新团队来说，他们在低头勤恳搞科研的同时，还需要面对外界的质疑与技术上的不成熟。对此，他们并没有过多在意，而是继续勤恳地专注于自身的发展，推动整个团队始终走在技术前沿。不断攻克难关的动力，就是一股不服输的精神。纵使外界看轻，他们也不会失去信心，会想方设法解决问题和困难，整个团队给人一种积极向上、和谐融洽的氛围。

道阻且长，行则将至。从最开始的被人看轻，到充满勇气地向前冲。整个自动化码头创新团队利用勤恳致远的匠心精神与乐观向上的团队氛围，为百年青岛港快步进入现代化，提供了最坚实的推动力。

资料来源：侯琳良.建设中国自己的全自动化码头——走近山东港口青岛港“连钢创新团队”[N].人民日报，2020-12-30（4）.（编者对其进行了整理改编）

## 课后习题

1. 简述物流枢纽规划布局的步骤。
2. 现阶段我国物流园区开发建设有哪些模式？
3. 简述物流枢纽的层次结构。
4. 物流枢纽的类型有哪些？

## 拓展学习

政策引导下物流园区建设成为经济发展热点

## 推荐阅读

[1] 陈志卷. 区域物流园区规划方法研究——基于经济发展关联机制[M]. 北京：首都经济贸易大学出版社，2017.

[2] 梁晨，杨洋，王晓春. 物流园区规划[M]. 北京：中国财富出版社，2020.

[3] 周凌云. 物流园区规划设计与运营：理论、方法与实践[M]. 北京：北京交通大学出版社，2018.

# 第五章　铁路枢纽经济发展

## 学习要点

1. 铁路枢纽经济概况；
2. 铁路发展对空间经济活动的影响；
3. 铁路枢纽经济组织运行。

## 学习目标

了解铁路枢纽经济发展概况；探讨铁路发展对空间经济活动的影响；掌握铁路枢纽经济的两种典型模式；熟悉铁路枢纽经济的建设和运行机制。

## 引导案例

### 铁路枢纽推动万州融入主城“1 小时经济圈”

万州地处三峡库区腹心，一直以来处于长江上游交通枢纽位置，因“万川毕汇”而得名，因“万商云集”而闻名，因“万客来游”而扬名，是地区性的经济中心。目前在建的郑万高铁、渝万高铁、新田港铁路集疏运中心进展顺利，成达万高铁、渝西高铁即将开工建设。今后，万州北站还将引入 5 条高铁线路，主要承担渝东北、川东北地区内外客流运输功能，成为西南地区重要的客运枢纽站。

1. 推动万州经济快速发展

渝万高铁开通后带来的效应将会显现，将激活沿线的人流、物流、产业和信息流。高铁不仅带来交通的快捷变化，而且会给万州的经济发展带来翻天覆地的变化。

（1）融入发展，打造经济圈经济。高铁拉近了地方与地方之间的距离，高铁时代的到来，就是经济大融合时代的到来。渝万高铁开通后，万州将融入主城“1 小时经济圈”，使万州成为重庆市产业布局的重要选择地，一些高端产业落户万州。与此同时，客商实地考察更方便，这将极大地推动企业的招商引资力度，高端精英人才将更好地在万州汇集，不仅会引来“金凤凰”，还会推动沿线产业升级发展。

（2）旅游发展，打造新旅游经济。渝万高铁开通后，还将改变三峡游格局，由水上游向沿线高铁游转变。渝万高铁将沿线的丰都鬼城、忠县石宝寨、万州大瀑布等景区连成一线，将成为市民高铁游首选。并且，游客还可以选择高铁出行到万州，乘船游三峡；长江沿线城市通过高铁连接起来后，将缩短游客和城市之间的时间距离，促进旅游业快速增长，特别是促进客源的增长、游客出行的欲望，为川渝大旅游圈建设和发展提供强力支撑。

（3）枢纽发展，打造节点经济。城市竞争的本质是争夺客流、物流与资金流，高铁是所有这些“流”的重要基础设施，高铁枢纽，必然形成诸流的聚合点，打造节点经济。万州是渝万高铁的终点，在国家新高铁规划中，万州成为呼南与沿江铁路两大干线的交汇通道。以建成4年的渝万城际铁路为例：据了解，渝万城际铁路开通后，万州北站每天开行20多对高铁，最高峰时开行30多对高铁。在客流高峰时段，渝万城际铁路还实施运力重联，及时运送旅客。同时，万州还是郑万高铁和达万铁路复线的起点，成为长江上游区域性综合交通枢纽和渝东北绿色交通走廊核心区，渝万高铁这个交通枢纽将成为万州经济发展的发动机。

### 2. 助推长江经济带发展

渝万高铁北端衔接渝西高铁、郑万高铁，对接丝绸之路经济带，南端衔接渝昆、渝贵、贵广、贵南等高铁，连通21世纪海上丝绸之路，能够将长江经济带与丝绸之路经济带便捷沟通起来，是切实发挥重庆“一带一路”和长江经济带联结点功能的重要基础设施；可以促进两大经济带的人才、信息、资金等要素快速流动，强化中心城市带动作用，进一步激发经济活力。

同时，渝万高铁南端在重庆枢纽与渝昆高铁衔接，将实现沿线涪陵、丰都、忠县、万州等节点城市与江津、宜宾、泸州等沿江城市的无缝衔接，对加快建设成渝地区双城经济圈具有重要作用。

万州交通正在积极建设“大枢纽”、打通“主动脉”、畅通“微循环”，进一步促进成渝地区双城经济圈与京津冀、长三角、粤港澳大湾区等国内重点区域的高效连接。

届时，国家八纵八横高铁网规划的京昆通道、包（银）海通道、沿江通道将汇聚万州，万州衔接重庆、成都、武汉、西安、郑州5个方向的高铁网络全面形成，实现1小时内到达重庆，2小时到达成都、西安、武汉，3小时到达郑州，5小时到达北京、上海。万州北站将成为西南地区重要的区域性铁路枢纽，万州将在推动长江经济带发展和加快融入成渝地区双城经济圈建设中发挥重要的作用。

### 3. 通过交通“提速”实现发展加速

渝万高铁的开工建设标志着万州正式迎来了时速350千米的高铁时代。未来5年，万州将新建4条高铁，这对万州进一步打通大通道，对接大城市，引领大库区，服务大三峡，通过交通的“提速”来实现发展的加速，意义十分重大。

“渝万高铁开工后，万州经开区即将乘上新一轮发展春风。”万州经开区作为渝东北唯一的国家级经开区，按照“一区五园”规划建设，部分园区毗邻高铁站。渝万高铁建成后，万州经开区的人流、车流出行都更加方便。万州经开区将借渝万高铁的“东风”，乘势打造更加开放、共享的工业经济主阵地：以更加自信从容的姿态走出去，招徕八方客商，投资万州、兴业万州；以更加便捷优越的条件吸引集聚万千人才，建设万州、创新万州。万州经开区将牢固树立新发展理念，积极实践“一心六型”两化路径，不断壮大智能循环型工业，重点围绕绿色照明、智能装备、食品医药、汽车、新材料5大产业延链补链强链，一体发展智能产品、智能生产、智能服务，加快建设智能制造园区。未来 5 年，着力培育 3 个 100 亿级产业和 4 个 100 亿级企业，同时抓好道路、管网等市政基础设施和教育，医疗卫生、文化娱乐、商业金融等公共服务设施，力争每年建成区面积拓展 2 平方千米，打造产城融合园区。

资料来源：侯本艳.预见未来 万州铁路枢纽呼之欲出[N].三峡都市报，2021-04-21（3）.（编者对其进行了整理改编）

## 第一节 铁路型枢纽经济概述

铁路是国民经济大动脉、关键基础设施和重大民生工程，是综合交通运输体系的骨干和主要运输方式之一，在我国经济社会发展中的地位和作用至关重要。国务院通过的《“十四五”现代综合交通运输体系发展规划》中提出，建设现代化铁路网，加快普速铁路建设和既有铁路扩能改造，着力消除干线瓶颈，推进既有铁路运能紧张路段能力补强，加快提高中西部地区铁路网覆盖水平。加强资源富集区、人口相对密集脱贫地区的开发性铁路和支线铁路建设。推进高速铁路主通道建设，提升沿江、沿海、呼南、京昆等重要通道以及京沪高铁辅助通道运输能力，有序建设区域连接线，完善战略骨干通道建设。综合运用新技术手段，改革创新经营管理模式，提高铁路网整体运营效率。统筹考虑运输需求和效益，合理规划建设铁路项目，严控高速铁路平行线路建设。截至 2021 年年末，我国铁路营业里程达到 15.0 万千米，其中高铁营业里程达到 4 万千米。铁路复线率为 59.5%，电化率为 73.3%。全国铁路路网密度 156.7 千米/万平方千米。到 2025 年，“八纵八横”高速铁路网加密成型，“八纵八横”具体如表 5-1 和表 5-2 所示，主要采用 250 千米及以上时速标准的高速铁路网对 50 万人口以上城市覆盖率达到 95%以上，普速铁路瓶颈路段基本消除，与此同时重点区域城际铁路快速推进。智能京张高铁、北煤南运重载通道浩吉铁路等大批新线开通运营。路网布局持续优化，质量显著提高，中西部地区铁路网不断完善。铁路营业里程将从 2020 年的 14.6 万千米发展为 2025 年的 16.5 万千米；其中高速铁路营业里程将从 2020 年的 3.8 万千米发展为 2025 年的 5 万千米。铁路复线率和电化率分别达 60%和 73%，形成具有独立自主知识产权的高铁建设和装备制造技术体系。复兴号中国标准动车组实现时速 350 千米商业运营，系列化产品谱系基本形成。智能型动车组在世界上首次实现时速 350 千米自动驾驶。铁路大功率机车、重载车辆、通信信号等装备水平大幅提升。表 5-3 展示了中国高速铁路的发展历程。

表 5-1　中国铁路“八纵通道”概况

| 线路名称 | 途经城市 |
| --- | --- |
| 沿海通道 | 大连（丹东）、秦皇岛、天津、东营、潍坊、青岛（烟台）、日照、连云港、盐城、南通、上海、宁波、福州、厦门、汕头、深圳、江门、湛江、北海（防城港）高速铁路，连接东部沿海地区，贯通辽中南、京津冀、山东半岛、东陇海、长三角、海峡西岸、珠三角、北部湾等城市群 |

续表

| 线路名称 | 途经城市 |
| --- | --- |
| 京沪通道 | 北京经天津、济南、南京至上海（杭州）高速铁路，包括南京至杭州、蚌埠经合肥至杭州高速铁路，同时通过北京经天津、东营、潍坊、日照、临沂、淮安、扬州、南通至上海高速铁路，连接华北、华东地区，贯通京津冀、长三角等城市群 |
| 京港（台）通道 | 北京经雄安新区、衡水、菏泽、商丘、阜阳、合肥（黄冈）、九江、南昌、赣州、惠州、深圳至香港（九龙）高速铁路。另一支线为合肥经黄山、上饶、福州至台北高速铁路，包括南昌至福州（莆田）铁路。连接华北、华中、华东、华南地区，贯通京津冀、长江中游、海峡西岸、珠三角等城市群 |
| 京哈—京港澳通道 | 哈尔滨经长春、沈阳、北京、石家庄、郑州、武汉、长沙、广州、深圳至香港高速铁路，包括广州经中山、珠海至澳门高速铁路。连接东北、华北、华中、华南、港澳地区，贯通哈长、辽中南、京津冀、中原、长江中游、珠三角等城市群 |
| 呼南通道 | 呼和浩特经大同、太原、长治、晋城、焦作、郑州、南阳、襄阳、常德、益阳、娄底、邵阳、永州、桂林、柳州至南宁高速铁路。连接华北、中原、华中、华南地区，贯通呼包鄂榆、山西中部、郑州大都市区、长江中游、北部湾等城市群 |
| 京昆通道 | 北京经雄安、太原、西安、重庆至昆明高速铁路，包括北京经张家口、大同至太原高速铁路。连接华北、西北、西南地区，贯通京津冀、太原、关中平原、成渝、滇中等城市群 |
| 包（银）海通道 | 包头经延安、西安、成都（重庆）、贵阳、南宁、湛江至海口（三亚）高速铁路，包括银川至西安高速铁路以及海南环岛高速铁路。连接西北、西南、华南地区，贯通呼包鄂、宁夏沿黄、关中平原、成渝、黔中、北部湾等城市群 |
| 兰（西）广通道 | 兰州（西宁）经临夏、合作、九寨沟、绵阳（安州）、广汉、成都、眉山、乐山、宜宾、毕节、贵阳、都匀、桂林、贺州、肇庆、佛山至广州高速铁路。连接西北、西南、华南地区，贯通兰西、成渝、黔中、珠三角等城市群 |

表 5-2　中国铁路“八横通道”概况

| 线路名称 | 途经城市 |
| --- | --- |
| 绥满通道 | 绥芬河经牡丹江、哈尔滨、齐齐哈尔、呼伦贝尔至满洲里高速铁路。连接黑龙江及蒙东地区 |
| 京兰通道 | 北京经张家口、呼和浩特、银川至兰州高速铁路。连接华北、西北地区，贯通京津冀、呼包鄂、宁夏沿黄、兰西等城市群 |
| 青银通道 | 青岛经济南、石家庄、太原至银川高速铁路。连接华东、华北、西北地区，贯通山东半岛、京津冀、太原、宁夏沿黄等城市群 |
| 陆桥通道 | 连云港经徐州、郑州、西安、兰州、西宁至乌鲁木齐高速铁路。连接华东、华中、西北地区，贯通东陇海、中原、关中平原、兰西、天山北坡等城市群 |

续表

| 线路名称 | 途经城市 |
| --- | --- |
| 沿江通道 | 上海经南京、合肥、武汉至重庆（成都）高速铁路，包括南京经安庆、九江、武汉、宜昌、万州至重庆、万州经达州、遂宁至成都高速铁路，连接华东、华中、西南地区，贯通长三角、长江中游、成渝等城市群 |
| 沪昆通道 | 上海经杭州、南昌、长沙、贵阳至昆明高速铁路。连接华东、华中、西南地区，贯通长三角、长江中游、黔中、滇中等城市群 |
| 厦渝通道 | 厦门经龙岩、赣州、长沙、常德、张家界、黔江至重庆高速铁路，包括赣州经衡阳、邵阳、怀化、铜仁至黔江高速铁路。连接海峡西岸、中南、西南地区，贯通海峡西岸、长江中游、成渝等城市群 |
| 广昆通道 | 广州经南宁至昆明高速铁路。连接华南、西南地区，贯通珠三角、北部湾、滇中等城市群 |

表 5-3　中国高速铁路发展历程

| 阶段 | 时间 | 典型成就 |
| --- | --- | --- |
| 研究论证阶段 | 1990—1998 年 | 广深准高速铁路建设、京沪高速铁路可行性论证及有限提速开始 |
| 初期试验阶段 | 1999—2003 年 | 中华之星动车组、上海磁悬浮、秦沈客运专线 |
| 快速起步阶段 | 2004—2011 年 | 世界水平的时速 350 千米京津城际铁路通车运营、国产时速 300 千米及以上“和谐号”动车组下线 |
| 快速发展阶段 | 2012 年至今 | 世界上里程最长的高铁——京广高铁正式全线通车，复兴号实现时速 350 千米商业运营、高速动车组自动驾驶系统现场试验 |

## 一、铁路枢纽与铁路枢纽经济

铁路枢纽是指在铁路网中，几条铁路干线相交或衔接的地点，由若干个车站、站间联络线、进站线和信号等组成的总体。它是铁路网的主要组成部分，是客、货流从一条铁路到各衔接铁路的中转地区，也是所在城市客、货到发及联运的地区，因此它除办理枢纽内各种车站的有关作业外，还担负着枢纽各衔接方向间车流转线、枢纽内小运转列车的交流和城市范围内各种联运任务。目前，我国铁路枢纽约有 500 多个，一般都是全国或者省区的政治、经济、文化中心或工业基地和水陆联运中心等，具有代表性的十大铁路枢纽如北京、天津、上海、哈尔滨、郑州、武汉、沈阳、广州、兰州、重庆。

铁路枢纽经济，是指依托铁路通道及其运营服务网络所形成的相对区位优势，以铁路场站为核心，强化多种运输方式的衔接，优化运营组织，提升综合枢纽功能和综合交通区位优势，以铁路枢纽场站区为引领，结合客货流需求和经济活动特点，圈层布局和综合立体开发相关服务业，推动相关新业态和新模式创新，以铁路枢纽城市为载体，结合产业发展和区域分工特色，集聚产业发展要素，构造相关产业供应链和生态圈，以交通—产业—城市综合开发主体为抓手，优化综合协调管理体制和利益分享机制，充分实现规划、设计、投资、建设、运营、管理、开发及维护等全过程各环节的衔接匹配和一体贯通，构建综合型开放式大平台，统筹推动铁路型枢纽优化经济要素的空间组织，实现铁路枢纽区位优势向经济发展优势的转换。

## 二、铁路枢纽经济的典型代表

以高速铁路枢纽为核心的高速铁路枢纽型经济和以铁路物流基地为核心的铁路内陆港经济是目前铁路运输与区域经济融合发展的典型代表。铁路运输具有典型的“点-轴”式分布特征，铁路沿线资源集聚能够形成产业规模，但必须依托枢纽场站对资源要素的集聚和辐射才能发挥效用，因此，铁路型枢纽经济与通道型经济相互关联、协同共生。

### （一）高速铁路枢纽型经济

高速铁路因客运快速便捷服务带动资金、技术、人才、信息各类要素流的快速流动，是速度经济时代经济运行的基本要求。随着我国“八纵八横”高铁加速成网，网络规模效应不断发挥，高铁经济既表现为围绕高铁枢纽的高铁新城新区建设，也表现为依托高铁通道形成高铁经济带的快速发展。依托高铁的“枢纽经济+通道经济”协同发展是高铁经济的显著特征。

目前，我国很多高铁沿线城市正在把握高速铁路加快发展机遇，围绕高铁枢纽场站建设新城新区，打造集多种功能于一体的城市综合体和产业综合体。例如，武广高铁沿线围绕高铁站打造株洲武广新城、韶关芙蓉新城，京沪高铁沿线围绕高铁站打造苏州高铁新城、南京高铁新区、徐州高铁新城等。截至 2020 年年底，在全国“八纵八横”主要高铁网上已有超过 50 座高铁新城正在规划或建设，剩余几乎所有的高铁枢纽城市正在积极谋划高铁新城规划或围绕高铁站对老城区进行升级改造。当然，有的新城建设正经受着“空城”或者“鬼城”的质疑。总的来看，围绕高铁枢纽进行城镇空间开发和产业布局已经成为各地普遍做法。从高铁车站或城镇空间布局来看，武广、京沪等高铁沿线车站距市中心的平均距离为 10~15 千米，一定程度上反映了地方政府围绕高铁枢纽带动周边新区快速发展的战略意图和政策导向。

依托高铁通道以主要枢纽城市为支撑，高铁经济带也正逐步形成。例如，广州提出建立高铁沿线城市招商、投资双向服务机制，在商贸会展、旅游、高新技术产业、先进制造业等领域开展深层次合作。江西推动与高铁沿线发达地区优势产业互补，优先发展旅游、大健康、商贸、物流、金融、文化创意等产业，加快建设上饶高铁经济试验区。湖南将京广高铁经济带打造成为先进制造业、现代服务业示范带。

### （二）铁路内陆港经济

目前，围绕铁路转型发展需要，以铁路物流基地建设为重点，加快传统铁路货运站场向铁路枢纽产业集聚区转型发展，铁路内陆港经济发展迅速。特别是随着“一带一路”倡议的深入推进，以成都、郑州、重庆等为代表的内陆城市，破解地理交通区位制约，围绕大型铁路枢纽，密植跨境通道网络，延伸陆上国际国内联系，推进跨境、跨区域、跨城市间等不同空间尺度上的多式联运服务建设，构建供应链主导能力强、延伸服务价值增值能力强、产业培育与布局支撑力强的陆路物流网，促进各类经济要素聚集，全面提升枢纽城市的国际国内经济资源与产业要素配置能力，探索形成国际陆港经济发展新模式。“十三五”期间全国完成 33 个一级物流基地和 175 个二级物流基地建设，其中新建一级物流基地 9 个，改扩建 5 个；新建二级物流基地 75 个，改扩建 60 个。目前，我国共建设有 212 个国家物流枢纽，分为 6 种类型，其中包括 41 个陆港型、30 个港口型、23 个空港型、47 个生产服务型、55 个商贸服务型和 16 个陆上边境口岸型国家物流枢纽。国家部委文件明确指出：区域、类型分布相对均衡，有利于支撑“一带一路”倡议、京津冀协同发展、长江经济带发展、粤港澳大湾区建设、长三角区域一体化发展、成渝经济区、西部陆海新通道等的实施和促进形成强大国内市场，撬动区域经济新增长。

## 三、铁路枢纽经济的效应

铁路枢纽经济以铁路枢纽为“点”，以所经沿线为“轴”，以枢纽站周边地区为外围，扩散形成范围大小不等的“面”，聚集人才流、物资流、资金流、技术流和信息流等，使社会经济客体向交通圈圈外扩展联接成“网”。铁路枢纽经济的发展，在国民经济发展中具有重要的战略意义，对区域经济的发展具有重要的带动作用。一条铁路通常能带动一片区域和沿线整个城市群的经济发展，使区域经济发展产生“同城共振”效应，这是被经济发展史所证实了的一种客观事实，对枢纽所在区域的创新能力和竞争优势产生了积极的影响。铁路枢纽经济作为依托铁路物流枢纽形成和发展的一种经济形态，具有典型的效应，主要表现在以下几个方面：

（1）集聚效应：依托铁路综合优势，促使资本、技术、人力等生产要素以及消费群体、消费资料等消费要素，在铁路沿线站点实现集聚配置、辐射带动、优化发展，形成一种新型经济形态。

（2）共振效应：铁路以其快速便捷缩短空间距离，全面提高人流、物流、资金流、信息流速度，使相邻或更远的城市、地区彼此呼应、联动，产生共振放大效应，提高效率和效益。

（3）产业效应：随着铁路运输的发展，往返的巨大人流会带来大量的餐饮、购物、消费、休闲和服务需求，提供数以千计的就业机会，带动物流、会展、金融、商务、餐饮、公共娱乐等行业以及旅游业、房地产业飞速发展，创造新的经济增长点。

## 四、铁路枢纽经济区的发展趋势

当前，我国铁路建设飞速发展。其影响范围广阔，对铁路站点、铁路枢纽周围区域以及沿线的经济区都有着不同程度、不同形式的影响。铁路沿线经济区的发展依托便利的交通对劳动者就业以及旅游业发展等产生了重要影响。以京津地区为例，高速铁路的建成开通对沿线经济区的旅游客源、消费和投资等产生了深远的影响。近年来，中国铁路建设成效显著，铁路枢纽经济区的发展关注度不断提高。纵观当前我国铁路枢纽经济区的发展模式，多是融合 TOD 理念进行圈层开发，打造“交通核心+服务核心+产城融合”式的发展，站城一体，通过铁路枢纽经济区的圈层发展带动城市发展，如苏州北站、上海虹桥枢纽等就是其中建设发展的典型。从经济学的角度来看，城市是人进行社会活动的物质空间，是一种聚集，即人、产业要素以及经济活动等的聚集。高铁站等铁路交通枢纽是铁路枢纽经济区的核心。其建设有利于带动经济片区中人的高度流动，从而吸引仓储物流、餐饮住宿等不同产业的聚集，促进经济活动的发生与发展。结合国内外铁路枢纽的建设与发展，铁路枢纽经济区建设中的站城一体化趋势将更加明显，车站与城市的界限将逐渐模糊。同时，枢纽经济区带动城市发展，形成高品质的城市品牌，成为推广城市形象的重要名片。由于交通枢纽带来的资源汇集将形成更为广泛的虹吸效益，铁路枢纽经济开发区正朝着区域门户中心发展。

## 拓展阅读

### 战略骨干通道建设工程

1. 出疆通道。建设和田至若羌、伊宁至阿克苏、若羌至罗布泊、精河至阿拉山口增建二线等铁路，实施精河经伊宁至霍尔果斯铁路扩能改造。建成京新高速公路巴里坤至木垒段，完成国道 315 依吞布拉克—若羌—民丰段建设改造。

2. 入藏通道。建设川藏铁路雅安至林芝段，推进青藏铁路格尔木至拉萨段电气化改造、日喀则至吉隆铁路等项目前期工作，适时启动新藏铁路重点路段建设。建成京藏高速公路那曲至拉萨段、雅叶高速公路拉萨至日喀则机场段，提质改造川藏公路 318 线、滇藏新通道西藏段（丙察察），推动国道 219 米林至墨脱段建设，实施川藏铁路配套公路工程。

3. 沿江通道。建设成都重庆至上海沿江高铁。实施长江中上游干线航道等级提升工程，系统疏解三峡枢纽瓶颈制约，推进三峡翻坝转运、金沙江翻坝转运设施建设，深化三峡水运新通道前期论证。推动宁芜高速、沪渝高速武汉至黄石段、渝宜高速长寿至梁平段以及厦蓉高速、银昆高速成都至重庆段等高速公路扩容改造。

4. 沿海通道。建设上海经宁波至合浦沿海高速铁路。按二级及以上标准推动沿海国道 228 改造，推进沈海高速火村至龙山段、福鼎至诏安段等扩容改造。

5. 沿边通道。有序推进酒泉至额济纳等铁路建设，开展波密至然乌等铁路前期工作。推动沿边国道 219、国道 331 待贯通和低等级路段建设改造，实现 85%以上达到三级及以上标准。

6. 西部陆海新通道。建设黄桶至百色、黔桂增建二线、南防增建二线等铁路，实施隆黄铁路隆昌至叙永段扩能改造。推动呼北高速灌阳至平乐段等国家高速公路待贯通路段建设。研究建设平陆运河。推进广西北部湾国际门户港和洋浦区域国际集装箱枢纽港建设。

资料来源：国家发改委.“十四五”现代综合交通运输体系发展规划[OL].

铁路网建设重点工程

1. 普速铁路。建设柳州至广州、瑞金至梅州、温州经武夷山至吉安、定西经平凉至庆阳、太子城至锡林浩特、仙桃经洪湖至监利、太原至和顺、大理至攀枝花、乌北至准东增建二线等普速铁路，协调推进首都地区货运东、北环线铁路建设。推进富裕至加格达奇、南京至芜湖、鸦鹊岭至宜昌、天津至蓟州、汪清至图们、中卫至平凉等铁路扩能改造。

2. 高速铁路。建设北京经雄安新区至商丘、包头至银川、襄阳至常德、天津至新沂、西安至重庆、西安至十堰、长沙至赣州、雄安新区至忻州、太原至绥德、延安经榆林至鄂尔多斯、长春经辽源至通化、敦化至牡丹江、哈尔滨经绥化至铁力、上海经乍浦至杭州、宁波经台州经温州至福州、焦作经洛阳至平顶山、阜阳至黄冈、益阳至娄底、铜仁至吉首、邵阳至永州、南昌至九江、湛江至海安等高速铁路。

资料来源：国家发改委."十四五"现代综合交通运输体系发展规划[OL].

# 第二节 铁路发展对空间经济活动的影响

## 一、铁路发展影响空间经济活动的可能性

近几年来，铁路特别是高速铁路快速发展，使我国以高速铁路为核心的大容量铁路运输网络逐渐形成，这在大幅度提高运输能力的同时极大地缩短了居民的出行时间，提高了区域间与区域内的可达性水平。作为国内运输市场的三大主要交通工具，公路、铁路、航空的发展正在经历较之以往更快速的变化，尤其是高速铁路网络在我国的快速发展已经改变了原有的基本交通格局。

在我国当前社会经济环境下，由于高速铁路的独有特征，其对区域经济的影响显著不同于其他运输方式，对社会经济生活的直接与间接影响也以不同于一般交通运输基础设施的方式在空间与时间两个维度传播。一方面，高速铁路网络不断延伸，可以覆盖的运输区间更广，这就使其对区域经济的影响不仅限于区域内部，还可以实现跨区域的传递；另一方面，其对居民出行方式的影响，使区域内与区域间的劳动力、知识以及其他相关经济要素也都发生了显著的空间结构变化。

在日本与欧洲等高速铁路发展时间较长的国家，交通基础设施已经处于一个比较高的水平，可见高速铁路的发展同样能够带来显著的经济效益。1964 年是日本同时也是世界第一条全程高速铁路的东海道新干线投入运营后，日本的经济总量实际增长率由 1960—1965 年的 10%，增加到 1965—1970 年的 12.1%左右，对当时经济的发展给予了重要支撑。欧洲高速铁路的发展处于欧洲经济一体化的过程中，自 20 世纪 80 年代开始法国巴黎和里昂高铁第一阶段的建成通车，整个欧盟国家高铁里程从 643 千米增长到 2011 年的 6 830 千米，形成了唯一完整的国际网络，而欧盟的经济也实现了快速增长。高速铁路作为一种新型交通工具，促使

经济与社会主要发生着以下 3 个方面的重要转变。

### （一）生产效率的大幅提升

虽然日本和欧洲对高速铁路影响程度的研究结果不同，但是都认同高速铁路在提高生产率方面具有显著作用，其所带来的经济潜力每提高一倍，劳动生产率可以提高 10%。

### （二）社会分工的持续深化

出行时间成本的大幅缩短，原来分离的劳动力市场与消费品市场实现了一定程度的统一。在市场一体化的过程中，区域经济结构也会出现相应的改变，进而演化出基于高速铁路网络的交通经济带。

### （三）创新能力不断提高

在不同国家，高速铁路所覆盖区域一般都是经济比较发达的区域，其将密集的科技创新与创业连接在一起，在传播知识的同时促进了创新的增加。

在中国铁路大规模发展的背景下，高速铁路作为国家直接投资建设的重大战略性基础设施，也会给国家和区域社会经济的发展带来巨大影响。但是影响经济增长的因素众多，高速铁路是否会对空间经济活动产生显著的影响呢？

这个问题可以通过分析经济溢出的主要产生机制获得答案。经济溢出产生的机制主要可以分为生产要素流动、产业转移、人口分布与就业形势变化 3 个方面：各生产要素在区域间的动态流动，可以使生产要素得到有效配置并提高生产效率，是经济系统产生空间溢出效应的主要途径；在知识指导型经济背景下，产业转移不仅可以调整区域经济结构，还使区域间的经济关系得到进一步优化，是经济溢出的重要源泉；人口分布与就业形势变化则是经济溢出的重要渠道。

铁路作为现代化发展的重要载体，对以上 3 个方面都会产生显著的影响：铁路是城市间社会和经济发展的联系纽带，铁路网络架构的完善会大大加快各生产要素在区域之间的位移流动，区域间的经济依赖性和互补性也会得到增强，这在某种程度上会促进经济增长的空间溢出；在知识指导型经济背景下，产业发展越来越依赖要素与产品流动，特别是第三产业与第一、二产业相比，对流动性的要求更高，此时铁路运输的重要性便进一步凸显出来，高速铁路更是凭借其众多技术经济优势在促进生产者服务业和旅游业的发展、产业转型、产业结构升级方面发挥着重要作用；铁路的快速发展提高了运输量、运输距离及运输速度，这也在某种程度上改变了区域间的人口流动量、流动距离和流动速度，使人口分布发生变化。另外，人员往来更加频繁也使信息交流更加充分，知识扩散更加迅速，从而促进整个区域就业形势的改变。

通过分析铁路特别是高速铁路发展对经济溢出产生机制的影响，我们可以发现，高速铁路对产生机制的各个方面都会产生相应影响，其作用于不同的因素，进而影响经济溢出过程，如图 5-1 所示。因此，高速铁路对经济增长的空间溢出的影响可能存在，具体的影响方式与程度需要通过量化的手段进行进一步的研究。

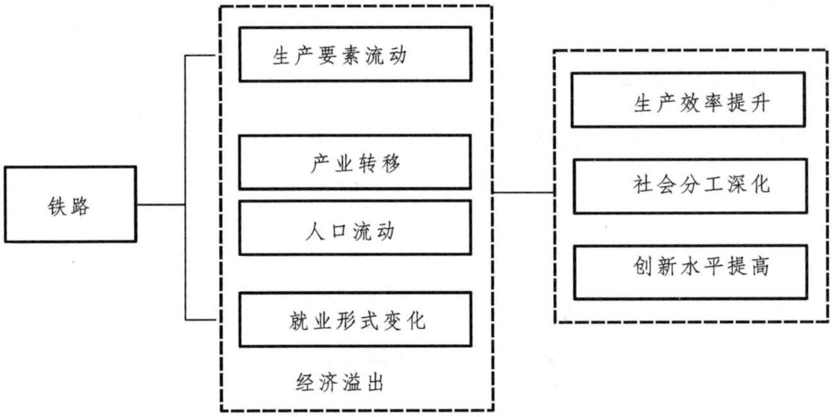


图 5-1 铁路对经济溢出的影响机制

## 二、铁路发展影响空间经济活动的理论基础

铁路发展影响空间经济活动，一方面，地区的社会经济发展往往会受到相邻地区的影响，表现为一定程度的经济集聚和溢出；另一方面，铁路作为重大交通基础设施、特定的社会经济属性，也会直接或间接影响区域经济的发展。

### （一）区域经济活动的空间相关性

相关性一般指两个或多个对象之间存在某种程度的关联和影响，属于事物发展的特征。而空间相关性则是考虑了空间因素，指事物之间由某个空间因子的影响而产生一定程度的关联。一般来说，区域经济的发展往往不是独立的，会受到相邻区域的影响，从而产生经济集聚和溢出效应。

城市群是在一定范围内形成的统一体，以中心城市为中心的区域内包含着许多不同规模的城市，由于发展的需要往往要求城市之间要有更强的社会经济联系以强化经济依赖性和互补性，主要表现在资源、人口、信息流动等方面。随着我国城市化进程不断加快和“城市群战略”的提出，一方面城市功能的广域性不断催化着大城市群兴起，另一方面城市间社会经济联系的密切性使城市群也成为区域经济发展的重要空间组织形式，并左右着区域经济。

### （二）铁路基础设施的社会经济属性

铁路是经济发展到一定阶段的产物，是关键性重大基础设施。作为国民经济的大动脉，铁路运输具有运能大、运距长、全天候、安全快速等特点，是重大民生工程和综合交通运输体系骨干，能够促进沿线地区经济社会发展。

从经济角度来看，铁路建设有助于经济区域分工的形成，协调资源和产业合理配置，优化生产力布局，使生产力在全国范围内的空间分布与组合趋向合理化。铁路网络的完善使城市之间的旅客输送流量增加，从而促进运输产业发展和技术进步，提高铁路网络节点之间的运输服务性价比和用户体验；同时，铁路运输通过提高运输服务的经济时效性，减少运输成本，增强对经济增长的促进作用，加强城市之间的市场经济联系。例如在京津冀协同发展、粤港澳大湾区建设、长三角一体化发展、成渝双城经济圈建设等重大区域发展战略中，铁路互联互通都是重要内容。运量大、价格适中、灵活性强的铁路运输使区域间人流、物流、资金流、信息流更加顺畅地流动起来，为区域联动发展提供强有力的支撑。铁路也是实现国内外互联互通、践行“一带一路”倡议的重要载体。近年来，中欧班列高质量、常态化开行，覆盖范围扩展至欧洲 23 个国家 168 个城市，累计开行突破 4 万列；同时越来越多的外国商品从这条通道来到中国市场，为沿线国家经贸合作、文化交流的互利共赢发挥了桥梁纽带作用。

从社会角度来看，铁路具有重要的社会联结功能，打破了前现代社会的空间障碍，使前现代社会人口分布、流动相对隔绝、凝固状态转变为人口密集和恒常流动状态。铁路发展不仅带来了经济效益，同时也促进了区域社会发展，压缩了不同地区之间的时空距离，带来了大量人口流动和社会交往，加速了城镇化、工业化和现代化进程。在这一过程中，经济、产业的发展带来了大量的就业机会，提升了沿线居民的生活水平。同时，铁路工程又是一种文化符号，铁路建设与政治因素、经济发展、社会进步等紧密交织在一起，共同构成了现代民族国家的生活网格。铁路、时空想象与政治认同之间的关系愈加紧密，不断推动着政治空间生产，景观政治、地图政治成为国家传播意识形态的重要载体，强化了人们对于多民族国家内部的政治和情感认同。

## 三、铁路对社会经济发展的影响因素和影响方式

### （一）铁路对社会经济发展的影响因素

#### 1. 铁路对出行方式的影响

铁路的修建很大程度上改变了居民的出行，特别是高速铁路的修建极大地节约了居民中长途出行时间。铁路网的架构、与其他交通方式的相互衔接是居民出行方式变化的基础，铁路运输的速度和时间的节省、性价比高低是居民选择出行方式的重要影响因素，各种交通方式的竞争和整合也是目前交通发展领域的重要课题。高速铁路以其技术经济优势，为大量旅客节约了出行时长，从而提高了社会效率、节约了能源。我国已有的高铁运行的研究发现，传统铁路的服务对象主要是通勤人员，而高速铁路则针对中长途旅客。

#### 2. 铁路对产业发展的影响

在传统的产业发展阶段，各生产要素的流通就备受关注，现代产业发展特别是知识指导型经济背景下，产业发展越来越依赖要素与产品流动，特别是第三产业，其与第一、二产业相比对流动性的要求更高，此时铁路运输的重要性便凸显出来。高速铁路凭借其众多技术经济优势在促进生产者服务业和旅游业的发展、产业转型、产业结构升级方面发挥了重要作用。

#### 3. 铁路对人口、就业的影响

铁路的快速发展提高了运输量、运输距离及运输速度，这也在某种程度上改变了区域间

的人口流动量、流动距离和流动速度，使人口分布发生变化；人员往来更加频繁也使信息交流更加充分，知识扩散更加迅速，促进了整个区域的知识水平和人口素质的提升，从而促进整个区域就业形势的变化。铁路发展对就业的影响主要体现在4个方面：① 整个铁路服务系统需要新增大量的工作岗位。② 铁路发展极大地节约了旅行时间，加快了各生产要素流动，为沿线城市创造了更多的就业机会。③ 铁路提高了沿线区域的旅客流量，进一步带动了服务业发展，增加旅游、餐饮就业岗位。④ 铁路的开通对其他行业的促进会增加这些行业从业者的就业机会。

### （二）铁路对社会经济发展的影响方式

铁路对社会经济发展的影响方式可分为直接影响、间接影响和替代影响3种。

#### 1. 直接影响

铁路对社会经济的影响可以概括为对社会、经济、资源、环境4个方面的影响，铁路在影响任何一方面的同时，可能也会影响其他方面，这种影响被称为对社会经济的直接影响，主要包括影响区域内人口分布及人口流动、影响企业及旅客效益、影响能源消耗及土地资源等方面。

#### 2. 间接影响

间接影响是指铁路可能影响着4个方面的某个方面，然后通过某些途径间接影响其他方面，主要包括影响人口数量及分布、人口质量及就业，影响经济总量及经济结构，影响资源与环境等。

#### 3. 替代影响

铁路的运营使供给能力显著提高，输送速度显著增加，这势必给综合运输体系中的其他方式带来影响，这被称为高速铁路对社会经济的替代影响，主要包括影响铁路既有线、影响航空业、影响公路运输、影响水上运输等方面。

### （三）铁路发展对经济增长的影响路径

作为重大交通基础设施，铁路的发展特别是高速铁路的建设会使交通基础设施对区域经济增长的影响进一步加剧。总结相关文献发现，铁路发展对经济增长的影响路径可分为直接效应和间接效应两个方面，如图5-2所示。

#### 1. 直接效应

由于铁路建设投资会带来比较广泛的产业关联效应，投资增加必然导致相关产业的产出增加，并通过投资乘数效应的扩大带动区域经济增长，尤其是高速铁路作为一项重要的交通基础设施，其对经济增长的促进作用会首先体现为建设投资对区域经济的直接拉动作用，即直接效应。

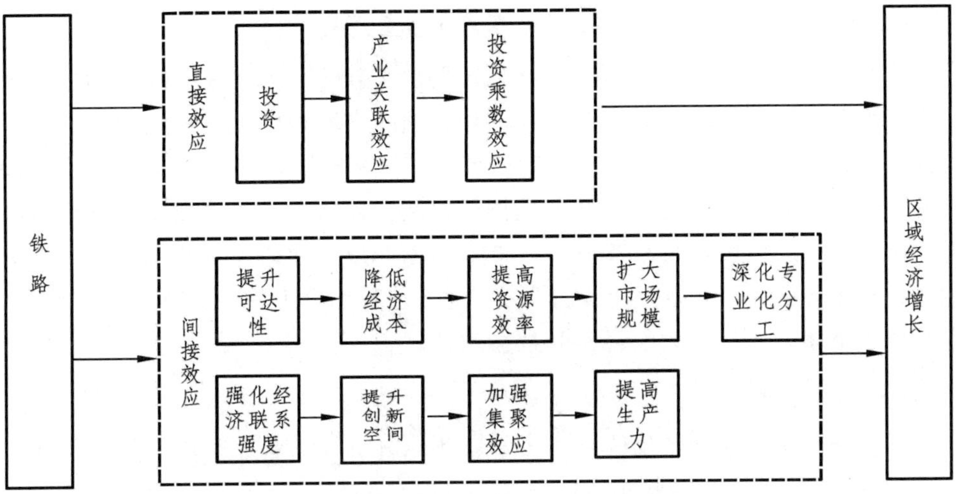


图 5-2 铁路发展对经济增长的影响路径

2. 间接效应

一方面，铁路的发展能够提高地区之间的可达性，降低时间成本与运输成本，打破地区间的市场分割格局，加快资本、劳动力、技术等生产要素的流通速度，提高经济资源配置效率，扩大市场规模，深化专业化分工的程度。另一方面，交通体系的网络化与高密度布局能够强化区域间的经济联系强度，扩展城市或城市群的边界，提升创新空间，提高生产力，增加经济溢出的可能性。

高速铁路作为一种快速交通工具更是催化了铁路这一重大交通基础设施对区域经济增长的作用。

## 第三节 铁路型枢纽经济组织运行

### 一、国外铁路枢纽经济发展经验

#### （一）日本新干线相关发展经验

世界第一条高速铁路是东海道新干线（东京—新大阪），于 1959 年开工建设，1964 年 10 月 1 日东京奥运会开幕前通车运营。在此之前，从东京至大阪，普通线路特快列车的旅行时间超过 6 小时，而新干线光号列车的旅行时间仅为 4 小时。在东海道新干线通车运营 1 年之后，即 1965 年，其车程缩短至 3 小时 10 分，该干线每年约有 2 亿人次乘坐，运输量占日本铁路的 30%，营业收入占 45%。从东海道新干线开始运营至今，日本新干线已走过 57 年的发展历程。在此期间，新干线铁路网建设虽然因为国营铁路改革中断过，但在总体上仍然稳步推进。截至目前，其运营里程已达 2 915.7 千米，日本高速铁路的巨大成功取得了丰富的经济社会效益，其发展高速铁路的主要经验体现在以下几个方面。

1. 将高速铁路建设发展与重大国际赛事有机融合

在东京主办奥运会前，日本国家铁路公司提出了新干线方案来解决运动员和观众的交通问题，其东海道新干线也于奥运会开幕前成功开通，在取得巨大运营收益的同时也为观众带来了极大的方便，提升了观众的满意度和城市的整体形象。1970 年大阪世博会期间，搭乘新干线的人数超过万人，为世博会的开展提供了便利。此后在是否能成功举办重大国际赛事的标准上，高速铁路成为重要的参考条件。2010 年南非以开通通往主赛场的地铁作为申办世界杯的承诺，豪登铁路也于世界杯开幕前成功开通。这种融合模式在促进高速铁路发展的同时，可以提升城市形象，带来巨大的经济和社会效益。

2. 沿线城市借力发展——京都模式

位于东海道新干线的日本内陆城市京都借力高铁开通所带来的巨大机遇，获得了巨大的发展。京都总面积 827.9 平方千米，设有 11 个区级政府，是日本重要城市之一。京都在高速铁路经济发展中采取的主要做法是：建立综合性交通枢纽火车站专为高铁服务；“产学研”互促，培育城市活力；发挥资源优势，促进旅游产业的发展；保护古都景观，实现城市更新，建设文化首都。京都将火车站建筑、休闲娱乐设施、商业购物设施、景观绿地集于一体，综合利用了立体空间，其车站建筑综合体的设计等方面也具有集约型和高科技的水平。通过这些措施，京都借力日本的高铁经济获得了巨大的发展。

3. 发展周边县市，解决房地产和环境问题

新干线交通还引发了人们生活方式的改变。由于大城市的高房价和环境问题，很多人选择了异地生活和上班，在东京工作却在周边城镇和县区上班，每天乘坐新干线上下班，从而促进了世界上最大的通勤圈的形成。根据 1995 年的统计，新干线建成后，平均每天流入东京都的人口比 10 年前增长了 23%，达到 369.3 万。东京通勤圈覆盖了首都圈所有都县，最远的通勤时间为 2 小时。在这种情况下，日本加大了对东京通勤圈城镇的发展力度，优化了配套设施的建设，为这种工作和生活方式提供了方便。异地生活和上班的方式，可以加速高铁沿线城市周边城镇的发展，减轻高铁城市人口、环境、住房等方面的压力，起到双赢的效果。

### （二）法兰克福利用 ICE 带动沿线城市快速发展经验

德国高铁 ICE（Inter City Express）是联系德国南北经济的枢纽，覆盖了德国的主要城市和邻近国家。法兰克福中央车站是 ICE 与欧洲各大国际车站的枢纽，同时也有多条主干线路通往德国各大中城市和很多国际目的地，甚至还可以从法兰克福坐火车途经莫斯科回北京。因此法兰克福成为欧洲中心点，并因其较强的辐射能力得到“欧洲中转站”之称。每天有超过 1 100 列的火车停靠在 25 个站台，始发中转的旅客人数更是创纪录地达到每天 45 万人次，它与汉堡、慕尼黑火车站并称为“德国三大车站”。法兰克福德铁的大多数 ICE、IC、EC、RE 等不同规格的列车均始发于这里，并且所有的城市轻轨 SBahn 都途经这里。火车站改造后，随着高铁的快速发展，国际展览中心布局在距火车站 10 分钟的车程内，从而带动了法兰克福旅游业和会展经济的发展，使法兰克福的产业从以工业主导向以服务业主导转型，推动

了法兰克福产业转型升级发展，促进了法兰克福成为国际枢纽城市。法兰克福运用高铁产业影响城市规划，推动产业升级，获得了巨大的成功。

1. 影响城市规划

在 ICE 建设完成后，法兰克福的城市开发采用高铁车站与会展中心双驱动模式，按照 3 个阶段规划城市的发展。

第一阶段：1985—1995 年，按照会展中心先行的策略发展。在这个阶段，法兰克福会展中心落成。而为了缓解与主城区的距离感，公共交通网络逐步搭建。

第二阶段：1995—2005 年。这个阶段的主要策略是促进会展中心和枢纽站周边及商业同期发展，开始建设会展服务链中的酒店服务和商业配套服务等行业，增加了客户在法兰克福会展中心的停留和消费。

第三阶段：2005 年至今，属于住宅全力开发阶段。这个阶段开始在车站地区建设新的商业中心和中央城市公园，开始新建住宅项目，中央车站地下改造规划也使区域功能整合进一步升级。法兰克福借助于高铁经济，将会展业的发展与中央车站周边规划相结合，使车站周边会展、商业、商务形成集聚效应，也获得了政府更多的支持。法兰克福的办公服务和会展展馆也因为这种策略得到了快速发展，使其会展业获得巨大成功。法兰克福中央车站距法兰克福会展中心仅 1 千米。会展与高铁的结合带动了地区经贸活动，成为法兰克福的重要标志，更推动了旅游业的发展，建立了法兰克福优质的国际形象。

2. 推动产业升级

法兰克福高速铁路的发展对法兰克福产业的发展有着正向的作用。ICE 的逐步建设，推动了法兰克福的产业升级，使其逐步由工业向服务业过渡，旅游业与会展经济成为法兰克福的支柱产业。在法兰克福的转型中，原本是工业为主，后逐渐向金融业、会展业和旅游业发展。在转型前，法兰克福在汽车、制造、自动化、生物、IT、化工行业、材料等领域研发实力雄厚，德国约 10%的工业产品在法兰克福生产。法兰克福更是在欧洲最重要城市的排名中位居第三，传统支柱产业有 324 家银行，德国中央银行和欧洲联邦银行都坐落在法兰克福。而在转型后，法兰克福的会展业和旅游业得到了快速发展。目前，法兰克福是全球会展行业的翘楚，拥有世界最长历史的会展中心，其商贸中心属国际顶级，可以承接各种大型活动，其会展中心发展成为设备齐全，集设备、展览、住宿等功能于一体的综合中心。法兰克福也成为重要的旅游城市，旅游业带动了法兰克福经济的发展。这种由第二产业逐渐向第三产业的梯度转型，可以减少污染较大的工业项目，改善城市结构，使城市获得更好的发展。

### （三）法国里尔高铁枢纽经验

里尔（Lille）是法国北部最大的工业城市。里尔欧洲车站，始建于 1994 年，是一个现代化的高铁火车站，可直达法国的大部分城市以及荷兰、比利时、英国等国家。里尔欧洲车站定位于“欧洲商务中心”，并注重功能的多样性与互补性，区域内不同功能板块之间，由共建、绿化、娱乐设施等联系。随着 1993 年建成巴黎至里尔的高铁，里尔围绕高铁车站实施“欧洲里尔”这个大型城市中心公建项目，通过建设会展中心、欧洲办公大厦、大型商业中心等，极大地促进了里尔社会、经济、文化等各个方面的复兴，改变了里尔传统的工业城市产业结构，使其由传统的工业城市成功转型为一个以商务办公为主的城市。这也为高铁沿线中小城市的发展提供了可供借鉴的成功模板。

（1）高铁促使里尔成为 3 个首都的关键节点。TGV（法国高速铁路系统）的建设明确了里尔在巴黎、伦敦、布鲁塞尔 3 个首都城市之间关键节点的地位。伴随着 TGV 高速铁路网络以及其他国家高铁线的延伸，里尔在 3 个首都圈之间进行的跨区服务得到迅速扩展。

（2）高铁促使里尔的功能定位和城市发展的加速提升。在高铁开通的背景下，里尔新区规划提出了建设欧洲服务中心的目标。如今的里尔新区是法国第三大商务区，内部的配套功能中包括商业中心、火车站、会议中心和占地 0.1 平方千米的城市公园。

（3）高铁引导城市经济成功转型。高铁没有开通之前，里尔的主导产业是纺织和污染性重工业，被誉为“法国的曼彻斯特”；在欧洲经济调整中，里尔的经济一度衰落。高铁开通之后，里尔向计算机、食品、快速邮政旅游等产业成功转型。

（4）高铁给里尔带来了新的产业机遇。里尔成为联系法国至英国、比利时、荷兰等西欧邻国的重要交通枢纽，城市建设也日益活跃。尤其是商业中心，充分利用毗邻火车站的区位优势，吸引了远距离的顾客来此购物。其周边主要布置了文化、会展、娱乐业、商业金融业、城市公园、住宅办公等产业。

### （四）韩国首尔高铁枢纽经验

韩国首尔火车站于 2004 年投入使用，车站位于城市中心区的西南部，年发送旅客约 2 000 万人次，总面积约 95 200 平方米，其商业设施面积达到总建筑面积的 1/2，是一个集车站候车与商场购物于一体的现代化交通枢纽。韩国首尔高铁枢纽采取高强度、紧凑的开发模式，重视地下空间的利用。韩国以客运站为核心，将交通枢纽、休闲娱乐、商业服务集合于一体来建设高速铁路客运站，从而使高速铁路客运站成为城市重要的景观指标和城市综合中心。在高速铁路用地的周边开发上，韩国高速铁路客运站具有两个特点：一方面，运用火车站交通可达性较高的优点，将客运站周边土地的主要用途规划为办公和商业，将土地价值发挥到最大。另一方面，将轨道交通换乘站点之间的距离设计在 400~500 米的范围内，将高强度的开发聚集在一定的范围内。具体来看，韩国高速铁路经济发展的经验如下：

#### 1. 从规划布局看，韩国高速铁路客运站位于城市中心地区

作为大型交通设施，客运站人流十分密集，为了解决人流过于密集和土地资源及发展空间等问题，我国普遍将客运站建设在远离城市中心区的市郊。相反的是，韩国的高速铁路站点建在城市的中心区，首尔新火车站建在商业闹市周围，并借助于其他发展规划，使人流高度密集的铁路客运站不致混乱。这些措施主要包括：① 建设与客运站紧密联系的地铁网络，使人流疏散问题在客运站建筑内部解决。韩国地铁 1 号线、4 号线在首尔新火车站的地下交汇，可以实现人流在站内的集散，使人流密集的换乘场面不在火车站外出现。轨道线快速地疏散人流可以保证客运站的正常运行，汇聚的轨道线和客运站的建设是相辅相成的。② 人性化、清晰、细致的交通指示系统。在首尔新火车站站内，指示位置的标识不仅仅指明方向，

而是精确到如“前方 50 m”，清晰而细致，可以方便人流快速地找到目的地，减少了人流的盲目穿行，提高了效率，让人流更加秩序井然。

2. 从重视地下空间利用来看，采取高强度商业开发模式开发周边用地

韩国高速铁路客运站的建设是以客运站为核心，完成对客运站周边设施的建设，将客运站打造成集交通枢纽、娱乐休闲、商业服务于一体的城市地标。在这种建设中要注意对地下空间的综合利用。在对地下空间的综合利用上，要注意几点：尽可能将自然光引入地下，设法营造开敞的空间；运用立体化的连接设计方法对沿街建筑物、广场及公共地下空间进行设计；构建复合的、一体化的地下空间网络，可以通过地下通道进入周边的商场或写字楼，运用丰富的地下空间满足人们餐饮、娱乐、购物、住宿等一切生活需要。另外，韩国首尔火车站与多家知名企业的总部办公大楼隔路相望，可以发挥客运站对周边区域的带动效应。在对客运站周边用地的开发上，韩国高速铁路建设有以下两点：一是在一定的密集区域内进行商业开发，尤其是距轨道交通换乘站点 400~500 米的范围内，最大限度地将资金流、物流、人流、信息流集中在一定区域，采用这种紧凑型的土地利用模式。

二是充分利用了火车站交通可达性程度较高的优势，以商业及办公用途为绝对主导，将火车站周边的土地价值发挥到最大。在城市基础设施的建设上，这种高强度、紧凑的商业开发模式可以避免错乱无序的情况发生，全面利用土地资源，更好地塑造疏密有致的城市景观。

3. 将客运站打造成具有多种功能的综合性建筑

韩国的客运站具有多种功能，可以发挥巨大的复合效益。韩国首尔火车站连接了大型立体化停车场和车站宾馆，并内设商场、超市、博物馆等多种设施，从而成为综合性建筑体。功能高度复合的客运站为商业的繁荣创造了条件。因为这种客运站可以带来大量的人流，并将人流的购物、休闲、娱乐、商务等需求在客运站内解决，这为游客提供了便利。另外，客运站也将公共交通网络、出租车、私家车等进行整合，重视静态停车空间和立体化车库的建设，为人流的到达与疏散提供便利和快捷，使客运站成为具有多种功能的一体化建筑。

4. 按照功能优先的原则进行客运站的设计

韩国高速铁路客运站通常依托原来的老站进行建设，选择老站进行重建或在老站附近新建。作为一个具有庞大体积的公共建筑，客运站的建设必然会遇到与城市环境、风貌和周边建筑风格的协调问题，韩国在设计客运站时较少考虑客运站与周边建筑风格的协调问题，而是更注重客运站的功能。

## 二、国内铁路枢纽经济发展经验

### （一）杭州经验

为更好地利用沪杭高铁所带来的机会，借助高速铁路的发展实现城市全面发展，杭州市做到了以下几点：

（1）更好地利用黄金期发展旅游业。高速铁路的发展带来了巨大的经济效益，带动了人

流、物流、资金流、信息流、商流的流动，从而更好地带动了杭州市第三产业的快速发展。杭州挖掘富有江南特色的旅游资源，充分研究旅游业黄金期的旅游人次增长数量和时间长度，并争取设立国家级国际会议会场。高速铁路的发展，增加了客流运输量，完善了杭州市旅游服务设施，缩短了旅行时间，扩大了旅游业的辐射面，从而吸引了更多国内外的游客，更好地利用客流运输量的增加促进杭州旅游业的发展。

（2）挖掘城市品牌的价值，推进城市品牌特色化和城市的有机更新。杭州高速铁路发展利用交通方式零换乘，设立高铁枢纽管理委员会，打造具有文化气息的公共空间等方法推动高铁枢纽地区的发展。在这种战略的引导下，杭州市集商务办公、创意产业、商业服务、娱乐休闲、文化展示等功能于一身，实现了更快更好地发展，创造了特色化的城市品牌。另外，作为现代化大运量的交通干线，高速铁路的站址选择与线路走向将对城市的结构与布局和沿线城市发展起到至关重要的作用。杭州城东新城是依靠杭州东站铁路枢纽板块形成的，集旅游集散、现代服务和居住功能为一体，是以现代综合交通枢纽为依托的城市新中心。同时，高速铁路配套设施的建设，推动了杭州完善基础设施，优化路网交通，从而推动了城市的有机更新。

（3）发挥教育资源密集的优势，实施名城带名校名校促名城战略，使杭州成为拥有世界百强名校的城市。

（4）促进产业结构升级。杭州市借力高速铁路，大力发展旅游业。旅游业的快速发展，给文化创意行业、物流、服务、商业、交通、餐饮等第三产业的发展都带来重大机会，杭州更借力培育具有世界影响力的新兴行业。在这种战略的指引下，在高铁经济的影响下，杭州市第三产业等得到了快速发展，产业结构得到优化升级。

（5）更好地融入长三角的经济发展，形成杭州都市经济圈。杭州作为长三角重要的组成部分，必须依靠其他长三角城市尤其是上海的辐射带动作用，来实现经济的发展。高速铁路的建成，大大缩短了杭州到南京、上海等长三角主要城市的时间，杭州至上海、宁波、南京的时间都在 1 小时之内，形成了杭州与长三角主要城市的“1 小时经济圈”。杭州利用该经济圈，加强同其他长三角城市的经济联系，打造了增长极，形成了同城效应，有效巩固了杭州在长三角地区的经济地位。另外，杭州借助于该都市圈，加强与长三角其他城市的技术、经济、资源等方面的交流，加强分工协作，合理产业布局，优化资源配置，增强产业集聚，从而促进区域经济的发展和一体化的形成。这使杭州的经济吸引力和区域带动力得到增强，城市的辐射能力和集聚功能得到增强，从而提升了杭州整体的竞争力。

### （二）武汉经验

#### 1. 大力发展轨道交通

在高速铁路的发展中，大力发展轨道交通，与城际高铁结合，运用轨道交通使高铁聚集的人流得到快速疏散，才能更好地发展高铁经济。武汉轨道交通发展速度快，自 2004 年 1 号线开通运营后，截至 2021 年 12 月，武汉地铁运营线路共 11 条，包括 1 号线、2 号线、3 号线、4 号线、5 号线、6 号线、7 号线、8 号线、11 号线、16 号线、阳逻线，运营总里程数达到 435 千米，车站总数 282 座。地铁线路串联了武汉 3 大火车站，7 个主城区和东西湖区，形成了“工”字形的轨道交通网。武汉市对轨道交通的大力发展，促进了武汉市交通网络的发展，利用高铁经济，促进了武汉经济的发展。

2. 大力发展高铁旅游业

武汉更是采取了积极的措施发展高铁旅游业，全面谋划，提前应对。武汉市实行政府主导、统筹协作的高铁旅游发展模式，召开应对高铁时代的主题座谈会，明晰旅游发展思路，调整旅游发展战略。另外，还针对高铁旅游业大力宣传，并开发产品。武汉市加大了在各省市的宣传力度，并着重推出了“赏樱、观雪、看东湖”为主题的都市旅游产品，策划举办了武广高铁广东旅游首发团欢迎仪式、鄂粤两省互送旅游首发团、“广东人游湖北主题年活动”等针对高速铁路旅游的专题活动。在加强宣传上，武汉市还将主要旅游景区和精品线路刊登在高铁客运专线杂志《旅客报》上，将旅游产品宣传片在高铁列车上滚动播放，利用高铁阵地加强宣传。武汉市还打造了湘粤旅游黄金通道，并携手广东、湖南两省旅游局联合召开“湖广游、一家亲”旅游推介会，树立了武汉高铁旅游业的品牌。另外，武汉也提高了接待水平，强化了旅游管理服务。加强旅游市场监管，狠抓服务质量管理，贯彻软件硬件一起抓的思路。为了提高武汉市的旅游服务水平，武汉市对导游、餐饮、住宿和经营管理人员等一线服务人员进行了专题培训，更启动了旅游从业人员全员培训计划。武汉市出台了《湖北省地接导游员管理暂行办法》来解决“高铁时代”地接导游不足的情况，缓解地接导游结构性短缺矛盾。

3. 增加跨区域的战略合作

为了更好地适应和利用高铁经济带来的影响，武汉加强了区域性的战略合作。利用京广线，武汉大力发展与广州的“友城式”战略合作关系。2008 年 6 月，武汉和广州签订了《友城合作协议》，加强两市在旅游业、经贸项目、现代农业和政府间的友好往来，建立两市联动合作机制。同时，武汉与上海也签订了《关于进一步加强沪汉全面战略合作的协议》，加强了与长江流域经济轴线城市上海市的战略合作关系，按照“优势互补、合作共赢、政府引导、企业主体”的原则，两市建立合作机制，加强在重点产业和重点行业的合作，共同推进高新技术产业的发展和体制创新，达到互利共赢。另外，武汉还与宁波签署了战略合作协议，加强与宁波间的双向投资。在这种区域合作战略的影响下，武汉市吸引了众多来自周边地市的投资，与多个周边地市实现了区域的共同快速发展。

4. 房价、物价等合理控制

高速铁路经济的发展，必然会促进高铁城市房价和物价的上涨，而只有将这种上涨维持在可接受水平，才能更好地保证民生，更好地促进城市的发展。因此，在高速铁路经济发展的背景下，武汉不断出台措施，对房价和物价进行合理调控。2011 年武汉市公布本年度新建住房价格控制目标，即房价涨幅要低于居民人均可支配收入的增长水平和全市年度生产总值增长水平，并采取了双控制方法，两者哪个涨幅低、哪个取值低就以哪个为准。2013 年武汉市房价调控的目标则是扣除物价上涨及保障房等因素后，房价同比增幅低于人均可支配收入实际增幅。出台各种政策对房价和物价的控制，可以将武汉市的生活水平和消费水平维持在一定的界限内，不致过高，以促进武汉市经济的发展。

### （三）北京和天津经验

京津城际开通后，对北京和天津的经济产生了重要而深远的影响。在利用高铁经济促进经济发展和城市规划上，北京和天津经验主要如下：

#### 1. 城市规划变革

高铁带来城市规划的快速变革，2008 年京津城际开通后，北京和天津地区修正了城市发展规划。京津城际线路通过的 11 个城区中有 5 个城区先后调整和出台了城市发展规划。天津市武清区制定了以交通为导向的发展模式，将建设成为京津之间的现代服务业基地、高新技术产业基地、生态宜居城市作为自己的目标，将城区定位为京津城市发展主轴上的重要新城。北京市也在京津城际建成后，推进了自己的规划变革。2009 年 11 月由北京市城南 5 区和 34 个部门共同参与制定了《促进城市南部地区加快发展行动计划》，将北京市的建设瞄准国际水平，规划内容涉及商务、娱乐、生态、交通等各个方面，高速铁路则成为商务新区的核心，体现了综合性强、起点高，以交通为导向的总体特点，高速铁路的发展对城市的规划建设起到了重要作用。

#### 2. 采取公交化运输组织模式，提高运输能力

京津城际采取了公交化的运行模式，跨线列车和公交化城际列车混合运输，促进了京津城际客流量的大幅增长。京津城际列车均采用“和谐号”“复兴号”动车组，列车最小发车间隔仅为 3.5 分钟，本线车和跨线车混合运输，实现了真正意义的公交化。这种公交化的组织模式使旅客平均等候时间缩短，保证旅客随到随走，促进了客流量的不断增加，也取得了良好的社会效益和经济效益。

#### 3. 综合考虑合理定价

京津城际综合考虑两地经济发展、大众化交通工具、旅客经济承受力等要素，合理定价，实现了社会效益和经济效益并重。京津城际还实行了试运行定价的方式，2008 年正式开通后，京津城际铁路动车组列车实行试运行价，2009 年制定正式价格。而京津间时速 350 千米本线车票价一等车 69 元、二等车 58 元。虽然京津城际相比较于广深准高速的定价水平仍然偏低，但目前的定价水平对于促进地方经济发展、提高市场竞争力、促进客流增长、保证京津城际铁路的长远发展具有重要作用和深远意义。

#### 4. 促进京津同城效应的形成和旅游业发展

京津城际的开通运营促进了京津地区“半小时经济圈”的形成，“半小时经济圈”使两地的资源配置得到优化，加速了两地的人员流动。北京和天津则出台相关政策，整合和共享

旅游资源，利用“半小时经济圈”带动京津旅游业的发展和促进京津地区同城效应的形成。据统计，北京和天津间一半的游客会通过高铁或城际列车到对方城市旅游、观光。京津两地旅游部门以“半小时从北京到天津”“时速最快的列车”“中国第一条高速客运专线”作为卖点，打造崭新的旅游项目。铁路方则积极与大型旅行社开展合作，获得了稳定的客流，开辟了更为广阔的旅游市场，促进了旅游业的不断发展。

## 三、启示

从国内外发展历程来看，交通运输方式的重大变化和交通枢纽的调整，将对整个区域的发展和沿线城市空间结构的改变产生极大影响。总结国内外部分地区和城市发展高铁经济的经验，可以得到以下两点启示：

（1）要借势发展，高起点规划建设综合枢纽和新城区。高铁对沿线地区特别是城市的影响主要体现在两方面：一是使沿线城市的高铁客运站周边地区经济活动更加频繁，进而形成了城市新的增长极，成为城市经济发展最为显著的地区。二是高铁站点的建设大大改善了城市的交通条件，在车站附近，集聚作用加快经济发展，区域配套基础设施逐渐完善，站点附近地区开发建设由于交通优势被顺次启动。从国内外经验看，高铁的开通使沿线城市借机开展了“造城运动”，将车站从充满“城市病”和人满为患的老城区迁出，开启了新规划和新城、新商务中心、新住宅群建设。同时，新的城市规划奉行“高起点规划、高标准建设、高品质管理”的理念，积极打造会展中心、大学城、行政大楼、商务金融区、充满连锁店和老字号的商业街，并注重结合生态湿地、滨水景观。与“老城摊大饼”的规划传统相比，新的城市规划体现了以“高铁车站为点、高铁线路为线、新城规划为面”，强调以独立功能区的组合型特点，为高铁沿线城市的面貌带来焕然一新的改变。

（2）要错位融合，务实选择不同的发展方向。高铁对沿线城市空间结构产生深远影响，各种资源要素在整个区域以及高铁沿线节点城市之间加快流动，加速产业梯度转移，促进沿线产业节点城市在更大的空间范围内参与城市群分工，实现产业协调发展。如优质资源和高端产业向中心城市集聚，制造业等产业则会向中心城市以外的中小城市转移。高铁沿线各城市应根据其自身资源、发展条件和发展阶段，积极发展和探索符合自身特色的发展方向。如在欧洲发达国家，城市呈现离心式发展形态，人口密度不断降低，因而高铁主要是促进城市商务功能的增长并衍生出休闲娱乐等配套功能，而不是城市人口的聚集。以里尔为代表，车站周边地区成为集办公商务、休闲娱乐等功能于一体的活力区域。而在我国，高铁沿线城市充分发挥各自的资本、技术、人才、政策和信息优势，找准在高铁经济带中分工与协作的城市角色和定位。例如，高铁沿线拥有旅游资源优势的地区和城市，为吸引更多的国内外游客，加大旅游业软件和硬件投入，因地制宜培育景区、旅游住宿、旅行社、旅游商品、导购服务、餐饮和文化休闲娱乐等产业，着力构建具有现代服务业特征的旅游产业体系。

## 拓展阅读

### 深圳北站商务中心区

深圳北站是华南地区特大型综合交通枢纽，衔接了广深港高铁、厦深高铁及深圳地铁4、5、6号线。目前，深圳北站列车开行对数每日180多对，每年发送旅客人数达4 000多万人次。深圳北站商务中心区以深圳北站为中心，总面积6.1平方千米，是深圳北拓发展的最佳外溢辐射区域。其典型经验：一是按照枢纽标准进行创新设计和建设，提升枢纽站点的通达性。深圳北站在实现与高铁、地铁、公交车站点无缝对接的基础上，进行地上、地面、地下空间立体式开发，增加地上和地下的垂直联系，并利用空中连廊系统建设，实现了二层慢性系统的连续性和高效性。二是推动高铁“公交化”运营，加快深圳与周边城市的同城化进程。通过“加早、加晚、加密”的方式，形成深圳到广州一天从早上7点到晚上11点开行100多对，用时约35分钟，到惠州新增7对14趟往返，每天近60趟车，耗时约30分钟。这极大地解决了过去抢票难、等车难等问题，使“双城记”变身为“同城化”。三是强化城市配套功能建设，提升区域宜居品质。深圳北站商务中心区在加强产业规划的同时，也注重城市配套功能建设，大力推进教育、医疗、美术馆、演艺中心等公共服务设施的建设。同时，将物联网、云计算、大数据、人工智能、移动互联网等最先进的信息技术应用于商务区的城市管理、社区服务、社会治安等领域，实现城市智能化管理和运营，着力打造智慧城区。

资料来源：高婷婷.深圳北不可或缺的交通枢纽+[N].深圳都市报，2018-07-16（A08）.

# 第四节 铁路型枢纽经济案例分析

## 一、成都国际铁路港

成都作为“丝绸之路经济带”和“长江经济带”国家战略的交汇点，区位优势得天独厚，是国家打造立体全面开放格局的战略支点和经济高地。成都国际铁路港地处成都青白江区，是四川省唯一的国际铁路货运枢纽，是深度融入国家“一带一路”倡议和更好地推进对外开放的门户，是深化改革开放、聚力创新发展，建设全面体现新发展理念的国家中心城市的重要载体。成都国际铁路港作为陆港型国家物流枢纽的承载地，成渝双城经济圈核心区域，在加快构建以国内大循环为主体、国内国际双循环相互促进的新发展格局中，具有重要的节点地位和枢纽功能。同时成都国际铁路港现已成为中国西部与中亚、中东、欧洲和独联体国家经贸往来重要物流通道，正努力形成“陆海内外联动、东西双向互济”的开放格局。2022年1月1日区域全面经济伙伴关系协定（RCEP）的生效，使区域间货物贸易在RCEP框架下不断增长，极大激发了中国与东盟等国家跨境物流及国际中转需求，以及转口贸易机遇，巩固铁路港东联日韩、南拓东盟、链接全球的亚蓉欧陆海联运战略大通道优势，给铁路港带来新的发展机遇。

“一带一路”倡议，把地处内陆腹地的四川成都推向国家开放的前沿阵地，彻底改变了西部开发、开放的格局，同时也加快了立体全面开放进程。作为中欧班列（成都）始发地的成都国际铁路港更是以“大通道、大平台、大经贸、大交流”为目标，以成都为枢纽的新亚欧大陆桥的基本构建，特别是以成都为支点联动粤港澳大湾区和北部湾经济区进而联通东盟的南向新通道，推动陆海内外联动、东西双向互济的开放格局加快形成。港区内已建成的项目有成都国际铁路港综合服务中心、成都铁路保税物流中心（B型）、平行进口汽车交易展示中心、成都铁路集装箱中心站、成都铁路口岸、孩子王西南智慧物流基地和区域总部、成都国际铁路港多式联运中心等13个项目。其中，成都国际铁路港综合服务中心项目总建筑面积约1.66万平方米，总投资1.2亿元；成都铁路保税物流中心（B型）占地面积18.3万平方米，仓储面积6.5万平方米，总投资约3.6亿元；成都铁路集装箱中心站是原铁道部在全国范围内规划的18个中心站之一，是亚洲规模最大的铁路集装箱中心站，占地142.7万平方米，总投资11亿元，规模亚洲第一。目前港区在建项目有8个，其中易商（ESR）冷链电商产业园项目由成都易景供应链管理服务有限公司投资建设，总投资30亿元，主要建设面向欧洲协调亚太区域冷链电商产业园，设冷链中心、智能供应链设施服务中心、电子商务产业平台、国际物流服务中心、5G+智慧园区五大核心板块。已完成总工程量的60%，成功招引京东等大客户入驻。“一带一路”进出口商品展示交易中心、玉湖环球食品供应链中国西部基地等15个项目新开工。2022年计划实施总投资267亿元的36个项目，新开工总投资91.6亿元的项目15个，竣工总投资74.8亿元的项目12个，加快建设总投资100亿元的项目9个。

成都国际铁路港积极融入国家“一带一路”倡议，长江经济带发展、新一轮西部大开发、泛珠三角区域“9+2”合作等战略，更好地服务“一干多支、五区协同”区域发展新格局和“四向拓展、全域开放”立体全面开放新态势，为国家构建“陆海内外联动、东西互济”开放格局提供坚强保障，充分发挥“五区合一”优势，实现了国际班列和中欧班列开行量连续3年全国第一的目标。中欧班列（成都）已打造7条国际铁路通道和5条国际铁海联运通道，开行量连续4年领跑全国。“十三五”期间，成都国际班列开行量从2016年的520列，到2020年突破6 000列，助力成都电子信息、装备制造、先进材料等远销欧亚，年均带动全省进出口贸易100亿美元以上。

### （一）成都国际铁路港的优势与挑战

1. 优势

（1）区位优势。从对内陆影响力来说，青白江地处成都中心城区，又是成都的核心物流港。随着四川自由贸易试验区的设立，青白江在成都国家中心城市建设、向西开放门户建设、落实西部大开发战略、承接“一带一路”经济布局和引领长江经济带经济中的地位日益显现。区内交通要道有成绵、成南两条高速公路分别与中原经济圈、长江三角洲经济圈构成快速通道，具备1小时通达两大航空港、15分钟内融入全国高速路网的优势。其中，青白江片区距成都双流国际机场60千米，距成都天府国际机场70千米；拥有5座火车站，4座已建成，在建集装箱、散货、快运特货专用货站，拥有中欧班列、南向海铁联运班列的国际铁路，还拥有包括宝成铁路等多条干线铁路及铁路专用线 4 条；另外，还有多条高速公路连接的出海通道。同时青白江还位于四川省经济最发达、城市最集中、人口最密集的成（都）德（阳）绵（阳）经济产业带和成渝经济区的汇合处。

从国家打造立体全面开放的战略布局而言，四川的地理位置极为重要。而成都作为丝绸之路经济带的起点，借机实施东向、西向、南向、北向的全方位立体化开放、开发战略，由内陆城市转型为口岸城市、由地理盆地演进为经济高地，为青白江打造国际铁路港创造了重大历史机遇。

（2）“四区”叠加的优势。作为全国唯一依托铁路港设立的自贸试验区、国家级经开区、综保区和金青新“一带一路”大港区所在地，“四区”政策优势叠加，有利于我们在更大范围优化配置高端资源要素，大幅提升城市能级和区域价值，形成政策优势、制度优势和市场优势。近年来，创新推进“一单制”、集拼集运、“安智贸”试点等改革，取得了明显成效。国家级经开区是我国经济发展的强大引擎、对外开放的重要载体，将有力推动国内企业依托“一带一路”走出去、吸引国外企业“走进来”聚集发展，加快形成辐射共建“一带一路”国家和地区的产业集聚区，助推内陆地区主动融入国际分工体系、参与国际产能合作，构建外向型产业体系。设立综合保税区，进一步促进贸易投资便利化、改善营商环境、降低企业成本，促使外商自然愿意来青白江投资，也必将极大提升青白江的对外开放水平，为区域发展提供新动能。金青新“一带一路”大港区，充分发挥国际铁路港的引领辐射带动作用，构建“南有天府新区+航空港、北有大港区+铁路港”的“两港两区”新格局，全面引领区域产业、交通等协同升级，助推区域一体化发展，打造市域北部核心增长极。

（3）物流优势。成都国际铁路港依托内陆第四个开放型口岸，即成都铁路口岸而建，是四川省唯一的国际铁路货运枢纽。成都国际铁路港坐拥亚洲最大的成都铁路集装箱中心站、成都最大的大弯货站和国内领先的国际集装箱物流园区、散货物流园区。成都铁路口岸目前已获批国家对外开放口岸、多式联运海关监管中心、汽车整车进口口岸以及进境肉类口岸、粮食口岸等。

随着成都国际铁路港建设全面推进，成都国际铁路港取得了更大的成就。一是口岸功能不断完善。整车口岸检测线已取得检验检测机构资质认定（CMA），多式联运国家示范工程、汽车平行进口试点城市已获批；肉类口岸已实现肉类常态化进口；粮食口岸已建成投运，成都铁路保税物流中心（B 型）监管量位居西部第一、全国第五。二是“蓉欧+”国际通道不断拓展。国际端西向通道实现经阿拉木图至伊斯坦布尔，经阿斯坦纳至莫斯科，经罗兹至欧洲主要城市的三线并行，每周去 14 列、回 12 列，双向稳定对开。北向通道实现至蒙古、俄罗斯、白俄罗斯的稳定运行，每周开行 2 列。南向通道实现经中国广西钦州至新加坡、经凭祥至越南河内的东盟国际班列，每周稳定开行 5~7 列。目前中老铁路（成渝—万象）国际班列已经实现每月 2 班开行。该班列对比海运方式，可为企业节省一半以上运输时间，有效降低运输成本，为中老双边贸易合作提供新的路径选择，也为下一步避开马六甲海峡限制，通过铁路进行陆地直联，创造新战略出海通道打下基础。国内端开通至上海、广州、宁波等城市的“五定班列”。成都依托蓉欧铁路形成了辐射全国、联结共建“一带一路”国家和地区的铁路贸易线路，建成了服务共建“一带一路”国家和地区的物流基础设施。

2. 挑战

（1）区域国际化水平不高。从目前成都国际铁路港的产业结构来看，主要涉及物流和物流服务行业，商贸业和工业尚处在起步阶段，区内聚集的也主要是物流企业以及为铁路港服务的物流相关服务企业。国际贸易企业以及国际贸易服务企业较少，尚未形成产业集聚，整个临港产业处于培育壮大期，缺乏国际化载体和国际化显示度，国际交流合作还需深度拓展。

（2）制度创新带动不足。尽管从成都国际铁路港始发到欧洲的运行时间缩减到13~18天，但目前，中欧班列货物运单存在运单不统一，信息化程度不高，权属复杂不便索赔，不能作为物权凭证，无法用于信用证结汇等诸多障碍，贸易商在境外采购货物需全额付款，增加资金压力，难以扩大贸易规模等问题，限制了蓉欧铁路运输通道向贸易通道的转变。另外还表现在供应链金融、汽车金融、融资租赁、人民币跨境结算等方面均存在创新不足。比如在人民币跨境结算、目前的“蓉欧+”战略实施方面，区内国际贸易缺乏相应的国际化金融政策。

此外，港区在城市土地发展空间不足、信息服务、国际展销以及商务服务等方面还有进一步发展的空间。在信息服务上，园区的信息化程度不高，产业链供应端和需求端缺乏信息共享，操作流程比较复杂；在国际展销方面，港区内进口的肉类、木材等口岸商品以及建材、五金机电等优势产品，缺乏就近展示平台；在商务服务方面，园区内缺乏专业的会展、法律、人力等专业机构。

## （二）发展壮大成都国际铁路港的对策建议

1. 加快转型跨越，着力提升国际化开放型产业体系

坚持“核心在产业、关键在功能、支撑在园区、机制是保障”，加快打造全国第一的陆海联运枢纽、全省对外开放高地、全市城北核心增长极。坚持产业集群成势，着力提升区域经济的国际竞争力和区域带动力。聚焦现代物流、国际贸易、保税加工三大主导产业，围绕“两图一表”，引进“六类500强”、行业领军企业58家。聚焦冷链物流、电商物流、多式联运三大细分领域，招引中外运普菲斯、莫索夫等龙头企业，使国际贸易提质增量。培育跨境电商、新零售等新业态新模式，签约更多的共建“一带一路”国家馆，搭建商品展示交易平台、服务经贸往来的窗口平台，进而带动国际货代、报关报检、商业保理、融资租赁、法律服务、商事仲裁等，构建起服务全球制造企业和分销企业的物流生态圈。

2. 推动改革创新，着力提升国际化营商环境水平

坚持从降低制度性交易成本和生产性经营成本出发，勇担改革创新试点使命，进一步发挥试验田功能，聚焦重点领域攻坚突破，“以扩大服务业对外开放为重点，以深化对欧开放为突破口，深入推进国际班列通关便利化合作、国际贸易‘单一窗口’升级、商业保理业务试点等‘硬骨头’改革攻坚行动”。继续坚持以简审批、优服务、便利投资兴业，深化“放管服”改革，系统推进项目承诺制，实现“一枚印章管审批”和网上办理，同时加快以国际铁路港为战略支点推动“大港区”建设，探索运用设立基金、合资持股、委托付费等市场化

方式，建立更好的营商环境水平，进而推动高端生产要素、优质公共服务资源跨区域有序流动和优化配置。

3. 强化枢纽功能，着力构建立体开放战略通道

全面拓展互联互通的国际通道。依托中欧班列通道优势，成都国际铁路港已经构建起成都西至欧洲、北上蒙俄、东联日韩、南拓东盟的国际班列线路网络和陆海货运配送体系，联通波兰罗兹、德国纽伦堡、荷兰蒂尔堡等境外 69 个城市，钦州、上海等境内 25 个城市，货源品类从手机、电脑等电子产品扩大到衣服鞋帽、汽车及配件等 40 多个品类。目前，中欧班列累计开行量突破 8 000 列，占全国的 1/4，连续 3 年保持全国第一。坚持深化西向，织密以米兰、布达佩斯等城市为主的南欧陆上直达网络，拓展中欧南线跨里海国际运输走廊，联合鹿特丹打通跨大西洋海铁联运通道。坚持突出南向，提前谋划成都经云南磨憨至老挝、泰国的泛亚铁路中线，以成都为枢纽覆盖欧亚大陆主要国家和地区的东蓉欧大通道格局全面形成。同时进一步强化口岸功能和提升开放平台能级。2022 年，成都国际铁路港将持续拓展国际物流大通道，推动物流经济向供应链经济转变。突出南向战略，聚焦中欧班列集结中心提升枢纽能级。加快形成以西部陆海新通道为主，中老班列、中越班列为辅的“一主两辅多点”南向通道大格局。完成四川中欧班列集结中心联盟组建，推动全省形成以铁路港为主枢纽的开行合力，夯实铁路港枢纽龙头地位。

## 二、临沂高铁经济发展路径

临沂市位于山东省南部，东邻日照，西连枣庄、济宁、泰安，北靠潍坊、淄博，南接江苏省，是山东省的南大门。临沂地处长江三角洲经济圈与环渤海经济圈的结合点，总面积 17 184 平方千米，总人口 1 022.1 万，是山东省面积最大、人口最多的市，是中国优秀旅游城市、全国文明城市，近代为著名的革命老区，今天的临沂素以雄厚的物流产业基础和庞大的商贸批发规模而闻名。临沂中心城市发展从 1949 年后至 20 世纪 90 年代中期都没有显著的变化。首先，临沂处于山东省“经济低谷地带”，长期以来，山东省都以发展山东半岛城市群和省会城市圈作为主要战略，包括临沂在内的鲁南地区发展水平一直处于紧迫状态。其次，临沂是我国著名的革命老区，是山东省的传统农业大市，这种历史条件加上重农的传统思想也在一定程度上减缓了临沂的城市发展步伐。

临沂高速铁路，泛指在临沂过境的高速铁路，涵盖鲁南高铁、第二京沪高铁、济临高铁、临连铁路、临淮快速、滨临城际等高速铁路。京沪高铁二线途经沂水进入临沂，最后并入临沂北站。济莱临高铁途经蒙阴与临沂北站相接。鲁南高铁线路东端于日照西站连接青盐铁路，西端通过曲阜东站与京沪高铁衔接，全线共设日照西、厉家寨、莒南北、临沂北、费县北、蒙山、泗水南、曲阜东 8 座车站，线路全长 235 千米，设计速度 350 千米/时，实现临沂 1 小时通达青岛；其中京沪高铁二线和鲁南高铁是国家“八纵八横”高速铁路网的重要连接通道。2016 年，国家铁路总局将临沂、北京、上海、天津等 31 个直辖市、省会、重点地市纳入全国 50 个重点地区铁路枢纽。

### （一）临沂加快发展高铁经济的“1234”总体思路

高铁既能加速资源流入、要素聚集，促进经济增长、发展转型，也存在“倒虹吸”效应、加剧区域竞争等负面效应，只有长远谋势、科学谋划、战略谋篇，才能最大限度地释放高铁正效应、助推发展新跨越。因此，临沂高铁经济发展应根据高铁经济层次发展圈等理论，坚持“开放包容、创新合作、高效便捷”的高铁理念，以舒适宜人的高铁站经济圈为核心，以通达有序的交通体系为纽带，以现代服务业引领的绿色产业为支撑，以城乡融合的生态环境为保障，加快推动东接西通、南融北进，加快推动产业合作、资源互惠，加快推动人才引进、文旅交融，努力把临沂建成全国综合交通“新枢纽”、全省高铁经济“样板区”、先进地区产业转移“首选地”。具体工作中，着力抓好“1234”的思路措施，即 1 个核心、2 个环境、3 个层次、4 个工程。

1. 建设以高铁站为中心的核心经济发展圈

（1）高标准规划功能布局。把高铁片区建设作为高铁经济发展的核心环节，审视高铁时代临沂在国家“一带一路”倡议、省会城市群经济圈、胶东半岛高端产业聚集区和长三角等板块发展中的地位和优势，委托国内外高端规划院，编制 184 平方千米高铁片区的总体规划方案以及控制性详细规划、起步区城市设计、生态工程、市政工程等专业性规划，结合白沙埠镇、枣园镇、半程镇等 3 个乡镇实际，明确高铁片区的功能定位、产业定位等，具体空间布局建议划定为“一轴”：城市文化活力轴；“一带”：孝河生态景观带；“两廊”：柳青河景观廊道和沂河景观廊道；“多板块”：高铁核心板块、高铁社区板块、生活居住板块和休闲养老度假板块。功能布局优先考虑高铁枢纽核心区、居住及配套服务区、行政及文化区、市级体育中心、商业中心区、高铁站前片区、商住混合区、旅游度假区、城市公园等 9 个方面的规划和设置。

（2）高质量建设高铁片区。以国内一流高铁生态城区为标准，对高铁站及邻近区域扩大开放，加强开发，加速融合。整体建设既考虑已有交通和城市规划，也考虑人口规模、产业优势、扶贫开发等要素，重点建设 10 分钟距离的高等级商务办公功能区、15 分钟距离的商务办公及配套功能区，带动旅游、房地产、总部经济、文化创意、金融、电子商务和休闲养生等服务业发展。坚持高铁片区功能创新与老城部分功能疏解有机结合，做好线路规划、站点设置建设，完善连接高铁的“最后一公里”，引导推进高铁与航空、快速路、BRT 等城市公共交通的无缝连接、“零距离”换乘，将高铁片区打造成现代化综合新城。

（3）高效能发展临站经济。围绕高铁客运站场建设，按照临站经济发展需要，着力培育新的工商业园区，新建一批标准化厂房与公共服务项目，努力发展新型商业服务、娱乐休闲、商务办公、创意产业等现代服务业，并使之协调联动，加快形成城市多功能经济区。建议对临站经济发展享受与临沂经开区、高新区、临港区等开发区的同等政策。

（4）突破传统火车站模式进行站点规划设计。以往火车是中远距离出行所选择的交通工具，与日常生活出行方式不同，只有每到重要节日才会有大量人流流向火车站，总体上人们使用铁路出行的比例不高。因此以往火车站的建设更注重其纪念碑式的外表形象，作为城市的门户进行建设。然而，高速铁路建设大大缩短了出行的时间，使铁路出行成为更加便捷的出行方式，尤其是渐渐趋于公交化的城际列车，使人们日常出行使用高速铁路的频率增加。因此火车站的功能应该由传统的“城市门户”变成“城市客厅”，按照人们经常出行的需要进行设计，不能单纯注重外观形象，要把火车站塑造成集商业、休闲、娱乐等特色功能于一体的城市特色区域。国外的许多高铁站点就已经成为居民购物、活动、聚会的中心，成为具有丰富内部功能的车站综合体。另外，传统火车站与现代高铁车站不同的特征之一是，现代高铁车站拥有便捷的交通换乘。现代高速铁路发车频率大、快速、准点，日本新干线，发车间隔时间小于6钟，1小时内单方向运行列车11列。因此，新的高铁车站应能够组织不同平面的交通体系，缩短各交通方式的换乘距离，构造快速的交通换乘系统。

2. 完善临沂高铁经济发展的2个环境

（1）完善高铁站点内部环境。

临沂城区高铁站点确定在白沙埠镇建设，为鲁南高速铁路、京沪高铁二线两站合并。建议临沂高铁站房设计要体现临沂地域文化特色，预留一定区域位置，便于两条高铁线及以后新高铁线的连接。站点建设围绕“设施立体化、组织管道化”的思路，通过“立体化布局”，建设站房以及地铁、公交线、出租车候车区、大型停车场和公路长途客运站等，更好地向“地上、地下要空间”；在立体化空间中通过垂直电梯和扶梯进行物理连接，实现便捷换乘；通过合理的客流分隔带与明晰的标识指示，避免不同流向换乘客流及其他客流的相互交织，最终基本实现旅客在站点内300米距离完成不同方式的换乘；完善站点内部购物、休闲、娱乐等设施，为旅客提供更好的第一体验和多问题解决方案。建议立足实际需求科学确定站房规模，杜绝“贪大求洋”，在保障交通功能的前提下，通过高效配置与合理开发，使高铁车站真正成为集交通、商业、娱乐等多种功能为一体的鲁南苏北综合性枢纽，拓展高铁枢纽收入来源，降低日运营成本，促进高铁车站自身的可持续发展。

（2）增强高铁片区外部环境。

着力解决高铁片区和市内交通拥堵问题，合理设置路线标识，加大对新能源等车辆的政策支持；大力发展公共交通，加快推进北城新区、兰山、河东和罗庄等换乘中心建设；调整优化公交线路，开辟公交用地绿色通道，优先保障换乘中心、停车场等基础设施建设用地。着力抓好水、气治理，重点抓好火电、钢铁、焦化、建陶、水泥等重点行业以及城市扬尘污染治理、机动车污染防治等工作，确保城区大气环境持续改善；加快实施水环境综合整治，统筹考虑流域综合治理规划以及周边环境，“一河一策”、因地制宜建设生态驳岸和生态隔离带，实现城乡河道水清、河畅、岸绿、景美。着力抓好沿线绿化，以东西和南北2个高铁轴带为主要骨架，实现主要道路和水系全面绿化，确保建成良好视线绿色通廊。

3. 构建临沂高铁经济发展的3个层次

（1）着眼“宜游”，推进全域旅游。

一是优化旅游服务功能。在北城新区建设一座集游客咨询、旅游餐饮、旅游购物、车辆调度于一体的全域旅游服务中心，并在县区建设完善分中心，形成覆盖全市和连接周边的旅游集散网络。推进“互联网+旅游”，建设临沂旅游大数据中心，实现网络平台互联、信息资源共享。引进一批国内外品牌连锁酒店、文化主题酒店，加大临沂糁、沂蒙煎饼、蒙山全蝎等地方名小吃开发力度，设立一批沂蒙特色商品购物点，满足游客购物消费需求。二是强化“快旅慢游”模式和产品创新。研究高铁游客需求，深入挖掘沂蒙文化，增加多样化、常态化、全季节性旅游产品供给，重点培育山岳观光、红色体验、乡村度假、休闲养生、文化研修、商城购物等休闲、度假类和深度体验型产品，发展工业旅游、农业旅游、体育旅游、航空旅游、健康旅游、医疗旅游、会展旅游等专项旅游产品，推动全市旅游产品从以大众观光为主向深度观光、休闲度假和专项旅游并重转变，让游客“慢下来、留下来、住下来”。三是加快构建高铁旅游联盟。依托高铁和城际网络，成立鲁南高铁旅游联盟、滨海旅游联盟、鲁南苏北高铁旅游联盟，主动融入“一带一路”国际旅游联盟，推进临沂旅游与知名旅游城市、景点一体化发展，探索发行联盟旅游“一卡通”或跨省旅游通票，构建无障碍旅游区，更好地吸引国内外游客到临沂观光旅游。

（2）着眼“宜业”，加快人才引进。

一是加大各类人才引进力度。抢抓高铁人才流动机遇期，全面落实《临沂市人才“十三五”规划》和市委市政府《关于进一步加强高层次人才引进培养工作的意见》，围绕新能源、信息技术、先进装备制造、节能环保、新材料、现代新兴服务业和商城国际化等重点领域，大力引进科技创新创业领军人才。二是加大各类人才创业扶持。对引进的科技创业领军人才，给予100万元~500万元扶持资金；支持人才创业和项目研发，优先推荐高层次人才专利项目申报中国专利奖和山东省专利奖；落实人才税收优惠政策，充分发挥4亿元市创业投资引导基金作用，为高层次人才创新创业提供扶持。三是打造拴心留人的优良环境。妥善解决人才居留落户问题，简化引进人才落户手续，实行灵活落户政策；按照“保高端、保无房”的要求，为高层次人才提供购房补贴和租房补贴等住房保障；加快国际学校和中外合作办学机构建设，推进教育国际化进程；提高人才医疗保障水平；实施“人才金卡”制度，优化人才公共服务，形成招才引智良好氛围，避免人才“逆向流动”。

（3）着眼“宜居”，优化高效服务。

围绕政策环境、服务经济发展的质量与水平、社会和谐与稳定、劳动者素质的提高、人与环境相协调等方面，提升服务效率，优化营商环境，助推高铁经济加快发展。着力构建立体化城市服务功能，依托临沂自身优势，提高临沂商业服务能力和城市开放度，促进服务行业和第三产业发展；大力加强硬件设施建设，增强城市配套服务功能，提升出租车、公交车、酒店等各方面的服务水平和管理水平，建设充满时尚气息的现代化城区，确保在高铁沿线竞争中获取优势，弱化“虹吸效应”。同时，高铁经济为房地产业带来重大机遇，要保持合理的土地市场供应比例、节奏和时序，注重提高住房品质，适当开发高档商品房小区，提升物业管理服务，促进房地产业健康稳定发展，吸引县区和周边城市居民到临沂购买房产。

4. 打造临沂高铁经济发展的4大工程

（1）交通设施完善配套工程。

一是建设立体交通大通道。围绕高铁经济发展，以重点项目为抓手，加快形成立体交通大通道。重点推进鲁南高铁临沂段、京沪高铁二通道建设，形成一横一纵“十”字形高速铁路框架，同时加快临沂至连云港铁路建设；建成岚罗高速、沂蒙高速，完成京沪高速扩容、莱新高速南延工程，构建高速公路交通圈；完成北疏港路、新西外环建设和岚济路大修、沂蒙路北延工程，构建市域快速交通圈；推进城区快速连接、高架路、BRT 公交、轨道交通、通用航空等基建项目，构建城市快速交通圈。二是打造综合客运枢纽。在建好鲁南高铁临沂综合枢纽的同时，完成临沂火车站客运枢纽、临沂机场飞行区改扩建，优化国际国内航线布局，开放航空口岸；提升临沂客运东站、隆达综合客运站、蒙山旅游客运站等 10 处客运服务中心，建成全国重要的区域性客运枢纽。三是优化综合运输模式。整合铁路、公路、民航和公安等数据资源，建设“沂蒙交通在线”综合运输服务调度指挥平台、“临易行”交通便民服务信息平台、“物流·临沂”信息平台等，实现火车、客车、航班、时刻表查询和实时路况查询、出租网络预约等服务；推广客运联网售票及“畅行沂蒙一卡通”，推动“空铁通”、“空巴通”、异地候机候车等客运联程服务，实现异地取票以及高铁、航空、公交、出租、轨道交通、公共自行车、城乡客运等方式一卡出行。

（2）产业布局优化升级工程。

一是大处着眼，构建现代产业体系。围绕全市“2833”产业发展，加快结构调整、产业转型，强化产业融合、区域合作，全面提升临沂整体产业发展竞争力。二是实处着力，完善中心城区产业布局。把五区打造成现代服务业标志区、现代工业新区、科技创新高地的同时，结合高铁经济发展，在北城新区重点布局“一轴三带五片”，即围绕城市空间发展轴，发展沂河文化旅游带、美丽乡村旅游带、总部经济发展带和生态农业区、现代服务业集聚区、商贸研发孵化区、食品产业集聚区、科教文卫生活服务区，着力打造对外开放特色先行区。三是细处着手，承接产业转移。创新“三引一促”方式，出台更加优惠的政策措施，吸引外地资金、人才、信息等要素集聚临沂，促使长三角、珠三角和环渤海等重要经济体的产业转移到临济。同时，以各级各类开发区、重点镇工业集聚区为主要载体，培育龙头企业，加快技术进步，发展地产品产业集群，全力打造“专、精、特、新”的产品加工基地。

（3）城镇发展提质扩容工程。

一是加强规划引领调控。积极谋划中长远发展，抓好中心城区轨道交通线网、防震减灾专项、海绵城市建设、停车设施专项、地下综合管廊和地下综合管线等规划，完成所有县城总体规划编制，加快沂水撤县设市、莒南撤县设区、撤乡并镇和村改居等工作。二是完善提升城市功能。综合实施大市政规划建设，统筹供排水、供热、燃气、电力、通信、广电等设施按规划一次性集中改造与建设，避免路面反复开挖。配套完善城市公共服务设施，优化教育、医疗、文化、养老、体育等资源配置。营造生态宜居环境，加快城镇污水处理设施建设，配套完善污水管网，到 2020 年年底全市城市污水集中处理率达到 96%；统筹城乡生活垃圾处理，推广焚烧发电处理方式，2017 年实现全市域生活垃圾焚烧及综合处理全覆盖。三是塑造城市特色风貌。注重传统地域风格建筑符号运用，提高城市建筑“第五立面”设计建设水平；深入挖掘沂蒙、兵学、红色、商城、书法等文化内涵，打造“现代商贸城、滨水生态城、历史文化名城”等城市特色形象。

（4）对外开放全域联动工程。

一是以高铁经济推动商城国际化。认真实施省级国际贸易综合改革试点，全力打造具有临沂特色的国际商贸聚集区，培植和引进外贸经营主体，加快推动临沂港、综合保税区发展和铁路、航空口岸开放，全面落实一次申报、一次查验、一次放行模式和市场采购贸易模式，着力将临沂打造成区域性“购物天堂”；利用高速铁路，发展会展经济，努力把中国（临沂）国际商贸物流博览会办成在国内有重大影响、在国际有一定知名度的商贸展会。二是以高铁经济催化现代物流业。发挥国家级物流园区节点城市的辐射带动作用，加快发展适应国际采购、国际配送、国际转口贸易、国际中转业务要求的国际物流；打造西部货物集疏运中心，建设鲁南高新物流产业园、鲁南铁路物流中心、临沂电商产业物流园；打造临沂综合保税货物集疏运中心，支持鲁疆保税国际物流园等项目建设；打造临空货物集疏运中心，建设临沂机场航空货运枢纽、临沂空港物流城等物流园区，开通货运包机、开展客货公航联运；打造临港货物集疏运中心，发展多式联运、保税物流、物流业务外包、供应链资源整合等业务。三是以高铁经济带动开放新跨越。构建多元化国际市场体系，巩固欧美、深化日韩、提升东盟、拓展非洲，全面开拓俄罗斯、印度、拉美等新兴市场，扩大“一带一路”和自贸区市场份额；完善国际贸易经营主体培育体系，推动临沂大型外贸企业与世界知名采购商、跨国零售商、跨国批发商开展贸易合作。做大做强跨境电子商务，实施千亿级电商产业培植计划、“万家跨境电商培育”工程，打造全国区域性电子商务中心。发挥临沂商城集散优势和临沂综合保税区政策优势，支持具备条件的流通企业整合进口和国内流通业务，扩大一般消费品进口，打造江北重要的进口商品分销中心，实现“全国买、卖全球，全球买、卖全国”。加快建设“海外商城”“临沂工程”，引导临沂企业“走出去”，鼓励龙头企业并购境外研发中心、营销网络和知名品牌，积极参与国际市场竞争，不断提升对外开放经济水平。

### （二）临沂高铁经济发展的保障措施

#### 1. 搞好统筹协调

推进高铁经济发展是一项长期系统工程，必须多部门合作、多行业协同。加快成立由市领导任组长的高铁建设统筹协调领导小组，领导小组下设办公室，负责协调、调度、督查等有关工作，及时解决高铁建设重大事项和重要问题。强化高铁建设协调推进，设综合开发组、宣传组，每个小组明确牵头部门、任务目标和完成时限，建立重大事项推进落实台账，并纳入年度绩效考核。

#### 2. 注重顶层设计

着眼高铁发展，积极谋划全市区划调整，对临沂市发展规划和空间布局进行科学设计；编制高铁发展长远规划，完善基础设施配套、优化产业结构、统筹城乡发展等专项规划，推进经济社会发展与高铁时代接轨、融合。注重超前谋划，预留北城高铁枢纽、高铁片区发展空间，为新的高铁“并轨”奠定基础。

3. 强化政策扶持

设立高铁产业发展引导资金，谋划资本运营和多渠道融资，重点支持高铁枢纽、高铁片区等基础设施及相关产业项目建设，力争实现高铁建设与资本市场的有效对接。健全扶持政策，统筹考虑高铁沿线城镇人口发展、产业布局、城镇建设、综合交通和开放合作，出台支持高铁经济发展的政策措施，重点支持沿线节点城镇发展高铁旅游、商贸物流、房地产等服务业。完善生态环境补偿机制，对高铁建设关系到区域生态安全、生态屏障建设的进行必要生态补偿，促进经济社会可持续发展。

4. 推进区域合作

强化高铁沿线城市区域合作，推动重大基础设施对接和互联互通、产业对接互补和生态共建共享。鼓励高铁沿线市区城镇建立友好合作关系，促进地区间经济交往、资源共享和优势互补。注重舆论引导，加大“一横一纵”高铁沿线区域宣传合作，进一步提升临沂整体形象和美誉度。

## 本章小结

铁路是国民经济大动脉、关键基础设施和重大民生工程，是综合交通运输体系的骨干和主要运输方式之一，在我国经济社会发展中的地位和作用至关重要。本章首先介绍铁路枢纽、铁路枢纽经济的相关概念，阐述铁路枢纽经济作为依托铁路物流枢纽形成和发展的一种经济形态，具有集聚、共振、产业三大典型效应，并探讨铁路枢纽经济区发展趋势；接着详细论述铁路发展对空间经济活动的影响；然后通过对国内外铁路枢纽经济发展经验借鉴，熟悉铁路枢纽经济的建设和运行机制；最后以成都国际铁路港和临沂高铁经济发展路径为例，剖析了铁路枢纽经济的两种典型模式。铁路枢纽经济对区域经济发展具有战略性的意义。因此，充分借助铁路枢纽经济不断集合区域内经济发展的各种要素，加速新增长极和经济带的形成，借助铁路沿线生产力布局，加快优势产业升级，不断开拓新业务，为全面加快经济发展奠定基础。

## 课程思政

### 我国提升铁路绿色发展水平

2021 年 9 月 27 日，在新疆维吾尔自治区和田地区民丰县的和（田）若（羌）铁路建设工地，随着最后一组 500 米长钢轨稳稳落下，环塔克拉玛干沙漠铁路线正式“闭环”。和若铁路全长 825 千米，连接新疆南部的和田地区与巴音郭楞蒙古自治州若羌县，2022 年 6 月开通运营。国铁集团相关负责人介绍，和若铁路地处塔克拉玛干沙漠南缘，其中有近半线路受到风沙的影响。为防止沙害对施工造成影响，在铁路建设初期国铁集团就提出“治沙先行”的理念，且风沙防护工程与铁路建设同步进行，这在全国铁路建设中尚属首次。建设者在沿线共修建草方格近 5 000 万平方米，种植梭梭树、红柳、沙棘等灌木和乔木近 1 300 万株，形成了一道道防风治沙的天然屏障。

“我国第一条‘沙漠铁路’是 1958 年通车的包（头）兰（州）铁路。在 990 千米的运营里程中，其所经的严重沙尘地区超过了 85%。能在当时的技术条件下修建好包兰铁路，可以说是个不小的奇迹。”中国铁路兰州局相关负责人表示，在运营过程中，包兰铁路周边引入黄河水源，种植树木、灌木丛和草地，几十年间荒漠变成了绿色，包兰铁路也成为我国铁路领域防沙治沙的典范之一。

铁路作为国家重要的交通基础设施和运输骨干，在绿色可持续发展中担当了重要角色。资料显示，铁路运输的货物周转能耗和污染排放量仅为公路运输的 1/7 和 1/13。这不仅降低了企业的物流成本，也为现代化物流的低碳运输贡献了力量。国家铁路局总工程师表示，铁路具有大能力、低成本、节能环保等技术经济比较优势，是符合我国国情和可持续发展的绿色交通方式。截至 2020 年，我国铁路货运量的比重由 2016 年的 7.7%增长到 9.8%，在铁路运输量大幅增加的情况下，铁路污染物排放量大幅下降，实现了增产不增污。“此外，为了在节能环保中发挥更大的作用，在绿色发展领域我国铁路技术也在持续创新。”相关部门不仅开展了《铁路运输企业推行清洁生产体系研究》等有针对性的科研课题，还进一步加强了铁路降低温室气体排放技术改造和科研力度，采用直供电技术电力机车取代原有不具备直供电技术的电力机车，节省柴油消耗，逐步采用空气源热泵和太阳能热水器替代既有燃煤、燃油锅炉，促进提升铁路绿色发展水平。

正因如此，截至 2020 年年底，我国的铁路电气化率已经达到 74.9%，燃油年消耗量已经从最高峰的 583 万吨下降到 231 万吨，相当于每年减少二氧化碳排放 1 256 万吨，从源头上减少了对环境的影响。随着铁路供给侧结构性改革的推进，如今我国铁路运输的供给能力、服务品质、安全水平持续提升，旅客出行更加便捷，重点物资运输得到有力保障。未来，铁路部门将坚持绿色发展、创新发展等原则，推进运输结构调整，减少运输环节污染物排放。

资料来源：资兴市人民政府.发挥比较优势 提升铁路绿色发展水平[EB/OL].http://www.zixing.gov.cn/zwgk/zwdt/gnxw/content_3338765.html.（编者对其进行了整理改编）

## 课后习题

1. 铁路枢纽经济的效应有哪些？
2. 我国铁路枢纽经济的发展模式有哪些？
3. 简述未来铁路枢纽经济发展趋势。

## 拓展学习

中老铁路沿线未来 3 年发展计划发布!

## 推荐阅读

[1] 朱逸云. 第四代高铁枢纽综合体开发与运营实践[M]. 北京：人民邮电出版社，2019.

[2] 丁慧萍，赵启兰. 大时代高速度大经略——中国高速铁路经济可持续发展[M]. 北京：中国财政经济出版社，2019.

[3] 国家铁路局. 高铁经济学导论[M]. 北京：中国铁道出版社，2018.

# 第六章　公路型枢纽经济发展

## 学习要点

1. 公路型枢纽的概念；
2. 公路型枢纽的经济特征；
3. 公路型枢纽的运行模式。

## 学习目标

掌握公路型枢纽经济概况和形成演变过程；了解高速公路经济的主要特征和发展阶段；熟悉公路型枢纽经济的组织运行机制。

## 引导案例

### G60 科创走廊——逐渐成形的万亿 GDP 城市经济带

G60 沪昆高速穿过上海市松江区，大量企业分布于高速公路两侧。2016 年，上海市松江区提出了沿 G60 高速公路构建产城融合的科创走廊，这是 G60 科创走廊的 1.0 版本，是由一个直辖市的区级行政机构提出的。2020 年 11 月，科技部会同国家发展改革委、工业和信息化部、人民银行、银保监会、证监会联合印发《长三角 G60 科创走廊建设方案》。G60 科创走廊串起长三角九城“九星连珠”的战略布局，已经清晰可见。

目前，G60 科创走廊包括上海、嘉兴、杭州、金华、苏州、湖州、宣城、芜湖和合肥 9 个城市，连接了其中的 4 座万亿 GDP 的经济强市。经济基础的硬实力毋庸置疑。九城（区）的 GDP 总量逾 6 万亿元，占全国的 1/15，财政收入占全国的 1/12。在软实力方面，这一区域的城镇化率、高教科研资源、基础设施建设水准都在国内处于领先水平。区域内发展均衡、整体水平较高，是把九城（区）整合为 G60 科创走廊大平台的前提。经济发展的“串联”，既要有“美美与共”的合作基础，也要有“美人之美”的互补动力。而这正是 G60 科创走廊的九城（区）的现实情况——总体均衡中有梯度。“九星连珠”的最终版本，大致包含了两个梯队。第一梯队是上海、苏南地区、杭嘉湖平原。这是长三角城市群的核心所在。第二梯队是安徽三城和地处浙江省地理中心的金华市，属于长三角核心区域辐射的经济腹地。G60 科创走廊打通了第一梯队和第二梯队之间的地理、行政屏障，为梯度效应的资本流动、人才流动打通了“任督二脉”。这为长三角地区新一轮经济增长打开了大门，是一次时代的机遇。G60 科创走廊带来了高增长，展现了长三角地区的经济潜力，也带来了打造万亿 GDP 城市带的期待。

资料来源：关不羽.这条高速公路沿线，一个万亿 GDP 城市经济带在渐渐成形[N].新京报，2021-02-23.（编者对其进行了整理改编）

# 第一节 公路型枢纽经济概况

公路是综合立体交通网络的重要基础和“毛细血管”，在国家交通枢纽建设中的位置无可替代。公路枢纽是指在公路运输网络中两条或者两条以上高速公路交叉，具有运输组织与管理、中转换乘与换装、装卸存储、多式联运、信息流通和辅助服务六大功能的综合性设施。作为交通运输的生产组织基地和公路运输网络中客货集散、转运及过境的场所，公路纽约是由若干专用汽车客、货车站和连接这些车站的公路及技术设备等所构成的集合体，是城市对外交通的桥梁和纽带，并与城市交通系统有着密切的联系。

## 一、公路枢纽的运作构成

公路枢纽的运作主要包括以下几个部分：

（1）站场生产服务：枢纽的基础，包括站房、仓库、货场、停车场站必要的装卸设备和车辆，使其能够适应中转换装的基本需要。

（2）通信信息系统：肩负着旅客和货源信息、站场联络、车辆调度指挥、运输经济信息的收集与传输等使命，必须具有灵通的通信手段，并与其他系统融为一体。

（3）生产生活辅助服务系统：枢纽优质服务的后勤保障，需要具备适当的维修设备和生活服务设施。

（4）组织管理系统：主枢纽的组织管理中心，肩负着行业管理、宏观调控的使命，拥有运输市场管理、组织多种方式联运、开展运输代理、枢纽内场站的调度指挥以及与其他枢纽协调配合的职责。

从公路主枢纽的建设内容来看，在加强客货运场站“硬件”建设的同时，更突出了“软件”的作用。合理地组织管理和宏观调控、迅速地信息流通是枢纽良好运行的关键之一。

## 二、建设公路枢纽的必要性

### （一）建设公路枢纽是加快发展第三产业的必要条件

交通运输是资源配置和产需衔接的纽带，特别是道路运输具有机动、灵活、方便、及时的特点，最能适应市场和第三产业发展提出的点多面广、快速优质、小批量、多批次的运输需要。因此，为了适应发展第三产业的需要，必须加强公路枢纽建设，有效地组织运输，减少中转环节，压缩客货滞留时间，提供高效、优质、快速的服务，充分发挥道路运输的优势。

### （二）建设公路枢纽是改善公路交通薄弱环节的迫切需要

改革开放后，公路交通有了很大发展，但极不平衡。公路通过能力大幅度提高，民用汽车保有量大幅增加，但道路运输发展很不平衡。尤其是站场的发展甚为缓慢，设施短缺、技术落后、功能单一，成为当前公路交通发展中的薄弱环节，以致运输车辆空驶率增加、实载率降低、能源浪费，严重影响公路基础设施及运输车辆能力的充分发挥和运输效率的提高。因此，加强公路主枢纽建设已成为道路运输系统协调发展和提高运输效率的当务之急。

### （三）建设公路枢纽是发展综合运输，提高整体效益的有效途径

建设公路枢纽，可以把不同运输方式有机衔接起来，统筹安排运输过程，选择经济合理的运输线路和运输工具，以最短的时间、最快的速度、最少的耗费，实现一条龙运输，从而充分发挥运输方式的优势，使各种运输方式各展其长、相互衔接、优势互补，提高综合运输的整体效益。

### （四）建设公路枢纽是道路运输现代化的主要标志之一

现代化道路运输不仅要拥有现代化的公路和现代化的运输车辆，而且要有现代化的运输组织管理。建设公路枢纽可以为运输组织管理现代化提供必要的条件，逐步形成设备先进、设施完善、信息灵通、服务周到、管理科学、运输方便的运输管理体系，使我国道路运输迈上新台阶。

## 三、公路枢纽的功能

公路枢纽有 6 种功能：运输组织管理功能，中转换装和换乘功能，装卸仓储功能，多式联运功能，通信信息功能，生产、生活辅助服务功能。

（1）运输组织管理功能：进行公路运输市场的管理和公路主枢纽内部站场、车辆、客货流组织管理。

（2）中转换装和换乘功能：为货物中转和因储运需要而进行的换装提供方便，也为旅客的中转换乘提供方便。

（3）装卸仓储功能：在货运站内进行各种装卸搬运作业，实现储存保管，以便利货物集疏运。

（4）多式联运功能：承担运输代理，为旅客、货主和车主双向服务，选择最佳的运输线路，合理组织多式联运，实行“一次托运，全程服务”。

（5）通信信息功能：通过计算机及通信设施，使全国公路主枢纽形成网络，也使公路主枢纽内各站场以及公路主枢纽与港口主枢纽、铁路站场和空港有机联系、相互衔接，提供车货配载信息服务和通信服务。

（6）生产、生活辅助服务功能：为旅客、司乘人员提供必要的食宿服务，代办报关、报检和保险，为车辆提供停放、检测、保修、加油、清洗等服务。

## 四、公路枢纽的直接经济效益

公路枢纽的直接使用者（消费者）是客货运经营者、旅客和货物拥有者（货主）。按照消费者剩余理论，消费者在使用枢纽的过程中，利用枢纽的服务功能，将获得如下几方面的直接经济效益：

### （一）运输费用节约效益

（1）客货运经营者运输费用节约效益，包括场站自备车辆经营和其他客运参营者。公路运输枢纽基本功能的发挥，可为客货运经营者提供客源组织管理，从而保证了运输需求、运输质量，提高了场站信誉，由此产生运输能力增加、运输任务饱满、实载率上升，使运营单位消耗降低。从国民经济角度，其实质是通过提高客货运输的实载率，减少发车次数，从而减少国民经济的付出，产生节约效益。

（2）转移货物运输费用节约效益。枢纽场站建成使用后，有些货物原先通过公路运到其他站场或用其他运输方式运输，现直接就近运到新建或改建场站，中转换装、装卸储存，由此节约运输费用。

### （二）运输时间节约效益

（1）旅客时间节约效益。对新建公路客运枢纽与地铁、城市公交、铁路、民航、水运枢纽尽可能方便地衔接，甚至集中各种运输方式共用一个枢纽站，最大限度地方便旅客换乘，从而减少旅客换乘时间；改建客运枢纽客流组织功能的发挥，缩短了客车发车间隔，减少了旅客的换乘或等车时间。对旅客而言，运输时间的节约将使他们有更多的时间投入生产或科研，创造更多的社会财富，由此增加国民经济收入。

（2）运输工具在站停滞时间节约效益。公路枢纽的运输组织、中介代理、通信信息等功能的综合发挥，场站的客、货运输量饱满，提高了运输工具的使用效率，缩短了运输工具在场站的闲置时间，从而可创造更多的国民收入。它既包括新建或改建枢纽正常的和由其他场站转移过来的运输工具停滞时间节约效益，也包括由于吸引其他场站的运输工具产生转移后，其他场站剩余运输工具的使用效率提高、闲置时间缩短而带来的停滞时间节约效益。

（3）货物在站停滞时间节约效益。公路枢纽建成后，为运输经营者、货主提供中转、联运、代理、配载、信息等服务，将大大减少货物中转时间，提高货运速度，加速资金周转，带来因减少资金占用时间而产生的效益，具体体现为资金利息的减少。

### （三）减少拥挤效益

如果没有新建或改建场站，原有其他相关场站的客货流量会不断增加，旅客平均换乘时间和货物平均中转时间也会相应增加。有了新建或改建场站，原有其他相关场站的客货流量发生转移，减少了拥挤，原应多付出的换乘或中转时间不再需要，从而节约了时间。

### （四）包装费用节约效益

新建或改建项目，可以实行散装运输、成组运输或集装箱运输，或提供其他方便条件，从而避免或减少包装费用。

### （五）仓储管理费用节约效益

新建或改建场站建成后，有效地组织货运生产、组织运力、及时中转换装及开展联运等，加速了货物周转速度，带来仓储管理费用的节约效益。

# 第二节 公路枢纽布局规划

公路运输是国民经济的基础性、服务性产业，公路运输的发展关系到我国经济社会发展的全局。我国已经全面建设小康社会，随着经济社会快速发展和人民生活水平的不断提高，迫切需要尽快建立能力充分、组织协调、运行高效、服务优质、安全环保的公路运输系统，与其他运输方式共同构筑布局协调、衔接顺畅、优势互补的现代综合交通运输体系，为社会和公众提供便捷、通畅、高效、安全的运输服务。

## 一、公路运输枢纽规划的指导思想

公路运输枢纽规划编制应按照“技术创新、资源整合，更新理念、强化综合，依托快速、支撑快运”的总体思路进行。

技术创新、资源整合：全面系统地总结我国公路运输枢纽站场规划建设经验，吸收公路运输枢纽站场方面的最新研究成果，参照国外有关运输枢纽方面经验，综合运用网络学、系统学、经济学、现代物流等先进理论与技术，对公路运输枢纽站场进行系统研究。

更新理念、强化综合：经济的发展、社会的进步，对公路运输提出了更高的要求，在编制公路运输枢纽总体规划时，应充分考虑综合运输、现代物流、快速客运以及城市化等发展趋势，在概念、功能以及布局等方面更新理念，对公路运输枢纽站场进行合理的功能定位，体现科学交通发展观，落实资源节约、环境友好发展战略。为促进一体化运输系统的形成，公路运输枢纽站场的布局需要与铁路、航空、城市公交等各种交通方式加强衔接，体现“无缝衔接、零距离换乘”等先进理念。

依托快速、支撑快运：依托高速公路网，支撑未来公路客货快速运输系统，以促进公路运输向集约化、规模化、网络化方向发展。

## 二、公路枢纽的功能定位

国家公路枢纽是位于重要节点城市的国家级公路运输中心，与国家高速公路网共同构成国家最高层次的公路运输基础设施网络。国家公路枢纽主要由提供与周边国家之间、区域之间、省与省之间以及大中城市之间公路客货运输组织及相关服务的客货运输站场组成，是保障公路运输便捷、安全、经济、可靠的重要基础设施，是国家综合交通运输体系的重要组成部分。国家公路枢纽由客运枢纽站场和货运枢纽站场组成，提供公共交通运输服务，其核心功能如下：

（1）支持经济社会发展：提高运输能力和效率，促进工业化，加快信息化，服务现代化；服务于现代综合交通运输，强化运输过程的无缝衔接；服务公路快速客货运输，强化快速客货运输组织功能；服务集装箱运输，拓展内陆口岸功能；服务现代物流业发展，强化货运枢纽的物流功能；服务交通信息化建设，提供及时有效的客货运输信息。

（2）服务公众便捷安全出行：方便公众出行，加强源头安全管理，提升运输服务水平，为公众提供便捷、安全、可靠的出行条件。

（3）保障国家安全：加强运输组织，协调运力，保障国家重点物资和紧急物资运输，保障春运旅客运输，确保社会稳定，维护经济安全。

（4）服务可持续发展：有效提高运输装备的利用效率，合理组织多式联运，发挥综合运输优势，提高综合运输能力，集约利用土地，降低能源消耗，促进交通与环境的和谐发展。

## 三、布局目标

（1）覆盖直辖市、省会城市、计划单列市、特大城市及重要城市节点，构建跨区域和省际快速客货运输系统。

（2）覆盖主要港口、大中型枢纽机场及重要的铁路枢纽，完善综合交通运输体系。

（3）覆盖重要的国家开放口岸、国家级经济技术开发区、AAAA 级旅游景点城市以及区域性的客货集散地，构建国家公路运输网络。

## 四、布局原则

（1）依托国家高速公路网，支撑快速运输系统。国家公路运输枢纽和国家高速公路网是构成国家高效公路运输网络的两个重要基础条件。国家公路运输枢纽布局要与国家高速公路网的布局相互协调，共同支撑公路快速运输系统的形成。

（2）位于具有较大容量和特殊交通区位条件的重要节点城市。节点容量和交通区位是国家公路运输枢纽布局的关键因素。节点容量是城市经济社会发展水平、运输量等多种相关因素的综合反映；交通区位反映了城市的交通资源状况及与其他地区的交通关联程度。国家公路运输枢纽城市应具有一定的节点容量，并具有特殊的交通区位条件。

（3）体现综合运输理念，注重与其他运输方式的有效衔接。国家公路运输枢纽的布局需充分体现发展现代综合交通运输的理念，注重与重要铁路枢纽、航空枢纽、主要港口等其他交通枢纽的有效衔接。

（4）发挥公路运输的技术经济特点，注重枢纽的合理配置。在满足运输需求的基础上，根据公路运输的技术经济特点，综合考虑枢纽服务范围、与其他层次公路运输枢纽分工协作以及区域经济社会协调发展等因素，对国家公路运输枢纽进行优化布局。

### 五、布局思路与方法

总体上采用“多因素定量计算为基础，关键因素遴选，综合优化调整”的布局思路和方法。具体流程如下：

（1）从国家公路运输枢纽的概念、功能、作用出发，根据位于高速公路网上重要节点城市的交通区位条件和经济社会发展水平等情况，分析国家公路运输枢纽布局的主要和关键影响因素。

（2）应用综合指数法研究国家公路运输枢纽合理规模，并根据城市综合指数确定初选城市。

（3）采用单因素法、叠加法以及综合优化调整等，在初选城市基础上拟定初步布局方案。

（4）根据城市、区域经济、交通运输一体化发展态势，对初步布局方案进行整合，对相距较近、辐射范围基本重叠的若干枢纽考虑资源的有效配置和功能互补并进行适当组合，形成部分组合枢纽，确定最终布局方案。

## 第三节　我国公路发展概况

### 一、我国公路建设的主要历程

近些年，我国公路建设取得了重大成就。从发展阶段来看，我国的公路建设大致经历 4 个阶段，时间节点分别是：新中国成立初期、20 世纪 80 年代、20 世纪末 21 世纪初以及新时代。截至 2021 年年末，我国公路总里程 528.07 万千米，比 2020 年年末增加 8.26 万千米。公路密度 55.01 千米/百平方千米，增加 0.86 千米/百平方千米。公路养护里程 525.16 万千米，占公路总里程的比重为 99.4%。全国四级及以上等级公路里程 506.19 万千米，比 2020 年年增加 11.74 万千米，占公路总里程的比重为 95.9%，提高了 0.7 个百分点。其中，二级及以上等级公路里程 72.36 万千米，增加了 2.13 万千米，占公路总里程的比重为 13.7%，提高了 0.2 个百分点；高速公路里程 16.91 万千米，增加了 0.81 万千米，国家高速公路里程 11.70 万千米，增加了 0.40 万千米。国道里程 37.54 万千米，省道里程 38.75 万千米。农村公路里程 446.60 万千米，其中县道里程 67.95 万千米、乡道里程 122.30 万千米、村道里程 256.35 万千米。

我国公路建设发展 4 个阶段的情况如图 6-1 所示。

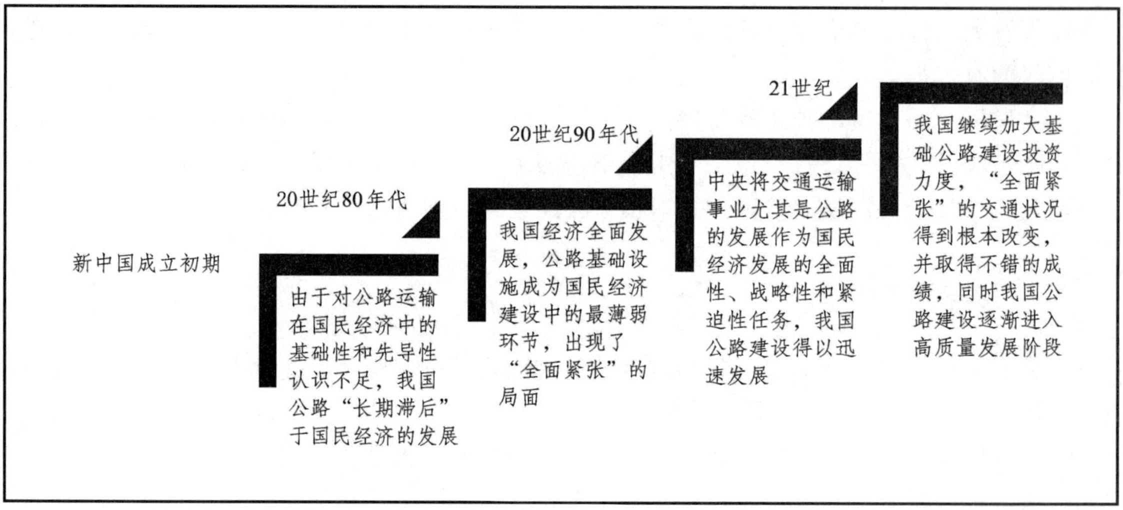


图 6-1　我国公路建设发展和 4 个阶段情况

资料来源：http://www.360doc.com/content/22/0222/11/13672581_1018506420.shtml.

## 二、我国公路建设呈现区域发展不平衡态势

我国公路建设存在区域发展不平衡现象，虽然我国西部地区的公路里程较长，但是公路密度较低，部分地区道路通行条件恶劣。公路建设的差异除了自然地理和资源等方面的客观因素，投融资体系与经济区域划分、区域政策不能良好结合也是造成地区差距长期存在并不断拉大的主要因素。中西部地区边远省份的财政实力不强、道路车流量不大，公路建设以财政资金以及商业银行、政策性银行贷款为主，在公路建设加快发展的战略机遇面前面临两难：已建公路债务持续加重，而不建可能丧失发展机遇，多种因素导致其与东部地区的差距越来越大。因此，需要从政策层面对西部地区的公路建设发展提供扶持支撑，出台相关便利政策并鼓励投资，促进区域平衡发展。

2019 年中国各省（区、市）公路里程分布情况见表 6-1 所示。

表 6-1　2019 年中国各省（区、市）公路里程分布情况

| 省（区、市） | 公路里程/千米 | 省（区、市） | 公路里程/千米 |
| --- | --- | --- | --- |
| 四川 | 337 095 | 江苏 | 159 937 |
| 湖北 | 289 029 | 甘肃 | 151 443 |
| 山东 | 280 325 | 山西 | 144 283 |
| 河南 | 269 832 | 广西 | 127 819 |

续表

| 省（区、市） | 公路里程/千米 | 省（区、市） | 公路里程/千米 |
|---|---|---|---|
| 云南 | 262 409 | 辽宁 | 124 767 |
| 湖南 | 240 566 | 浙江 | 121 813 |
| 广东 | 220 290 | 福建 | 109 785 |
| 安徽 | 218 295 | 吉林 | 106 660 |
| 江西 | 209 131 | 西藏 | 103 951 |
| 内蒙古 | 206 089 | 青海 | 83 761 |
| 贵州 | 204 723 | 海南 | 38 107 |
| 河北 | 196 983 | 宁夏 | 36 576 |
| 新疆 | 194 222 | 北京 | 22 366 |
| 陕西 | 180 070 | 天津 | 16 132 |
| 重庆 | 174 284 | 上海 | 13 045 |
| 黑龙江 | 168 710 | | |

注：本章统计数据不包括我国港、澳、台地区的数据。

资料来源：于谨.2020年中国交通运输行业发展现状及未来发展趋势预测[EB/OL].https://www.huaon.com/channel/china/688295.html.

## 三、我国高速公路的发展概况

### （一）高速公路的定义及分类

交通部《公路工程技术标准》规定，高速公路指能适应年平均昼夜小客车交通量为25 000辆以上、专供汽车分道高速行驶并全部控制出入的公路。各国尽管对高速公路的命名不同，但都是专指有4车道以上、两向分隔行驶、完全控制出入口、全部采用立体交叉的公路。此外，有不少国家将部分控制出入口、非全部采用立体交叉的直达干线也称为高速公路。

高速公路是专供汽车分向、分车道行驶并全部控制出入的多车道公路。一般根据车道数量与各种汽车折合成小客车的年平均日交通量，可将高速公路分为4车道高速公路、6车道高速公路和8车道高速公路（见图6-2）。

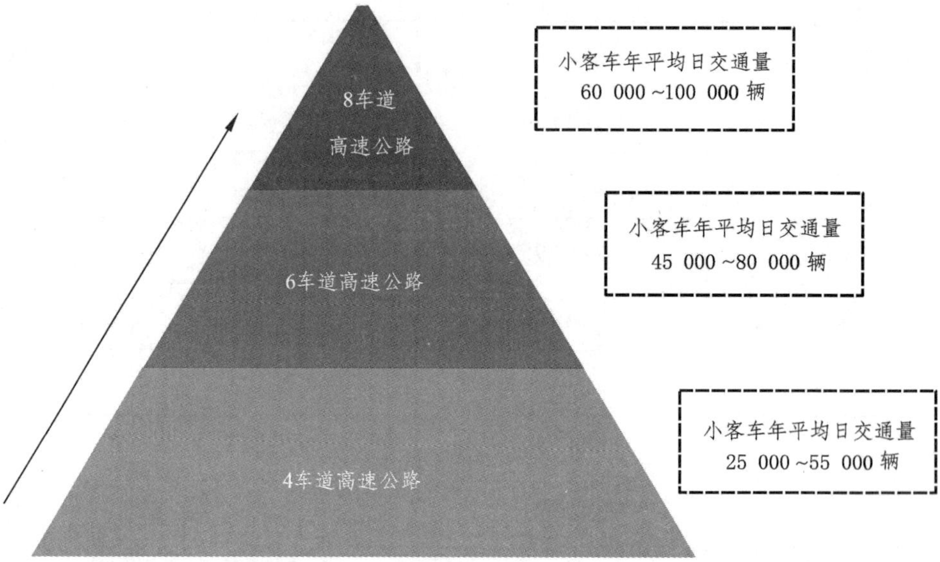


图 6-2　高速公路等级及功能

资料来源：交通运输部，前瞻产业研究院整理。

## （二）我国高速公路的发展历程

1. 发展历程

纵观中国高速公路建设历程，可将其划分为 5 个发展阶段（见图 6-3）。

1978 年到 1988 年年底，我国内地高速公路总里程达到 147 千米，高速公路实现了零的突破，彻底结束了中国内地没有高速公路的历史。

1993 年 6 月，全国公路建设工作会议在山东济南召开，确定了我国公路建设将以高等级公路为重点实施的战略转变，同时明确了 2000 年前我国公路建设的主要目标是：集中力量抓好高等级公路建设，行业进入稳步发展阶段。

1998 年，为应对东南亚金融危机对我国的不利影响，党中央、国务院做出了“实施积极财政政策和较为宽松的货币政策、加快各项基础设施建设”、扩大内需、稳定经济增长的决策，公路建设成为重中之重，行业进入加快发展阶段。实施招投标制度使中国的高速公路施工行业形成了完全开放的自由竞争市场。

2008 年，为应对美国次贷危机对我国的不利影响，党中央、国务院又一次做出扩大内需、促进经济增长的重大决策部署，又一次为交通运输业实现新的发展提供了机遇，行业进入跨越式发展阶段。2012 年以后，以高速公路为代表的快速通道建设进入了新时期，成为我国综合交通体系的重要支撑。

经过改革开放以来 40 余年的发展，我国公路交通运输历经了从“瓶颈制约”到“总体缓解”，再到“基本适应”“适度超前”的发展历程，公路规模总量已位居世界前列，其中高速公路里程已稳居世界第一，高速公路行业进入全面规范和高质量发展阶段，基于国家交通网设施进行整体的优化建设成为当前的重点任务。

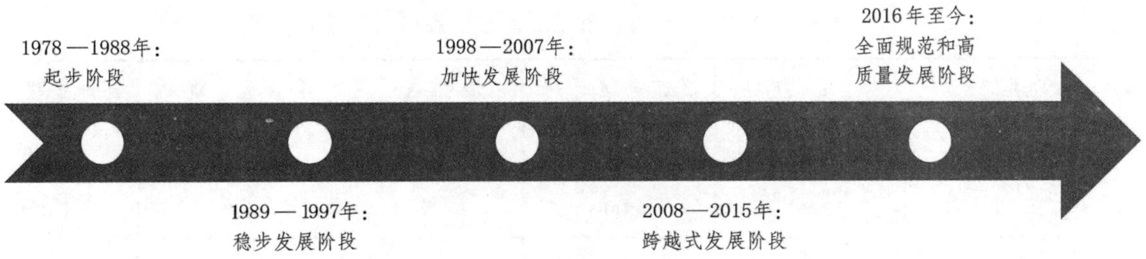


图 6-3　中国高速公路发展历程

2. 发展概况

（1）中国高速公路里程逐年增长，发展迅速。

自 20 世纪 80 年代我国开始修建高速公路以来，全国高速公路规模发展迅速，高速公路里程逐年上升，到 2020 年年底，全国高速公路总里程达到 16.1 万千米，同比增长 7.62%。（见图 6-4）

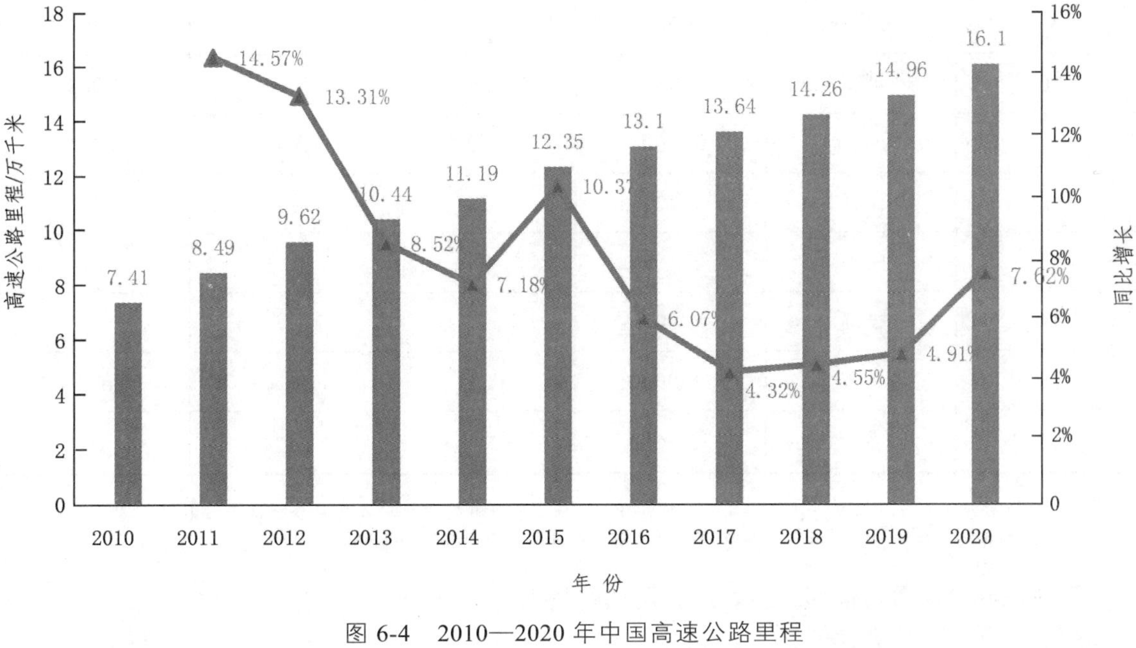


图 6-4　2010—2020 年中国高速公路里程

资料来源：交通运输部，前瞻产业研究院整理。

（2）高速公路区域布局与经济发展程度呈正相关关系。

截至 2020 年年末，我国高速里程超过 5 000 千米的省（区、市）共有 18 个，新增 2 个。其中，广东省以 10 690 千米的高速里程排名全国首位；云南省高速公路建设发展飞速，截至

2020年年末省内高速里程突破9 000千米，排名全国第二。此外，上海与西藏为我国仅有的2个高速里程尚未突破1 000千米的地区，西藏地区的高速里程仅688千米，排名末位（见表6-2）。

表6-2　2020年中国各省（区、市）高速公路建设里程情况

| 排名 | 省（区、市） | 高速里程/千米 | 排名 | 省（区、市） | 高速里程/千米 |
|---|---|---|---|---|---|
| 1 | 广东 | 10 690 | 17 | 新疆 | 5 500 |
| 2 | 云南 | 9 000 | 18 | 浙江 | 5 096 |
| 3 | 四川 | 8 000 | 19 | 江苏 | 4 917 |
| 4 | 河北 | 7 775 | 20 | 安徽 | 4 900 |
| 5 | 贵州 | 7 604 | 21 | 黑龙江 | 4 517 |
| 6 | 山东 | 7 473 | 22 | 辽宁 | 4 331 |
| 7 | 湖北 | 7 433 | 23 | 吉林 | 4 300 |
| 8 | 河南 | 7 100 | 24 | 青海 | 4 040 |
| 9 | 内蒙古 | 6 985 | 25 | 重庆 | 3 400 |
| 10 | 湖南 | 6 951 | 26 | 宁夏 | 2 088 |
| 11 | 广西 | 6 800 | 27 | 天津 | 1 296 |
| 12 | 江西 | 6 321 | 28 | 海南 | 1 255 |
| 13 | 陕西 | 6 100 | 29 | 北京 | 1 174 |
| 14 | 福建 | 6 000 | 30 | 上海 | 900 |
| 15 | 甘肃 | 6 000 | 31 | 西藏 | 688 |
| 16 | 山西 | 5 762 | | | |

注：目前国家暂未统一发布全国各地区高速公路建设情况，表中数据为根据各省市分别发布的数据汇总而来，故各省份数据汇总合计情况与国家交通运输部发布的全国总数存在细微差异。

资料来源：交通运输部，前瞻产业研究院整理。

### （三）我国高速公路发展的政策支持

中国幅员辽阔，高速公路作为重要的基础交通设施一直受到国家的重点关注与支持。根据我国国民经济“八五”计划至“十四五”规划，国家对高速行业的支持政策经历了从主干线建设到国道系统建设再到交通网优化建设的变化（见表6-3）。

表 6-3 中国高速公路重点政策汇总

| 时间 | 政策名称 | 主要内容 |
| --- | --- | --- |
| 2015 年 4 月 | 《关于深化公路建设管理体制改革的若干意见》 | 为深入推进交通运输改革，全面推行现代工程管理，提高公路建设管理水平，该政策在深化公路建设管理体制改革方面提出要完善公路建设管理四项制度、创新项目建设管理模式、逐步推行设计施工总承包方式、建立健全统一开放的公路建设市场体系、强化政府监管等要求 |
| 2017 年 2 月 | 《“十三五”现代综合交通运输体系发展规划》 | 在高速公路建设方面，提出要加快推进由 7 条首都放射线、11 条北南纵线、18 条东西横线以及地区环线、并行线、联络线等组成的国家高速公路网建设，尽快打通国家高速公路主线待贯通路段，推进建设年代较早、交通繁忙的国家高速公路扩容改造和分流路线建设，有序发展地方高速公路，加强高速公路与口岸的衔接。该规划为国家“十三五”时期高速公路建设明确了具体发展方向 |
| 2019 年 5 月 | 《加快推进高速公路电子不停车快捷收费应用服务实施方案》 | 规划目标到 2019 年 12 月底，全国 ETC 用户数量突破 18 亿，高速公路收费站 ETC 全覆盖，ETC 车道成为主要收费车道。货车实现不停车收费，高速公路不停车快捷收费率达到 90%以上，所有人工收费车道支持移动支付等电子收费方式，显著提升高速公路不停车收费服务水平。到 2025 年，全国 ETC 用户数量进一步提升，建成技术先进、制度完善、服务优质、运行稳定的高速公路电子不停车快捷收费体系。该方案进一步深化交通运输领域供给侧结构性改革，提高高速公路通行效率，为实现不停车快捷收费、减少拥堵和便利群众起到积极的推动作用 |
| 2021 年 1 月 | 《关于服务构建新发展格局的指导意见》 | 扩大循环规模，大力完善综合交通网络。按照国家综合立体交通网主骨架的布局，畅通综合运输大通道优化快速网，提升干线网完善基础网。新增城际铁路和市域铁路运营里程 3 000 千米，新改建高速公路里程 25 万千米 |
| 2021 年 3 月 | 《中华人民共和国国民经济和社会发展第十四个五年规划和 2035 年远景目标纲要》 | 以西部地区为重点，尤其是乡村振兴重点帮扶县，进一步加大项目、资金的支持力度，加快补齐发展短板，加快推进铁路规划建设，加快国家高速公路待贯通路段、普通国道低等级路段等建设，加密西部地区机场，大力实施川藏铁路、西部陆海新通道、出疆入藏等综合运输大通道建设 |
| 2021 年 7 月 | 《5G 应用“杨帆”行动计划（2021—2023 年）》 | 赋能 5G 应用重点领域，推动 5G+互联网融合深化应用，推动车联网基础设施与 5G 网络协同规划建设，选择重点城市典型区域、合适路段以及高速公路重点路段等，加快 5G+车联网部署，推广 C-V2X 技术在园区、机场、港区、矿山等区域的创新应用 |

资料来源：https://baijiahao.baidu.com/s?id=1707324469486893825&wfr=spider&for=pc.

## 本章小结

加快建设公路枢纽主要是为了向公众提供运量大、高效、安全的公共交通服务，以缓解日益紧张的交通供求矛盾。随着经济快速发展和新型城镇化建设，公路枢纽的作用日益凸显。公路枢纽是城市对外交通的桥梁和纽带，并与城市交通系统有着密切的联系。

对于公路枢纽而言，正常的运作主要由以下几个方面组成：站场生产服务、通信信息系统、生产生活辅助服务系统和组织管理系统。公路枢纽要正常运转，必须由这几个部分共同发挥作用，并且能够协同有效地发挥作用。

公路枢纽有 6 种功能：运输组织管理功能、中转换装和换乘功能、装卸仓储功能、多式联运功能、通信信息功能和生产生活辅助服务功能。

通过改革开放 40 多年的建设，我国公路网遍布全国，并且已经构成了现代化的公路交通体系。公路建设作为一种基础设施，关系着国防建设甚至是国家经济建设，随着科学技术的不断发展，社会经济的不断提升，公路运输的作用力也越来越显著。整体而言，我国公路枢纽的发展呈现区域发展不平衡现象，西部地区公路里程较长，但是公路密度较低，部分地区道路通行条件恶劣，并且受到经济发展条件的限制，在公路建设加快发展的战略机遇面前面临两难：已建公路债务持续加重，而不建可能丧失发展机遇，多种因素导致其与东部地区的差距越来越大。高速公路发展过程中受到国家政策的重点支持，国家对高速行业的支持政策经历了从主干线建设到国道系统建设再到交通网优化建设的变化。

## 课程思政

### 济青高速“一变三”：济南青岛“相向发展”在提速

2022 年，山东高速集团将确保济宁新机场至枣菏高速段、沾化至临淄、济南至高青、潍青及连接线等 4 个、391 千米项目年内建成通车，全省高速公路通车里程将突破 7 800 千米。其中，列入通车计划的潍青及连接线，就是建设中的济青中线潍坊至青岛段（含连接线）。济青中线包括两段：西段是济潍高速，东段是潍青高速。两段合起来组成济青中线。2020 年 6 月，济青中线潍坊至青岛段（含连接线）建设在高密市启动；10 月，济青中线济南至潍坊段启动施工。济青中线潍青及连接线年内建成通车，意味着济青中线东段即将完成建设，济青中线大通道离全程通车又近了一大步。

在今天的立体交通网络时代，高速公路的重要性仍然不可替代，高速公路是汽车通行的主干道，而且兼顾客运和货运。与此同时，与济青中线连接济南和青岛有关，两城在山东的地位举足轻重。青岛市 2021 年实现 GDP 14 136.5 亿元，增量高居全省第一位；济南是山东的政治文化中心，2021 年实现 GDP 11 432.2 亿元，增量仅次于青岛市，位居全省第二位。济南和青岛两市 GDP 总量占到全省 GDP 总量的 30.77%，是名副其实的“双子星”。济青中线连接山东两座最重要的城市，线路的重要性不言而喻。同时，人们对济青之间高速连接的重视有“历史的惯性”：1993 年年底主线工程建成通车的山东省内第一条高速公路济青高速公路北线和 2007 年 12 月 22 日全线通车的济青高速南线，都带来了济青两座城市和沿线经济的大发展，人们有理由对济青中线保持新期待。

2020 年 6 月，山东公布了省会、胶东、鲁南 3 个经济圈一体化发展相关政策内容，确定了构建“一群两心三圈”的区域发展格局；当年 9 月，优化“一群两心三圈”区域布局，持续提升济南、青岛中心城市能级，支持济南建设国家中心城市、青岛建设全球海洋中心城市。济南和青岛因为位置、条件等方面的不同，在产业发展和功能定位有所区别，但两座城市的互动同样重要，相向融合更是大势所趋。山东半岛城市群的崛起，做好黄河流域生态保护和高质量发展的龙头，都有赖于青岛和济南走近融合、同频共振。

2022 年 1 月，《山东半岛城市群发展规划（2021—2035 年）》公布，明确提出了济南和青岛“相向发展”的建议。规划指出：“支持济南、青岛中心城市相向发展、深化合作、功能互补、资源共享，协同推进国家自由贸易试验区、自主创新示范区、城乡融合发展试验区、人工智能创新应用先导区、物流枢纽联盟建设。”济南、青岛相向发展、深化合作、功能互补、资源共享，不是未来式，而是现在式。比如，在贸易和物流等方面，“齐鲁号”欧亚班列为山东构建了一条东联日韩、西接欧亚的国际物流大通道，其中济南和青岛相互之间的协作支持越来越重要，两个城市都是齐鲁号“欧亚班列”的重要节点城市，从青岛出发的欧亚班列，胶济线和济南常常是必经之路，然后再运往中亚和欧洲国家。

济南和青岛“相向发展”，必须交通先行，这是两城走近融合的基础。为此，《山东半岛城市群发展规划（2021—2035 年）》提出：推动济青综合运输通道提速增效，协同打造多式联运集疏系统，共建进出口商品集散中心。分别以两市为中心，构建 1 小时通勤圈，合力打造高水平协作发展样板，建设全国最具创新力、竞争力的发展轴带。

继济青北线、济青南线之后，济青中线呼之欲出，济青高速“一变三”，这表明济南和青岛之间的轴线连接“密度”正在增加，这符合山东半岛城市群的发展趋向和要求。中心城市和城市群正在成为承载发展要素的主要空间形式，山东的人口、资本等要素呈现出向济南和青岛等区域中心城市集中的倾向，主要城市的交通压力逐年增加，这也对连接主要城市的交通要道提出更多要求。根据预估，到 2030 年，扩容后济青北线会再次饱和，因此必须有新的通道，这就是济青高速“一变三”的重要原因。

山东财经大学区域经济研究院院长、教授董彦岭认为，主要城市之间必须进行“交通密植”，不但要“线路多”“立体化”，还要“多功能”，通过破解交通瓶颈，使优质要素进行多元化组合，促进经济社会发展。济青未来要建成济青综合运输通道，即为“交通密植”的概念。“综合”意味着城市之间不是“一条路”就可以满足需要，也不能只是“一种路”，济南和青岛的交通连接，除了济青北线、南线、中线 3 条高速公路，还包括济青客专、胶济铁路，胶东国际机场、济南机场等航空交通。不同交通方式之间互相支撑，如胶东国际机场、济南机场等航空交通，只有在高铁、高速公路、普通公路设施完善的基础上，才能提高使用效率。

山东两大中心城市的相向发展也离不开其他中小城市的支持。有人说，济青中线是“两点之间，直线最短”。确实，相较于济青高速公路北线 318 千米和济青高速南线 307. 8 千米，济青中线济潍段和潍青段全长约 290 千米，确实短了，但济青中线却不是直线。细细观察可以发现，济青中线有些地方特别曲折，特别是在潍坊的青州、临朐、昌乐、安丘、高密段，构成一个“W”字形，在昌乐营丘镇弯到临近济青北线，这种“弯曲”为济青两个特大城市和县市相互支撑发展创造了条件。董彦岭认为，现在国内有些大城市之间往往比较顺畅，反而是中心城市到旁边的县市存在不便。济青中线的“弯曲”，正有利于大中小城市协调发展。

2020 年 10 月，山东确定从 2021 年到本世纪中叶，分 3 个阶段推进交通强省建设，到 2030 年基本建成交通强省。打造“123”客运通达网，即省会、胶东、鲁南三大经济圈内实现 1 小时通达、省内各地实现 2 小时通达、与全国主要城市实现 3 小时通达；建成“123”物流网，即省内 1 天送达、国内 2 天送达、国际主要城市 3 天送达。无论是打造“123”客运通达网，还是打造“123”物流网，其显著特征正是“密植”，而且是在“密植”中解决“灯下黑”的问题，这对于山东半岛城市群内部的都市圈和经济圈一体化、同城化建设，都会产生重要影响。

资料来源：周学泽.济青高速“一变三”：济南青岛“相向发展”在提速[N]. 大众日报，2022-02-15.（编者对其进行了整理改编）

## 课后习题

1. 何为公路型枢纽？
2. 公路型枢纽的运行特征是什么？
3. 公路型枢纽的运行模式是什么？

## 拓展学习

### 西藏高速公路通车里程已达 688 千米

## 推荐阅读

[1] 向红艳. 公路运输枢纽规划与设计[M]. 北京：人民交通出版社，2015.
[2] 李伟，王凤池. 高速公路规划与设计[M]. 北京：机械工业出版社，2012.
[3] 王健. 城市客运交通经济学[M]. 北京：人民交通出版社，2019.
[4] 王炜，陈学武. 交通规划[M]. 北京：人民交通出版社，2017.

# 第七章　港口型枢纽经济发展

## 学习要点

1. 港口型枢纽经济类型和特征；
2. 港口型枢纽经济发展模式；
3. 港口型经济发展趋势。

## 学习目标

熟悉港口型枢纽经济类型和特征；掌握港口型枢纽经济发展模式；了解国外港口发展经验和未来枢纽经济发展趋势。

## 引导案例

### 港口航运协同发展，创新枢纽经济发展模式

2019年，国家发改委综合运输研究所在青岛·中国财富论坛上提到，港航业正面临百年以来最大的变革，通过港航协同提升港航的价值，最关键的是通过发展枢纽经济，把港口+航运+贸易的方式提升到现代交易、现代结算、现代物流的平台上，形成全新业态和全新的发展模式，将港航业的发展从量的扩张转向价值的提升，完成行业的转型。

汪鸣介绍，自英国工业革命以来，“港口+航运+国际贸易”的模式一直是影响世界经济格局非常重要的因素，而目前随着世界贸易总容量增速的下滑，港口的吞吐量、航运增速也在不断下滑，并可能持续较长一段时间，目前主要面临4个方面的挑战：一是港口航运面临大转型的挑战，如何克服在膨胀的增长过程中所形成的盈利习惯和盈利模式；二是港口和航运靠量增长的运行体系，如何通过渐进的发展实现行业成功转型、升级；三是我国沿海过亿吨大型港口之间同质化服务竞争激烈；四是目前大部分港口仍然使用传统提高吞吐量的办法开展竞争，还未找到深化改革、实现行业转型的突破性措施。

如何转变经济发展的模式，实现港口、航运的高质量发展，是目前行业面临的核心问题。汪鸣提到：通过港航协同来推动行业转型，持续提升港航的价值，既是创造财富的目的，更是转变经济发展的模式，创造财富的手段。具体来讲，港航协同发展会带来新的发展机遇，包括港口物流枢纽功能的有效延伸；港口依托航运实现服务拓展，航运依托港口构建网络，港航协同有效提升亿吨以上大港的竞争能力；港口网络化嵌入港口物流服务和航运服务，使港口的价值得到了提升，带来延伸产业链、提升供应链和创造价值链的机遇，这“三链”将成为未来发展的机遇和方向。

汪鸣认为，互联网技术、大数据、云计算等的广泛应用，促使行业和企业不断创新分工，

实现产业链、供应链和价值链的“三链合一”。对于政府而言，则需要改变传统的靠政策洼地、税收优惠获取发展的模式，按照新技术、新业态、新模式形成新产业，重新构建政策体系，形成营造“三链合一”的企业分工合作发展的政策环境和营商环境，推动港航产业进入新时代。

延伸产业链、提升供应链和创造价值链，需要依靠大型的枢纽港形成的港口要素、航运要素、产业要素的聚集，并抓住现代互联网、移动互联、云计算、大数据、物联网和人工智能带来的生产方式、贸易方式、交易方式变革的机会，重塑港航经济模式。

资料来源：王爽，等.汪鸣：港航协同发展，将带来新机遇[EB/OL].https://news.qingdaonews.com/content/2019-07/07/content_20508341.htm.（编者对其进行了整理改编）

**拓展阅读**

### 太仓港立足物流通道打造枢纽经济生态圈

1. 太仓港口型物流枢纽发展概况

太仓市位于江苏省东南部，是江苏省内唯一一个既临沪又沿江的县级市。太仓港是苏州港的核心港区，同时也是长江内河集装箱运输第一大港（见图 7-1）。太仓港口物流枢纽位于太仓市东北部，依托太仓港区而建，2018 年被国家层面定位为上海国际航运中心北翼集装箱干线港。2020 年国家物流枢纽建设名单公布，苏州（太仓）港口型国家物流枢纽成为江苏省唯一入选项目。

图 7-1　太仓港港口及集装箱码头公司

截至 2020 年年底，太仓港港区完成货物吞吐量 2.16 亿吨，同比增长 0.1%；外贸运量 8 215.94 万吨，增长 9.85%；集装箱运量 521.2 万标箱，增长 1.2%，跃居至全国第 9 位。建有泊位 91 个，其中万吨级以上泊位 37 个，集装箱泊位 10 个。全年新辟航线 6 条，航线总数净增 2 条，达到 211 条（班），成为长江航线数量最多、密度最大、覆盖最广的港口。其中，国内航线覆盖 16 个省市 70 多个港口。

2. 枢纽构成要素

（1）港口系统。太仓港口型物流枢纽拥有 38.8 千米长江岸线和 12.5 米深水航道，是江苏仅有的天然良港。

（2）功能性设施系统。太仓港口型物流枢纽目前已建物流项目 24 个，总投资 139.2 亿元。2020 年，太仓港四期集装箱码头工程完工。项目建设 4 个 5 万吨级集装箱泊位及相关配套设施，设计年吞吐能力 200 万标箱。

（3）集运疏系统。水路方面，枢纽紧邻长江黄金水道，内河集疏运通道发展良好；铁路方面，枢纽毗邻即将开通的沪通铁路，正在建设的太仓港疏港铁路专用线，由沪苏通铁路太仓港站引出的铁路支线，往东延伸至港口集装箱作业区，为构建海铁联运格局、完善太仓港“公铁水”集疏运体系注入“强心针”，建成后将进一步提高运输效率，优化运输结构，降低运输成本。

（4）运营管理系统。太仓港口型物流枢纽由太仓港经济技术开发区管委会作为管理主体进行总体协调，根据实际业务引入行业龙头企业，建立协同、开放的市场化运营机制，共同推进枢纽经济的发展。

投资 70 亿元的钟鼎供应链产业投资项目、投资 2 亿美元的夸特纳斯集团集采集配加工销售中心项目签约落户，CJ 荣庆、苏宁环上海电商产业园等项目加快建设，总投资 16 亿元的海通（太仓）汽车码头项目竣工……

2020 年，围绕物贸产业集聚，太仓港区迅速推进一批龙头项目落地，推动“物流通道”加速升级为带动地区发展的“增值枢纽”。

按照《苏州（太仓）港口型国家物流枢纽建设方案》，未来太仓港区将探索“港航+贸易+产业+科技”的枢纽经济发展路径，形成“产业+平台+主体”枢纽经济生态圈，着力推动物资中转向价值创造转型发展，从而实现临港产业的提档升级，加速打造长三角具有行业影响力的现代物贸园区。

通过港口与港区的联动发展，太仓将大力发展高端装备、智能制造、新一代信息技术、冷链物流、跨境电商等产业，着力培育临港先进制造、国际分拨分销等特色产业集群，形成具有较强辐射带动力的枢纽经济增长极。

资料来源：江苏太仓港口管理委员会.太仓港：深度融入长三角一体化，打造江海联运中转枢纽[EB/OL].http://www.tcport.gov.cn/tcg/index.shtml.（编者对其进行了整理改编）

## 第一节　港口型枢纽经济的类型与特征

目前随着我国经济持续稳定发展，区域经济发展中的产业技术、产业生态、产业发展模式等均处于深度的改革创新中。物流枢纽作为多种资源要素、多种运输方式汇聚的支点，紧密联系着区域经济和产业的发展，尤其是随着国家物流枢纽的建设布局，越来越多地吸引着相关行业向枢纽聚集，逐步成为我国产业转型升级的重大支撑。

在不同的物流枢纽类型中，港口型物流枢纽呈现出高速发展的态势，我国已经成为世界上最具有影响力的水运大国，港口规模居世界第一，并致力于打造若干世界级港口群。2020年全国港口货物吞吐量完成145.5亿吨，港口集装箱吞吐量完成2.6亿标箱，港口货物吞吐量和集装箱吞吐量都居世界第一位。截至2021年年末，全国港口万吨级及以上泊位2 659个，比2020年年末增加67个。从分布结构看，沿海港口万吨级及以上泊位2 207个，增加了69个，内河港口万吨级及以上泊位452个，减少了2个。从用途结构看，专业化万吨级及以上泊位1 427个，增加了56个，通用散货万吨级及以上泊位596个，增加了4个，通用件杂货泊位421个，增加了6个。2020年全国内河货运量完成38.15亿吨，内河航道通航里程超过12万千米，居世界第一，长江干线连续多年都成为全球内河运输最繁忙、运输量最大的黄金水道。2021年全年完成营业性客运量1.63亿人，比2020年增长9.0%，完成旅客周转量33.11亿人·千米，增长0.4%。全年完成营业性货运量82.40亿吨，比2019年增长8.2%，完成货物周转量115 577.51亿吨·千米、增长9.2%。其中，内河货运量41.89亿吨，增长9.8%，内河货物周转量17 735.99亿吨· 千米、增长11.3%；海洋货运量40.51亿吨，增长6.6%，海洋货物周转量97 841.51亿吨· 千米，增长8.8%。全年全国港口完成旅客吞吐量4 773.64万人，比2019年增长8.0%。其中，内河港口完成121.87万人，增长63.4%，沿海港口完成4 651.77万人，增长7.1%。全年全国港口完成货物吞吐量155.45亿吨，比2019年增长6.8%。其中，内河港口完成55.73亿吨，增长9.9%，沿海港口完成99.73亿吨，增长5.2%。完成集装箱铁水联运量754万标箱，增长9.8%。2019年发布的23个国家物流枢纽建设名单中，港口型物流枢纽占据9席，这也意味着建设和发展港口型物流枢纽在国家层面具有重大战略意义。虽然我国港口运输量比较大，但在港口高价值业务方面还存在短缺，对于区域经济的贡献度有待提升。因此，持续深化港口物流发展，推进港口资源优化配置，已成为有效引导资源集聚和调配、促进经济发展方式转变的重要途径。

## 一、港口型枢纽经济的形成过程

物流枢纽在城市和区域经济发展中具有集聚、辐射效应，催生产业集聚、规模扩张、产业链条延伸，进而形成产业集群，在产业集群形成过程中，传统产业逐步转型升级，催生了新技术、新业态，实现产业新旧动能转换，推动枢纽经济发展，而枢纽经济发展又进一步推动物流枢纽功能的提升和效率的提高。

枢纽经济是一种不断更新演化的经济形态，是一种创新发展的区域经济模式。其产生的主要标志是将港口型物流枢纽功能载体及相关要素流形成某种初始产业集群，并实现技术进步、产业升级和模式创新，最后推动枢纽经济发展。港口型枢纽经济是以港口物流枢纽为载体，以发展枢纽产业集群为核心，以集运疏网络为动脉，通过对经济要素的时间和空间配置，形成集聚型、辐射型、外向型的区域产业经济效应（见图7-2）。

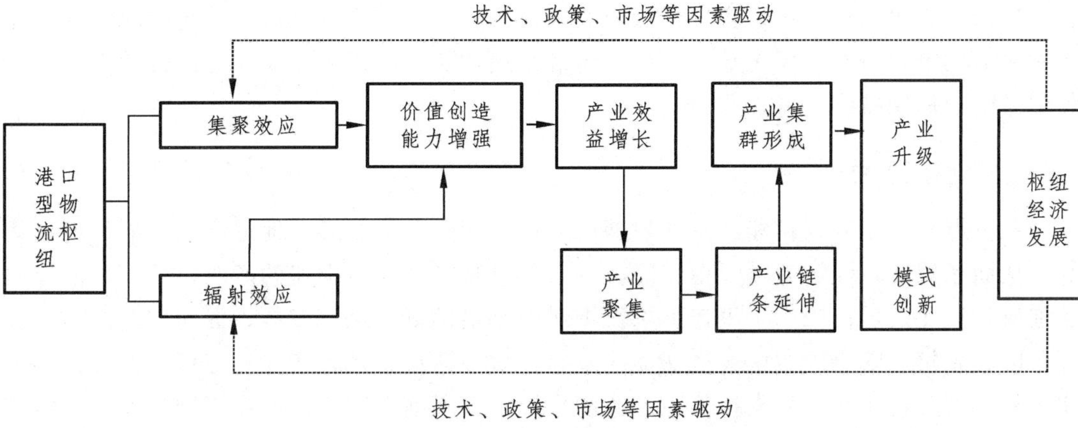


图 7-2　港口枢纽经济的形成过程

物流枢纽通过对基础设施整体布局、物流资源协调整合、物流通道高效衔接等手段，在技术、市场及政策等多种因素的推动下，使区域内物流整体水平和规模效应得到最大限度的发挥，推动物流枢纽整体运行效率的提升，进一步形成资源要素集聚和辐射效应增强的竞争优势，实现枢纽价值能力的增强。在物流产业集聚和规模化发展的同时，也促进了其他新业态的融合，以枢纽核心产业为基础，不断扩张产业规模和延伸产业链条，形成围绕物流枢纽的产业发展和空间开放模式，最终带动枢纽经济高质量发展。

## 二、港口型枢纽经济的特征

港口型枢纽经济是以港口物流枢纽为载体，以发展枢纽产业集群为核心，以集运疏网络为动脉，形成一定范围内向陆地城市辐射的经济效应，对物流枢纽所在区域的创新能力和竞争优势产生积极的影响。港口型枢纽经济作为依托港口型物流枢纽形成和发展的一种经济形态，具有典型的特征，主要表现在以下 3 个方面。

### （一）空间外向性

随着交通技术的加速发展，不同国家和区域之间的经济距离日益缩短，现代化、综合化、国际化枢纽城市越来越多，枢纽经济的产业链辐射空间也越来越广，为枢纽经济效率的提升提供了无限可能。

港口型枢纽经济具有显著的“点—线—面”的双向梯次发展效应。依托港口型物流枢纽的区位优势，吸引大量生产要素向枢纽聚集，推动区域经济规模化发展，形成枢纽的极化效应（即“点”）。因为港口在物流网络节点中具有顶层地位和功能，能够依托区域通道、连接线路，在沿线的区域之间产生集聚，形成轴线经济。枢纽产业集群依托“点”“线”形成环状空间，打造辐射型圈层体系，促使“点”“线”的极化和辐射效应在环状空间中不断放大，最终实现大范围的规模经济。例如 2021 年武汉加强武汉新港核心港建设，打造港口型国家物流枢纽城市，完成了阳逻港三期 4 个集装箱泊位、铁水联运一期、海关集中查验区、阳逻综保区、进口肉类指定口岸等一批重大港航项目建设，夯实了枢纽港基础设施。开通阳逻

—淮安—徐州集装箱直达航线，实现长江与大运河第一次牵手，推动武汉成为国际国内双循环物流大通道的重要节点，保税经济、口岸经济快速增长，阳逻港在长江经济带的枢纽地位和对外贸易门户作用持续显现。

### （二）产业集聚性

从产业发展角度来看，枢纽经济的发展以港口枢纽产业为核心，促进产业集群和产业优化布局，从而拓展区域经济效益。枢纽经济一般都是从紧邻港口枢纽的产业，尤其是港口码头业、港口物流业发展而来的。港口型物流枢纽能够借助城市经济发展，促使制造产业在枢纽及周边区域聚集。随着周边区域产业加速聚集，贸易活动日益频繁，一定程度上又推动了为枢纽内外部产业提供服务和支撑保障产业的集聚，并不断向高价值产业集群发展。枢纽型产业对物流枢纽具有强依附性，枢纽型产业链在市场作用下能够自发地向物流枢纽中心集聚，加上政府部门的规划引导，能够有效促进枢纽型产业链的形成和发展。

### （三）功能融合性

港口型枢纽经济作为一种功能融合的经济模式，包括物流、贸易、信息、服务等多层次、多功能的产业集群，体现了当前“港口一体化”和“区域经济一体化”的发展趋势。例如，深圳港口型国家物流枢纽由盐田港现代物流组团（含盐田综合保税区）和盐田港作业区及配套服务区两个部分组成，总占地面积约为 9.4 平方千米。盐田港是全球集装箱运输重要节点，是全球集装箱吞吐量最大的单体集装箱码头。该枢纽主体功能区由港口中、西作业区、盐田综合保税区、多式联运示范区等构成。功能拓展区由东作业区、高端航运综合服务区、多式联运示范区构成。功能融合，将港口作为资源要素集聚的中心，加大腹地内“点—线—面”经济效应的全方位结合，为深圳市打造多维度、多产业、多功能的枢纽经济形态，实现高质量发展提供了坚实的基础。

# 第二节　港口型枢纽经济组织运行

## 一、国外港口发展模式

### （一）航运经济主导型

1. 伦敦港

伦敦港位于英国东南沿海泰晤士河下游的南北两岸，从河口开始向上游延伸经蒂尔伯里港区越过伦敦桥，直至特丁顿码头，长达 80 海里。至今仍保持着全球著名国际航运中心的地位，世界 20%的船级管理机构常驻伦敦，世界 50%的邮轮租船业务，40%的散货船业务，18%的船舶融资规模和 20%的航运保险总额，都在伦敦进行。全球有 1 750 多家从事航运事务的公司与机构在伦敦设有办事处。其中，仅航运服务业每年创造的价值就达 20 亿英镑。伦敦港聚集有国际海事组织总部、国际海运联合会等国际航运组织，拥有强大、完善的船舶买卖、租赁、保险、融资等服务业，5 000 多名船舶经纪人为航运企业提供全面的航运服务。

2. 新加坡港

新加坡港位于新加坡南部沿海，西临马六甲海峡东南侧，南临新加坡海峡的北侧，具有显著的区位优势，是世界最大的集装箱港口之一。据新加坡海事及港务管理局（MPA）公布信息显示，2019 年新加坡港的集装箱吞吐量同比增长 1.6%，全球排名第二。新加坡港与世界 123 个国家的 600 多个港口建立业务联系，拥有 200 多个航线通往世界各地，其高密度和全方位的航线保证了新加坡作为国际中转枢纽港的地位。完善的集装箱国际中转服务，吸引了各大船公司将其作为基地港，形成了一个国际化集装箱租赁服务和管理市场，同时，新加坡也是重要的国际金融和贸易中心。新加坡是首个在亚洲地区设立金融期货市场的金融中心，不仅涉及资金结算、船舶融资及航运保险，还发展了外汇兑换、基金管理等业务。依托航运中转贸易，通过吸引买方资金建立新型“转口金融”平台，提供优质高效的转口航运金融服务。

近年来，新加坡港以港口运营自动化、智能化为重要抓手，在港口安全可靠运营、高效物流组织与供应链协作、开放式业务创新、互联互通信息服务、便捷可靠客户体验等方面积极开展智慧港口探索与实践。

## （二）腹地经济主导型

汉堡港，位于德国北部易北河下游的右岸，是德国第一大港，也是欧洲第二大集装箱港，经由发达的水陆运输通道可以直抵中欧和东欧腹地，并与东欧、西欧、东南亚等所有经济中心建立了快速便捷的交通联系。支持汉堡港稳步发展的是其多样化的腹地连接。海港腹地铁路联运奠定了其欧洲最大海铁联运港地位。汉堡港铁路网总共有近 300 千米的轨道，确保每天有效处理约 200 列货运列车，每天超过 5 500 节车厢，然后运往德国南部和邻国的目的地。因此，汉堡港处于海上和铁路运输枢纽的地位。水路运输方面，汉堡港主要通过内河转运大量集装箱货物及大宗危险货物，每年都有近两万艘内河船舶往来于港口。突出的集装箱枢纽地位和多式联运中转功能是汉堡港得以快速发展的重要支撑。

## （三）临港经济主导型

休斯敦港，在国际海运货运量中一直位居美国港口第一，每年有超过 2.47 亿吨货物通过休斯敦港口。该港口一直是休斯敦市作为国际贸易中心发展的重要力量，拥有数十亿美元的石化综合产业，是全美最大的石化综合体，也是世界第二大石化综合体。港区分布运河沿岸，有 100 多个码头，其中近一半为公用码头，其余为炼油厂、化工厂、钢铁厂等厂矿以及粮棉出口公司等企业专用码头。全港有 50 多个杂货泊位，其中约 40 个为港务局所有，大部分靠近市区附近的运河岸，约有 30 个深水杂货泊位。围绕石油化工发展，其他工业部门主要是与石油工业配套的钢铁、机械、钢管、采油设备和油轮制造等行业。此外，还有化学、棉纺织、碾米和肉类加工等行业。

### （四）复合发展型

鹿特丹港，是欧洲第一大港，全球最重要的物流中心之一，位于莱茵河与马斯河交汇处，是通往欧洲的天然门户。鹿特丹港区面积为 105.56 平方千米，其中工业用地面积为 52.57 平方千米，基础设施和水域面积 52.99 平方千米。港口长度 40 千米，码头长度 89 千米，总泊位 656 个，航道最大水深 22 米，是 500 多条航线的船籍港或停靠港，通往全球 1000 多个港口，货运量占荷兰全国的 78%。鹿特丹港既是欧洲最大的原油、石油产品、谷物等散装货转运地，同时又是世界第六大集装箱转运港口，并拥有世界上最先进的 ECT 集装箱码头。目前港区内拥有 5 个炼油厂，43 家化工和石化公司，3 家工业燃气生产商，6 个原油码头，19 个独立的石油、化工产品储罐和分销码头，4 个第三方食用油和油脂码头，4 个食用油和油脂生产厂，以及 1 500 千米的管线。鹿特丹港拥有各类码头集散站（terminal）共计 90 多个，其中集装箱码头 9 个，多功能码头 17 个，全天候码头 1 个，滚装码头 7 个，固体散装货码头 15 个，液态散装货码头 35 个。鹿特丹港区服务最大的特点是储、运、销一条龙。通过一些保税仓库和货物分拨中心进行储运和再加工，提高货物的附加值，然后通过公路、铁路、河道、空运、海运等多种运输路线将货物送到荷兰其他城市和欧洲其他目的地。

## 二、国内港口经济发展模式

改革开放以来，我国港口经济在不同阶段实现了阶段性自发升级和功能扩张，并在港口、城市、政府推动等因素下，发生了跳跃式变化。一般来讲，我国港口型枢纽经济发展模式有以下几种：

### （一）腹地扩张型模式

腹地扩张型模式，主要是指港口型枢纽经济发展所呈现的辐射范围扩大的过程，基本上是沿着交通轴线面向内陆腹地和面向海岸的海向腹地进行延伸，尤其是现代化的港口一般具有双向腹地。港口作为腹地的门户，其建设和发展对腹地经济产生重要的影响，腹地是港口存在与发展的前提与基础，港口是腹地外向型经济发展不可或缺的通道。腹地扩张的作用机理（见图 7-3）：一是通过腹地扩张，其服务范围不断扩大，对外经济联系越频繁，对于港口的运输需求也进一步扩大，港口吞吐量增加；二是腹地扩张推动港口规模扩大和结构演进，使港口规模经济明显，城市的竞争力进一步提升；三是腹地范围扩大有利于以港口城市为中心，形成更为广泛的产业协作体系，促进包括整个腹地产业布局的合理化。

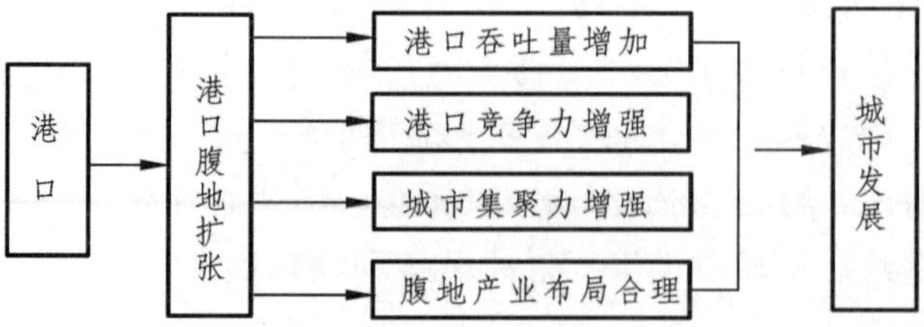


图 7-3　港口推动城市发展的腹地扩张机理

我国港口型国家物流枢纽中的天津港、上海港、青岛港等，均是腹地扩张型模式的典型代表，近年来通过内陆港逐渐实施加快对经济腹地的布局，同时也通过多式联运示范工程推动腹地纵深化拓展。以上海港为中心，北起连云港、南至温州港、西溯南京港，已形成了规模大、功能全、辐射广的长江三角洲港口群，在我国东部经济发展中，具有重要的战略意义。从广义上来看，上海港及相近港口的辐射范围延伸至整个长江流域及陇海、浙赣铁路沿线地区，这是长江三角洲港口群共有的腹地，可谓第一层次的腹地。从狭义上来看，江苏、浙江、安徽和江西四省是上海港及其相邻港口交叉的腹地，对上海港来说，可谓第二层次的腹地。上海港第三层次的腹地，也是直接的腹地，就是上海市。自 2003 年以来，天津港内陆港建设从无到有，进入快速发展时期。截至 2016 年，天津港陆续在银川、西安、内蒙古、张家口等建立区域营销中心，规划的国内内陆港网络布局基本完成，实现了对天津港主要腹地的全覆盖，同时以内陆港为点、海铁联运集装箱班列为线，形成覆盖天津港内陆腹地的物流网络。2020 年 7 月，国家发展改革委、交通运输部联合印发《关于加快天津北方国际航运枢纽建设的意见》，专门提出完善后方铁路通道布局，畅通连接腹地的大通道，规划张家口—涞源—徐水（保定）铁路、环北京货运北环线及东环线、津蓟铁路扩能改造等工程并有序推进。规划建设天津港直通西部腹地铁路通道，提高西部腹地与天津港间的物流效率，提升天津港对我国西部地区经济社会发展的服务能力。

### （二）产业链延伸模式

港口产业链延伸模式是指通过港口附近建立的产业体系的联动效应带动其他产业的发展，并逐步提升城市产业集聚能力，以此推动整个城市的快速发展。这种带动作用主要通过 3 种效应来实现：一是港口直接产业与港口管理产业发展构成的良好城市基础设施产生城市的空间集聚力，吸引各类资源和产业集聚，进而推动城市的发展；二是临港产业的发展产生协作凝聚力，吸引前、后向关联产业在港口城市聚集，产生一级乘数效应；三是通过上述各种产业集聚带来的就业和消费，扩大二级乘数效应，进一步促进城市其他产业链的发展。这种产业链延伸模式主要体现为区域性核心港口对周边城市的辐射效应。例如广州港基于广州市城市定位的变化，其功能也在不断发生变化，广州海港经济由内河型中转港向国际性外向型海港转变，并在此基础上进一步发展成为更加综合的海港与周边临港工业园的复合体，出现了与城市功能进一步融合的海港经济体系。

### （三）物流产业型港口经济

根据国外主要港口的发展历程，港口物流作为港口最核心和基础的产业，在港口型枢纽经济发展中发挥着重要的作用。从最简单的、分项的装卸业务逐步向全方位、增值物流服务发展，由港口单一物流逐步向综合运输体系的区域化和全球化拓展，由实体物流服务向以信息化为手段的货流、信息流、资金流协同发展。

当前，经济全球化背景下港口之间的竞争正逐步演变为物流供应链之间的竞争。对于物流产业型港口，需要运用现代物流的理念和运营模式，改造和优化港口现有的经营机制和组织模式，规范服务、提高水平，增强港口物流链的核心竞争力，提高港口物流链的附加值。例如镇江市作为长江经济带重要的港口城市，近年来围绕着做大做强港口物流产业，推动镇江经济高质量发展，推出了多种举措。一是建立了大港综合物流产业集聚区，利用综合保税、出口加工、物流大厦等基础条件，建成大港综合物流集聚区，推动大宗件杂货、工业生产资料、生活消费品等多个物流中心的建设，打造镇江港物流总部基地。二是培育了一批特色港口物流园区，包括惠龙易通综合物流园、中储粮粮食物流园等 8 个特色港口物流园。三是培育了镇江港务集团、索普集团、中林集团等 15 个特色物流企业。这些举措有力支撑了镇江港口经济的高质量发展。

### （四）航运服务经济型港口经济

航运服务业是港口经济发展到高级阶段的产物，是港口量能集聚、实现港城融合发展的标志之一，同时也是我国参与国际中高端竞争的重要力量。航运服务业作为推动港口和港口城市实现质变的重要推手，只有真正确定其支柱产业才能实现从量变到质变。其标志是港口城市向区域乃至世界经济重心城市过渡、向港口的最高层次——国际航运中心过渡。例如上海、天津、广州等具备条件的沿海港口城市确立航运服务业为港口支柱产业地位，打造国际航运中心，参与国际中高端竞争。上海港早在 20 世纪 90 年代就开始了国际航运中心的系统性研究，之后在实施战略上完成港口空间的“三跳跃”，实现深水大港到物流大港，再到建立虹口航运服务集聚区、大力发展航运服务业，在政策上先行先试，从保税物流园区、港区联动，到综合保税区、自由贸易试验区。上海国际航运服务中心形成航运办公、航运交易等多功能的商务社区，吸引跨国性航运企业的总部进驻北外滩航运服务集聚区，促进了航运金融、航运保险、航运交易等航运要素汇聚，力争打造亚洲乃至全球的航运经济中心。目前，全球最大的 20 家船运公司全部进驻上海，航线涵盖全球 200 多个国家和地区的 300 多个港口。

## 三、港口型枢纽经济发展思路

结合国内外港口枢纽经济实践经验，不同类型模式的发展各有侧重，结合我国港口经济发展面临的新形势，提出未来我国港口型枢纽经济发展思路。

### （一）重点发展领域：物流产业链化发展

国外很多国家将港口作为发展物流的突破口，通过港口物流的发展带动临港加工业的发展，并辐射周边地区，带动进出口贸易，而这些反过来又促进港口物流的发展，实现良性循环。发达的港口枢纽经济体系大多依托港口拓展了配送、加工、咨询、培训等港口物流增值服务功能，推动了港口物流产业链化发展。例如，鹿特丹港建设了 Eemhaven、Botlek 等多个物流中心，在物流中心内开展组装、贴标、分拣、测试、报关、集装箱堆存修理等增值服务。汉堡港集聚约 5 700 家物流公司，提供从运输、仓储、加工、配送、清关、港口规划、造船、金融及保险等全套增值服务。新加坡港将运输、仓储、配送等物流环节整合成“一条龙”服务，并先后建设了 Keppel 等 4 个港口物流园区，为企业提供全面的物流服务。

具体来讲：一是发展以高端消费品、冷链产品等为核心的物流产业链，并在此基础上不断发展多样化服务功能；二是积极引入具有货源控制力的大型贸易企业、加工企业、物流企业，作为核心的物流产业链，强化推进综合竞争实力；三是依托临港产业，形成港产物流一体化发展，加快推进区港联动、产城融合。

### （二）重点发展方向：拓展港航金融服务

纵观国外发达港口建设实践，均是在枢纽经济体系积累一定实力后，持续加强港航金融业务的拓展，并围绕港口核心主营业务，开展融资租赁、仓单质押、信用担保、资金结算、期货等类金融服务。

例如：伦敦航运金融中心主要立足于高端服务，以全球航运信息为基础，提供全球性的航运交易信息、船舶管理服务与金融保险服务，对全球航运金融服务有着主导性的影响。新加坡航运金融中心则主要借助航运中转贸易，以吸引买方资金为基础，建立新型的“转口金融”平台，提供优质的转口航运金融服务。

上海港、宁波舟山港正在大力推进金融物流、航运金融等业务持续创新。2021 年 12 月宁波舟山港首单区块链电子仓单质押融资落地，该电子仓单在生成、流转、注销等流程中通过区块链技术进行存证和溯源，可保证仓单的真实有效。金融机构通过电子仓单可以更好地进行贷款风控评估，帮助中小企业解决融资成本高、融资渠道难的问题，但与世界领先的航运金融服务中心相比，在船舶融资租赁、保险服务、清算服务、航运衍生品等领域仍存在较大的差距。在资金结算方面，国内主要银行还无法充分满足航运企业资金集中结算和外汇结算的需要。高端衍生服务尚处在初级阶段，中国在航运金融衍生品市场发展起步晚。因此，拓展港航金融服务是港口型枢纽经济重点发展的方向和领域，完善港口航运金融服务体系能为我国推进“一带一路”倡议提供多元化的支撑保障。

### 拓展阅读

#### 《关于加快天津北方国际航运枢纽建设的意见》

意见坚持战略引领、问题导向、目标导向的基本原则，提出了天津北方国际航运枢纽建设的七大主要任务。

一是推进港口合理分工。突破行政区划限制，高水平配置港口资源，建设功能完善、分工合理、错位发展、高效协同的津冀世界级港口群；支持天津港集团整合天津市域港口资源，推动形成“东疆港区高端多元发展，南疆北疆港区优化提升发展，大沽口、高沙岭和大港港区港产联动发展”的格局。

二是精准完善基础设施。分步实施北疆、东疆港区集装箱码头工程，推进液化天然气（LNG）码头建设；规划张家口—涞源—徐水（保定）铁路、环北京货运北环线及东环线、津蓟铁路扩能改造等工程并有序推进。研究规划天津港至河北雄安新区的水运新通道，以及东疆、北疆等港区间隧道、桥梁等联通方式。

三是创新多式联运体系。以集装箱多式联运和大宗散货"公转铁+散改集"为重点，加强集装箱航线航班和铁海联运班列组织，完善联运服务体系。

四是提升开放服务水平。支持天津自贸试验区天津港片区政策制度创新，建设服务新一轮高水平开放的国际合作新平台。着力建设国际航运服务集聚区，大力发展航运总部经济，优化提升传统航运服务业，支持现代航运服务业发展。

五是大力提升智能化水平。启动实施天津港绿色智慧专业化码头科技示范工程，实施集装箱码头一体化操作系统升级改造，规划新建新一代自动化码头。

六是促进安全绿色发展。完善港口环境监测网络，建立健全岸电使用制度。

七是促进港城融合发展。以重大项目与龙头企业引领产业链发展，推进工业化与信息化深度融合，做优做强临港制造业。

资料来源：国家发改委.关于加快天津北方国际航运枢纽建设的意见[EB/OL].https://www.ndrc.gov.cn/xxgk/zcfb/tz/202007/t20200731_1235257.html?code=&state=123.

### （三）顶层设计与战略布局：推进港口转型升级与协调发展

港口是支撑我国对外开放的重要基础，是基础设施的一部分，但其战略意义远远超越一般基础设施，是综合国力的重要组成部分。枢纽经济关系着我国经济的健康发展，是一项复杂的系统性工程。港口枢纽经济的发展需要国家从宏观层面做好顶层设计，加强规划政策引导。地方政府应结合自身发展需要，将顶层设计与基层创新结合起来，统筹协调，建立上下联动长效机制，推动港口转型升级与协调发展。

沿海港口要形成以国家战略港口为核心的多层次区域港口布局，对于不同层次的港口要按照其不同发展环境、发展模式分类指导，合理有序推进港口转型升级。对于国家战略港口，要以引领带动作用为根本目标，对标世界上领先的国际航运中心，全方面提升港口综合竞争力，加快高端航运服务业发展，提升对区域经济的贡献度，并推进港口快速转型升级。对于其他主要港口，要着眼于服务区域经济发展，加强与国家战略港口的协同，因地制宜、因时制宜地发展航运服务产业，降低产业链的综合服务成本，增强产业链的综合服务能力。

# 第三节 港口型枢纽经济发展趋势

## 一、港口枢纽经济的平台化

平台化是近年的一个"热词"，与共享经济有关，是通过资源整合及开放共享，打造一个完善的、成长潜能强大的"生态圈"。平台的资源集聚能力和发展水平是港口竞争力和可持续发展能力的重要标志。实际上，早在 1999 年联合国贸易与发展会议提到的第四代港口时，就将港口定义为"物理空间上分离但是通过公共经营者或管理部门链接"，强调港口之间的互动以及港口与相关物流活动之间的互动。这也意味着港口已经跳出传统意义上以处理客货物流为主要功能的框架，发展成为整合处理各种经济活动和信息的基地。未来港口的发展方式将向着高增值、精细化和高端化发展，经营方式也转向以软实力为核心的竞争力上来。

未来港口更多的是互联网+港口（信息流）、园区+港口（物流）、口岸+港口等多重功能融为一体的开放型复合综合交通枢纽平台。围绕港口枢纽推动资源整合，将港口打造成为一个集各类要素集聚的经济发展平台成为未来港口发展的重心，其中以港口物流带动的资金流、信息流的集聚和整合是基础。例如宁波在进行港口规划时，确定了未来 5 年的建设目标，在“十四五”末，共建跨区域一体化发展协同区，打造港口枢纽经济平台。

因此，港口未来的发展，要高站位、高起点，形成以现代物流为核心，以“平台建设”代替“港口建设”的理念，推动区域港口资源优化配置，构建公平、开放的市场环境，全面提升港口现代物流和综合服务的水平，打造港区、物流园区和临港产业区三位一体的经济发展“生态圈”，为港口城市的发展提供强大的平台支撑。

## 拓展阅读

### 宁波：共建跨区域一体化发展协同区 打造港口枢纽经济平台

2021 年 11 月，宁波在开放大通道建设推进会上，明确了未来 5 年的建设目标：

1. 枢纽功能显著增强。在畅通国内国际双循环、统筹陆海联动发展中发挥枢纽作用，形成对长三角南翼、长江经济带和“21 世纪海上丝绸之路”的有效辐射。

2. 综合交通畅达便捷。陆海空协同的综合立体交通网络更加发达，高水平交通强市和国际性综合交通枢纽初步建成。

3. 现代物流全国领先。多式联运协同体系更加完善，物流服务和通关效率达到国际一流水平，基本建成立足长三角、服务中西部、链接全世界的港口型国家物流枢纽。

4. 贸易辐射双向拓展。全球贸易网络枢纽地位更加稳固，更高水平开放型经济新体制基本形成，基本建成具有全球影响力和竞争力的新型国际贸易中心。

5. 数字智慧集成开放。多领域数字化转型成效突出，在数字港口、数字物流、数字贸易等重点领域形成一批标志性成果，基本建成数字中国示范城市。到 2025 年数字贸易进出口额达到 2 000 亿元，跨境电商进出口额占全国、全省的比重力争进一步提升。

6. 产业科创联动突破。产业链与创新链深度融合，产业基础高级化和产业链现代化水平显著提升，更高水平参与全球产业链价值链分工。

7. 生态文化提质升级。绿色产业发展、能源资源开发利用效率、生态环境质量达到国内领先水平，基本建成美丽中国先行示范区。

资料来源：姜娈.义甬舟开放大通道建设，宁波行动方案出炉[N].宁波日报，2021-11-25（A2）（编者对其进行了整理改编）

## 二、港口物流的联运高质量发展

2021 年 10 月，《交通运输部关于印发〈水运“十四五”发展规划〉的通知》，提出了“强基优能，打造高能级港口枢纽”等 8 项重点任务，任务中提到统筹融合，推动联运高质量发展。具体举措如下：

（1）推进港口枢纽一体化规划建设。推进港口与其他运输方式及物流场站等统一规划、协同管理，做好千万标箱港口综合货运通道和内陆港体系规划建设。统筹联运、口岸、保税、物流等功能，提升港口多式联运效率与综合服务水平。推动做好港口枢纽发展空间预留、用地功能管控、开发时序协调等工作，有效发挥港口枢纽功能。

（2）完善港口集疏运体系。强化集疏运铁路设施建设，推进主要港口进港铁路建设，重点实施唐山京唐、天津东疆、青岛董家口、上海外高桥、苏州太仓、深圳盐田等枢纽性港区进港铁路支线及“最后一公里”建设工程，提高铁路集疏港能力、提升集疏运公路衔接水平。完善内河集疏运体系，重点加强长三角、粤港澳大湾区等地区内河集疏运航道建设，有效衔接沿海港口与内河航道；打通内河高等级航道关键瓶颈节点，构建集装箱海江（河）联运体系。

（3）大力发展铁水联运。继续推进港口集疏运“公转铁”，加快发展集装箱、铁矿石、煤炭、钢铁等铁水联运。鼓励港航和铁路企业加强协作、信息互联、标准对接，建设集装箱海铁联运综合改革区，推动铁水联运高质量发展。

（4）优化完善水水中转。发展海江（河）联运、干支联运，推广江海直达船型，推动江海直达运输发展，完善以长江、珠江为重点的江海联运中转体系。积极发展长三角集装箱海河联运，鼓励港航企业在沿海区域，围绕集装箱干线港和铁矿石等主要接卸港，组织发展干支联运、水水中转运输。

### 拓展阅读

**集装箱海铁联运综合改革区建设工程**

建设大连、营口、天津、青岛、连云港、上海、宁波舟山、厦门、深圳、广州、北部湾等港口海铁联运综合改革区。鼓励港航企业与铁路运输企业、第三方物流企业等组建联运经营主体，创新运单互认标准与规范和“一单制”联运服务模式。结合海铁联运箱源目标市场和内陆港布局，优化海铁联运班列线路，建立“长途精品班列+短途城际快运班列”体系。推动宁波舟山港至义乌双层集装箱海铁联运发展，及时总结经验，推广开通重点区域双层集装箱铁路班列运输，探索内贸集装箱海铁联运标准。

资料来源：交通运输部.水运“十四五”发展规划[EB/OL].https://xxgk. mot.gov.cn/2020//zhghs/202204/t20220407_3649837.html.

## 三、港口产业的多元化

建设现代港口产业体系，须以现代物流业为基础，以临港工业为支撑，以航运服务业为方向，以信息产业为平台和纽带，四位一体相互支撑、相辅相成。港口产业发展也在新形势新阶段下向港口的物流化、信息化迈进。

例如广州港集团结合集团公司“十三五”规划和产业多元化发展实际，形成了多元化产业布局协同发展格局。具体表现在：一是为了积极融入“一带一路”倡议，珠江—西江经济带等发展战略，服务广州市“一江三带”发展布局。广州港盘活黄埔港口周边土地资源，打造高端航运临港商业经济区，投资建设了华南国际港航服务中心。该中心被定位为“港口航运服务的集聚区”。二是水产板块注重深化水产全产业链建设，目前已形成水产交易平台、水产品供应链、远洋捕捞三大业务体系。商旅板块开通了出发往我国香港地区及日本、越南、菲律宾等国家的航线 9 条，邮轮目的地 12 个，邮轮航线目的地数量在全国排名前列，是国内东南亚航线最多的邮轮港口，邮轮产品多样化及差异化程度优于华东、华北港口。三是在珠江游业务方面，广州港集团充分发挥旅行社的市场推广和营销作用，打造富有海港特色的城市休闲商旅提供商。大沙头码头和广州塔财富码头珠江游业务实现进一步互动发展，市场占有率和品牌效应进一步提高。

## 四、港口建设的智慧化

从产业角度看，港口经济是以港航及相关产业为核心的产业经济，其载体就是由港口关联产业逐步发展形成的产业集群。近年来，随着我国港口大型化、专业化水平不断提升，信息技术、智能技术应用的爆发式增长，各大港口均在探索变革和创新，智慧港口代表着未来港口的发展方向，已经成为港口转型发展的关键。

智慧港口，指以信息物理系统为框架，通过高新技术的创新应用，使物流供给方和需求方共同融入集疏运一体化系统；极大提升港口及其相关物流园区对信息的综合处理能力和对相关资源的优化配置能力；智能监管、智能服务、自动装卸成为其主要呈现形式，并能为现代物流业提供高安全、高效率和高品质服务的一类新型港口。

党的十八大以来，中央政府连续提出要“做到‘四个一流’，为‘一带一路’建设服务好”“要志在万里，努力打造世界一流的智慧港口、绿色港口”等港口发展的重要指示。自 2017 年开始，国家重点出台一系列政策推动智慧港口发展，如中共中央、国务院印发《交通强国建设纲要》，交通运输部等 9 部委联合印发《关于建设世界一流港口的指导意见》等对我国的智慧港口发展目标、发展方式、发展路径提供指导，有力地推动智慧港口的建设和发展。2017 年年初，交通运输部发布了《关于开展智慧港口示范工程的通知》，提出发挥信息化引领和支撑作用，加快港口信息化、智能化进程，促进港口提质增效升级，这对传统港口企业提出了更高的要求（见表 7-1）。2021 年交通运输部印发的《水运“十四五”发展规划》提出建设智慧港口。明确聚焦智能生产运营，提升港口码头智能化水平。加快推进 5G、北斗等应用，在港口重点区域实现深度覆盖；加大既有集装箱、大宗干散货码头装卸设施的远程自动操控改造、港内无人集卡应用。建设新一代自动化码头，应用云计算、大数据、区块链、人工智能、物联网等技术，整合港口、航运、贸易等数据，建设港口“智慧大脑”；创新港口生产运营模式，提升生产运营和安全绿色的自动化、智能化水平。

表 7-1　“十三五”时期中国智慧港口示范工程建设名单

| 示范省市 | 具体项目 | 实施单位 |
| --- | --- | --- |
| 辽宁 | 大连港“查港通”智慧物流跨界服务大平台示范工程 | 大连港集团有限公司 |
| 河北 | 京津冀协同下的“一键通”大宗干散货智慧物流示范工程 | 河北港口集团有限公司 |
| | 港口企业危险货物智能化安全管理示范工程 | 唐山港集团股份有限公司 |
| 天津 | 京津冀港口智慧物流协同平台示范工程 | 天津港（集团）有限公司 |
| 山东 | 港口物流电商云服务平台示范工程 | 青岛港国际股份有限公司 |
| 江苏 | 海江河全覆盖的港口安全监管信息平台示范工程 | 江苏省交通运输厅港口局 |
| | 江海联运一体化全程物流供应链港口智慧物流示范工程 | 南京港（集团）有限公司 |
| 上海 | 基于港口网络的江海联运智慧物流示范工程 | 上海国际港务股份有限公司 |
| 浙江 | 港口企业危险货物标准化程序化智能化管理示范工程 | 宁波舟山港股份有限公司 |
| 福建 | 厦门国际航运中心港口智慧物流平台示范工程 | 厦门港务控股集团有限公司 |
| | 省级港口危险货物安全监管综合服务平台示范工程 | 福建省港航管理局 |
| 广东 | 互联网+港口物流智能服务示范工程 | 广州港集团有限公司 |
| 安徽 | 面向内河中小港口多式联运智慧物流平台示范工程 | 安徽皖江物流股份有限公司 |

资料来源：根据交通运输部《关于公布智慧港口示范工程名单及有关事项的通知》整理。

2019 年 1 月 17 日，习近平总书记在京津冀考察期间观察天津港时指出，要志在万里，努力打造世界一流的智慧港口、绿色港口，更好服务京津冀协同发展和共建“一带一路”。抢抓港口智慧化转型机遇，瞄准世界一流水平，持续完善智慧港口顶层设计，加快实施“一个基础、一个核心、三个智慧目标”。目前，作为国家重要战略资源、京津冀及“三北”地区海上门户的天津港，正在全力加快世界一流智慧港口建设，从运营管理智能化、贸易物流便利化、创新共享生态化 3 个目标同时发力，全力构建以港口为中心的贸易物流生态圈。

# 第四节　港口型枢纽经济发展案例分析

## 一、连云港港口枢纽经济规划建设

### （一）连云港港口基本情况

连云港，是中国沿海 25 个主要港口、12 个区域性主枢纽港和长三角港口群三大主体港区之一，同时也是新亚欧大陆桥经济走廊首个节点城市，具有明显的区位优势，在我国区域经济协调发展中占据重要的战略地位。

2019 年 1 月在国家发改委与交通运输部共同发布的《国家物流枢纽布局和建设规划》中，连云港入选港口型国家物流枢纽承载城市。2021 年连云港纳入“十四五”首批国家物流枢纽建设名单，同时被《国家综合立体交通网规划纲要》确定为国际枢纽海港。“国际物流枢纽”和“国际枢纽海港”的明确定位和叠加效应，有利于将港口建设成为亚欧重要的国际交通枢纽、集聚优质要素的开放门户、共建“一带一路”国家（地区）交流合作平台，更好地服务“一带一路”倡议，长三角一体化发展、东中西区域合作等国家战略实施，而且有利于巩固连云港在全国沿海港口中的重要地位（见图 7-4）。

图 7-4　连云港港口集装箱码头

连云港是我国综合运输体系的重要枢纽和沿海主要港口。根据 2008 年 2 月部省联合批复的《连云港港口总体规划》，规划整合海湾内港区，开辟两翼新港区，形成连云港区、南翼的徐圩和灌河港区、北翼的赣榆和前三岛港区 5 大港区共同组成的“一体两翼”总体格局，规划港口岸线 100.7 千米。港区以集装箱和大宗散货运输为主，兼顾客运和散杂货运输的综合性公共港区；赣榆、徐圩港区依托临港工业起步，逐步发展成为服务腹地经济和后方临港工业的综合性港区；灌河港区以散杂货和化工品运输为主，兼顾修造船功能；前三岛港区以远期预留石油运输为主。

现已形成连云、赣榆、徐圩、灌河“一港四区”，30 万吨级航道水深超过 20 米，万吨级以上的海港泊位 79 个、千吨级以上的内河泊位 35 个，最大泊位等级 30 万吨级，设计能力 1.99 亿吨。辟有 3 条远洋干线、27 条近洋航线、8 条内支线、16 条内贸线、4 条海河线、2 条客货班轮航线和 20 条杂货班轮航线，与全球 150 多个国家和地区、近千个港口进行通航往来；辟有至阿拉木图等中亚班列、至伊斯坦布尔等中欧班列 2 条精品通道和至中西部地区 10 条海铁联运班列，海河江、铁公水的综合交通运输体系完备，多式联运发展水平位居全国前列。与石化、冶金、装备制造等临港产业集群相融相生，港产城联动发展关系日益密切。

2020 年吞吐量、集装箱量分别达到 2.53 亿吨和 480 万标箱。2021 年，港口煤炭、液体化工、机械设备、红土镍矿、件杂货、粮食、有色矿合计增量超过 1 400 万吨，两翼港区吞吐量达到 4 450 万吨，增加近 580 万吨。2020 年共开行“连新亚”等中欧（亚）班列 554 列，东西向班列对流水平位居全国前列，重箱满载率达到 100%；完成国际集装箱吞吐量 265 万标箱；“公转铁”“公转水”不断上量，港口铁路集疏运量达 4 513 万吨；多式联运量不断增长，2020 年集装箱铁水联运量 62.8 万标箱、海河联运量 5.58 万标箱。中哈、上合两基地承载能力不断提升，2020 年中哈物流集装箱进出量 17.7 万标箱，霍尔果斯东门无水港集装箱换装量 22.9 万标箱，上合物流园物流量突破 1 800 万吨，形成“连新亚”“连新欧”等中欧（亚）班列品牌线路，“连新亚”完成运量居全国首位。

连云港新亚欧大陆桥集装箱多式联运示范工程入选全国多式联运示范项目，以连云港为支撑的亚欧陆海联运出海口地位和功能不断巩固和拓展，支撑江苏“一带一路”交汇点建设，增强东西双向开放能力。

### （二）连云港港口型枢纽经济发展思路

连云港港口型枢纽经济的整体发展思路是充分发挥连云港港口综合枢纽核心优势，并以该枢纽功能为基础，不断向上下游延伸拓展，引导国际贸易、临港工业、大宗商品交易等产业集聚，打造“一核、两区、三带”港口枢纽经济区，统筹推进联动、整合、开放、绿色“四个发展”，进而形成各种要素大集聚、大流通和大交易的枢纽经济体系，推动产业结构升级，提高经济发展质量效益水平。

（1）以连云港港口枢纽经济核心区为中心，依托连云港区—上合物流园—“一带一路”（连云港）国际商务中心，打造高质量发展的枢纽经济增长极。连云港港口在发展过程中逐步形成了以国际航运、现代物流为特色，加快要素有机融合和创新发展，实现公路、铁路、水路运输无缝衔接，重点发展国际贸易、大宗商品交易、保税物流等产业。“一带一路”国际商务中心和上合组织（连云港）国际物流园进一步壮大港口物流及跨境运输、贸易等服务功能，为“一带一路”跨境运输提供产业支撑。2020 年上合物流园累计完成物流量 2 370.49 万吨，增长 3.82%，园区不断加快联通铁运设施，创新特殊监管政策，聚集了一大批优质项目。2020 年园区新增注册企业 20 家，收入实现逆势上扬，主营收入 13.58 亿元，同比增长 447.65%。

（2）以差异化运输功能和服务产业集群为特色打造徐圩港区、赣榆港区两大枢纽经济片区。徐圩枢纽经济片区是连云港市拓展港口功能、开发新的战略增长极的重要区域，其发展能够更好地发挥港口核心战略资源的作用，推动连云港国际性海滨城市建设进程，增强带动苏北发展、推动江苏沿海开发的能力，更好地服务中国中西部地区崛起振兴和协调发展。赣榆枢纽经济片区以赣榆港区和临港产业园区为依托，打造以服务临港工业为主，具备一定区域辐射能力的港口物流枢纽经济片区。“十三五”时期，赣榆港区以煤炭、矿石、木材木片、石油等货物运输为主，重点依托石化、冶金、木材加工等临港产业加快发展。随着临港企业运输需求持续增长，以及连云港区钢材、机械设备、有色金属等货种有序转移至赣榆港区，未来港区吞吐量将较快增长。

（3）重点建设新亚欧陆海联运通道，打造“一带一路”交通标杆示范样板。充分发挥连云港港口型国家枢纽的要素集聚和辐射带动优势，重点建设新亚欧陆海联通通道，打造成为“一带一路”交通标杆和示范样板，辐射带动陆桥沿线区域产业规模化发展，以连云港港为支点加快陆桥经济带发展。主要实施策略为：一是持续加快连云港区域性国际枢纽港建设，重点加快 30 万吨级航道二期及大型专业化泊位建设，加快集装箱干线港建设，推进以多式联运综合管理为代表的示范工程建设；二是提升亚欧跨境运输物流服务水平，稳步推进中欧班列发展，打造全国知名的中欧班列品牌，优化西安等地的 8 个内陆无水港布局，有序推进阿拉木图等地沿线物流合作；三是建设中哈散粮筒仓项目，推动中哈物流合作基地和霍尔果斯（东门）场站的提质增效。

（4）提升集聚融合效应推动服务业高质量发展。充分发挥该市作为“一带一路”倡议的交汇点、国家级区域性物流枢纽城市、国家级重点海港、山海一体知名旅游城市的优势，突出发展现代港口物流、休闲旅游、商贸流通支柱性服务业产业；提升发展金融、商务会展、科技服务、电子商务等重点产业。充分发挥自身优势，形成独具连云港特色的产业发展模式，大力提升全市现代服务业发展能级，实现产业集聚、功能集中、土地集约、去同质化发展。面向石油化工、装备制造、新医药等特色产业集群需求，推进龙头企业主辅分离工作，通过高质量的服务业集聚区，聚拢小而散的服务业企业，形成行业无缝化对接，提高服务业企业运行效率。

（5）重点推进连云港国际航运服务集聚区建设，打造现代航运服务发展样板。2014 年国务院印发了《关于促进海运业健康发展的若干意见》，明确提出大力发展高端航运产业。连云港作为港口型国家物流枢纽，为进一步提升区域经济发展质量和效益水平，大力推进现代航运服务产业发展，主要措施如下：

一是推动国际航运中心功能转型升级。连云港国际航运服务中心，是逐步提升连云港港口核心竞争力，使连云港从传统模式向现代化方向迈进，港口功能从传统装卸运输向多功能系统集成方向提升的关键举措。其转型升级将加快构筑航运金融、海事保险、海事仲裁、海运清算、航运交易、航运法律咨询等现代航运服务体系，率先建设国际航运服务业集聚区，大力助推国家东中西合作示范区发展。

二是打造“一带一路”国际商务中心。截至 2019 年 7 月，“一带一路”（连云港）国际商务中心已建设和投入使用商务办公楼宇载体 70 余万平方米，入驻企业 700 多家，其中物流类企业 600 多家，形成了以港口物流、外轮代理、同益物流、中远船务等企业为代表的现代物流商务服务发展集聚区。为了更好地建设发展“一带一路”（连云港）国际商务中心，市政府于 2017 年 6 月正式批复了《连云港区域性国际商务中心拓展区控制性详细规划》，将商务中心的范围由原先 2.7 平方千米拓展到 10.7 平方千米，为商务中心的建设发展和产业布局提供了更为广阔的物理空间。到 2017 年年底，商务中心内现代商务企业数量超过 600 家，仅大陆桥国际商务中心楼宇就有303家企业。此外，丰惠广场、金海国际、金海商务广场等载体也相继投入运营。与此同时，连云区成立连云新城建设管理办公室，并编制了《“一带一路”（连云港）国际商务中心产业发展规划》，明确商务中心的产业发展目标、发展重点和发展举措，嫁接全球资源要素，发掘社会资本力量。

三是打造区域性船用保税油供应中心，加强与浙江舟山保税燃料油供应中心联动合作，着力打造价格优势，提高服务水平，改善国际船舶所有人加油体验，优化保税油市场环境。

## 二、青岛港港口枢纽经济规划建设

### （一）青岛港港口建设情况

青岛港位于环渤海地区港口群、长江三角洲港口群和日韩港口群的中心地带，是天然深水良港，主要从事集装箱、原油、铁矿石、煤炭、粮食等各类进出口货物的装卸、储存、代理、保税、分拨、加工、运输等综合物流服务和国际客运服务，与世界上180多个国家和地区的700多个港口有贸易往来。交通运输部发布数据显示，2021年青岛港完成货物吞吐量6.3亿吨，同比增长4.3%；完成集装箱吞吐量2 371万标箱，同比增长7.8%，货物吞吐量和集装箱吞吐量实现双增长（见图7-5）。预测到2025年、2035年，青岛港总吞吐量分别为6.7亿吨和8.2亿吨。

图7-5　青岛港集装箱码头

### （二）青岛港港口空间发展规划布局

山东港口青岛港由青岛大港港区、黄岛油港区、前湾港区、董家口港区和威海港5大港区组成，拥有120个生产性泊位，集装箱、铁矿石、纸浆等货种作业效率保持世界第一。拥有集装箱航线超过200条，航线密度稳居中国北方港口第一位；海铁联运线路覆盖全国，直达中亚、欧洲，2020年海铁联运完成165万标箱，位居全国沿海港口首位。

根据《青岛港总体规划（2018—2035年）》规划布局，青岛港将形成“一湾两翼辖六区”的总体发展格局，即青岛港将环胶州湾和南翼董家口、北翼鳌山湾布局发展，下辖老港、黄岛、前湾、海西湾、董家口和鳌山湾共6大港区，其中前湾、董家口及鳌山湾为重点港区。本次规划重点为金属矿石运输、煤炭运输、油品、化工品及LNG运输、集装箱运输、粮食运输、客运及邮轮运输、现代物流与港航服务以及临港产业 9 个运输系统。各港区功能分工如下所述：

老港区：以国际邮轮等旅客运输为主，兼顾集装箱和城市物资运输。

黄岛港区：以液体散货运输为主，为国家石油储备基地、临港石化企业及腹地炼化企业提供运输服务。与临港产业功能布局调整相协调，适时调整液体散货运输量。

前湾港区：青岛港集装箱运输的重点港区，以外贸集装箱干线运输为主，兼顾干散货、商品汽车滚装、件杂货运输功能，积极提升港口现代港航服务和综合保税物流、商贸、信息服务等功能。

海西湾港区：以服务造船、修船、海洋工程建造等临港工业为主，加快推进产业转型升级，深化军民融合功能。

董家口港区：青岛港持续发展的重点港区，以石油及制品、金属矿石、煤炭、液化天然气等大宗物资和集装箱运输为主，兼顾粮食、钢铁、木材等货物运输，拓展港口冷链物流等特色功能。

鳌山湾港区：青岛港长远发展的重要港区，近期以服务地方经济社会发展和海洋战略新兴产业为基础，远期结合青岛东部湾区城市及产业发展需要，逐步拓展港口运输、商贸物流、综合服务等功能。

### （三）青岛港港口型枢纽经济发展思路

（1）强化港口集疏运体系建设，全力助推保障国际、国内运输通道畅通便利。一是保国内、国际供应链稳定。自 2020 年 3 月份以来相继开通了挂靠青岛港的东南亚线、中东线、美西线等国际集装箱航线，充分发挥港口枢纽作用，保障全球产业链供应链畅通。二是建设智慧绿色港口，推动新旧动能转换。抢抓新基建项目建设机遇，以自动化码头为突破口推动建设智慧港口生态系统。大力推广和完善自动化码头“氢+5G”智慧绿色发展模式，大力推进散杂货装卸等传统产业智能化升级改造，将大数据、云计算、5G 等信息技术与港口业务深度融合，并拓展到港口供应链上下游各个环节与领域，提升港口信息服务与协同创新能力，拓展信息科技在港口的应用场景，引领智慧港口建设新潮流。三是建设金融贸易港，助力打造“一带一路”国际合作新平台。青岛港现有“一带一路”航线占外贸航线数量的 50%，占进出口重箱总量的近 60%。借助山东自贸区、青岛上合示范区、青岛国家物流枢纽城市建设等政策叠加机遇，全面融入青岛市“十五个攻势”，更好地发挥青岛在“一带一路”新亚欧大陆桥经济走廊建设和海上合作中的作用，加强我国同上海合作组织国家互联互通，拓展国际物流、现代贸易、双向投资、商旅文化交流等领域合作，着力推动形成陆海内外联动、东西双向互济的开放格局。

（2）协同多部门共同拓展升级港航服务，发展港口枢纽经济。全力推进青岛国际航运服务中心建设，包括推进信息化建设、壮大港航贸易金融发展等；加强青岛市国际航运贸易金融创新中心建设，包括依托港口优势打造贸易发展新高地，发展国际流通平台主体、培育新型贸易业态，培育引进专业保险机构、融资租赁行业等；做大做强航运经济，依托港口不断拓展大宗商品交易、航运金融、物流授信融资、船舶综合服务、海事保险、仲裁等高端航运服务，实现航运中心发展所需的要素集聚；注重港口与城市的协同发展，打造港产城融合发展试点。

（3）加强智慧港口建设，完善港口服务功能，提升多元化盈利能力。青岛港积极应对外部宏观经济环境变化，抓住山东省、青岛市推进新旧动能转换、加快产业升级的机遇，不断深化港口服务供给侧结构性改革，提质增效、创新发展，综合竞争实力持续提升。在码头业务方面，实施定制“门到门”全程物流服务，增强码头、物流、金融等一体化竞争优势，加大新市场、新货源开发力度，提升全程物流服务质量，在发展过程中充分发挥港口作为物流、商流、资金流、信息流等综合枢纽的优势，统筹协调港口和各种社会资源，以智慧港口建设提升资源效能，完善港口服务功能，不断壮大海铁联运、场站业务、船舶代理、汽车供应链、产业链金融等新业态，提升多元化盈利能力。

（4）加快转型升级，提速枢纽港、贸易港建设。大力发展集装箱业务，坚持陆海双向发力，提速由门户港向枢纽港转变，加快建设东北亚国际枢纽港。海向，增航线、扩舱容、拓中转，持续深化船公司总部战略，加密中转航线网络，新增外贸航线 10 条，其中直达东南亚、中东的“一带一路”海上航线 6 条，进一步扩大“一带一路”市场布局；陆向，开班列、建陆港、拓货源，优化内陆港布局，增开海铁联运班列，先后在山东、河南、陕西、新疆等地召开 15 场次推介会，开通海铁联运班列的城市突破 30 个，打造以青岛港为轴线、辐射全国的海铁联运网络，海铁联运箱量继续保持全国沿海港口首位。

（5）大力发展现代物流，健全端到端全程物流服务体系，实现码头业务与物流业务深度融合，具备天然橡胶、纸浆等 9 个货种指定期货交割仓库资质，其中，期货纸浆入库量、交割量两项指标在全国纸浆期货行业位居前列。同时，持续优化口岸营商环境，不断提升服务质量和作业效率；创新财资服务功能，开发存续贷等业务品种，满足多元化融资需求；优化业务结构，深化产融结合，提高客户黏性，助推码头主业发展，实现由规模效益型向高质量发展型转变。

（6）推进码头建设，优化港口功能布局。2021 年，青岛港口建设全速推进。青岛港老港区、四方港区和董家口港区胡家山作业区、散货堆场局部规划“三个专项规划”调整方案获批，为港口布局优化、扩容升级奠定了基础。董家口港区大唐码头二期、华能码头二期、山东液化天然气（LNG）项目三期工程等 9 个港口项目加快建设。其中，位于董家口港的山东液化天然气三期项目码头工程将加快推进，计划建设 1 座靠泊 26.6 万方 LNG 船舶的专用泊位及配套设施。原油码头二期和液体化工码头投产运营，新增万吨级以上泊位 4 个，其中 30 万吨级、15 万吨级油品泊位各 1 个，新增码头通过能力 2 903 万吨、液体散货仓储能力 220 万立方米。国际枢纽海港地位持续巩固，全年新增外贸集装箱航线 24 条，总数达到 210 条，航线增速创历史新高，数量和密度稳居我国北方沿海港口首位。2022 年，青岛港启动实施的港口项目，将进一步优化青岛港口功能布局。推进码头泊位、仓储堆场、防波堤工程等 18 个港口重点项目建设。加强港口公用设施维护，推进公共航道维护性疏浚作业，提升保障能力。

## 三、南京海港枢纽经济区发展规划

### （一）战略定位及发展目标

战略定位：长江流域重要的江海转运综合枢纽、长江经济带上重要的新兴产业集聚区、南京发展枢纽型经济的核心载体。

发展目标：立足南京，服务长江流域，辐射中西部，建设一个与全球物流链便捷对接，服务高效、产业高端、环境生态的海港枢纽经济区。

规划到 2030 年，持续完善提升南京海港枢纽经济区的服务功能，建成连接世界、服务长江中上游地区的江海转运枢纽和南京区域性航运物流中心。同时，南京海港枢纽经济区成型，建成国际化、现代化、综合性的海港枢纽新城。

### （二）核心功能及重点产业

核心功能：交通枢纽功能、港航服务功能、产业集聚功能、港产城联动功能。

国际化前瞻性战略：呼应国家产业发展战略，抢占国际产业发展先机。

层次化跨越式战略：港产城分阶段联动推进，交通成为区域发展动力。

集群化竞争性战略：转型升级高端引进并重，大力发展两大重要集群。

集约化系统性战略：产业布局系统规划实施，集约有序发展枢纽经济。

重点产业：现代港口物流业、现代航运服务业、综合保税区现代服务业及高端装备制造业；推动石油化工向精细化工升级，发展新材料、新能源等新兴产业。

### （三）总体空间布局

依托长江江海转运主枢纽港，建设区域性航运物流中心，在产业发展、城市空间、土地利用、生态环境保护“四规合一”的基础上，构建“一带两核三区”的海港枢纽经济区，规划总面积 300 平方千米。即围绕长江航运物流发展带，建设龙潭海港枢纽经济区（155 平方千米）和下关长江国际航运物流服务集聚区（6 平方千米）2 个核心区，以及江北（40 平方千米）、七坝（46 平方千米）、滨江（51 平方千米）3 个海港枢纽经济区。

“一带”：长江航运物流发展带，是打造长江航运物流中心的空间载体，也是建设海港枢纽经济区的核心地带。立足资源条件，以港口、物流园区、沿江经济开发区为依托，布局“两核三区”。

“两核”：① 龙潭海港枢纽经济区：以南京经济技术开发区为依托，由大龙潭港区（龙潭、新生圩、马渡三大港区）和栖霞邮轮国际码头共同构成，具备公铁水无缝衔接和综合运输体系的国际航运物流功能集聚区和核心门户区。② 下关长江国际航运物流服务集聚区：以南京下关滨江商务区为依托，建设航运管理机构集中功能片区、航运物流总部功能片区、航运商务配套功能片区、航运物流研发功能片区等功能区，具备高端航运物流服务功能的集聚区。

“三区”：① 江北海港枢纽经济区：以南京化学工业园区为依托，由西坝港区和八卦洲集装箱作业区共同构成，具备公铁水管无缝衔接的长江流域最大的化学产品交易集散中心。

② 七坝海港枢纽经济区：以浦口经济开发区为依托，由七坝港区、物流园区和产业园区共同构成，具备公铁水无缝衔接的江北地区现代化航运物流枢纽。③ 滨江海港枢纽经济区：以南京江宁滨江经济开发区为依托，由铜井港区、物流园区和产业园区共同构成，具备公铁水无缝衔接的高端装备制造产业集聚区。

## 本章小结

港口型枢纽经济对物流枢纽所在区域的创新能力和竞争优势产生积极的影响。其作为依托港口型物流枢纽形成和发展的一种经济形态，具有空间外向性、产业集聚性和功能融合性3个典型的特征。改革开放以来，我国港口经济在不同阶段实现了阶段性功能扩张，尤其是在港口、城市和政府推动等因素下，发生了2个跳跃式的变化，逐步形成了4种不同的发展模式，包括腹地扩张型模式、产业链延伸模式、物流产业型港口经济和航运服务经济型港口经济。结合国内外港口枢纽经济的实践经验，不同类型的发展模式各有侧重，根据我国港口经济发展面临的新形势，提出未来我国港口型枢纽经济发展的思路。首先，将物流产业链化作为重点发展区域。通过港口物流的发展带动临港加工业的发展，并辐射周边地区，带动进出口贸易，而这些又反过来促进港口物流的发展，实现良性循环。其次，将拓展港航金融服务作为重点发展方向，完善港口航运金融服务体系，为我国推进“一带一路”倡议提供多元化的支撑保障。最后，顶层设计与战略布局。沿海港口要形成以国家战略港口为核心的多层次区域港口布局，并结合港口的发展环境、发展模式，有序推进港口转型升级，进而增强产业链的综合服务能力。未来港口更多的将是一个多功能开放型的综合交通枢纽平台，通过港口带动资金流、信息流的集聚和整合，推动区域港口资源优化配置，打造港区、物流园区和临港产业区“三位一体”的经济发展“生态圈”，逐步形成港口枢纽经济平台化、港口物流联运高质量发展、港口产业多元化和港口建设智慧化等发展趋势。

## 课程思政

### 天津港全力推进港口绿色低碳可持续发展

港口对集聚经济要素、推动区域经济发展起着重要的基础性作用，我国很多港口城市借助港口平台，带动了区域经济整体发展，已逐步形成“港为城用、城以港兴、港城互动”的城市规划格局。随着近年来港口建设快速发展和港城融合不断深化，港区发展与城市生态之间的矛盾日益突出。提倡绿色发展理念，创建资源节约、环境保护、生态和谐、清洁文明的绿色港区已成为新一代港口可持续发展的新趋势。

绿色港口倡导以绿色观念为指导，建设良好的生态环境和高效的港口经济，建设高度生态文明的港口，实现港口及其腹地社会—经济—环境复合生态系统的整体和谐和可持续发展。长期以来，天津港（集团）有限公司（以下简称“天津港集团”）全力推进港口绿色低碳可持续发展，近日，由75台电动人工智能运输机器人（ART）、31台无人驾驶电动集卡、50

台电动集卡、30 台氢燃料电池集卡组成的全球港口最大规模清洁能源水平运输车队在天津港投入生产运营，标志着天津港集团践行国家“双碳”目标、建设“零碳港口”迈出坚实一步，为全球港口提供绿色低碳发展的“中国样本”。

此次，天津港集团组建的全球港口最大规模清洁能源水平运输车队，与同等运力的燃油集卡相比较，单机每百千米减少燃油消耗 50 千克、减少碳排放 155 千克；清洁能源车队运行一个月将减少燃油消耗 279 吨、减少碳排放 865 吨，实现集装箱码头装卸作业全流程零碳排放。

其中，电动集卡选用 282 千瓦时动力电池组，采用纯电力驱动模式，实现了化石能源零消耗；无人驾驶电动集卡，在清洁、零碳的基础上，增加了人工智能驾驶功能，已在天津港港口自动驾驶示范区实现规模化应用；电动人工智能运输机器人是天津港自主研发的新一代自动化集装箱水平运输设备，在世界首个“智慧零碳”码头生产运营中实现全过程零碳排放。

除以上电动设备外，天津港集团联合天津港保税区、中国石油天津分公司首次引入 30 台氢能源集卡，单机氢气容积 1 320 升、重量 35 千克，加满氢气可持续运行 48 小时，能够有效适应集装箱码头作业运行需求，全过程零碳、零污染物排放。这是全球港口氢能源集卡首次大规模试运行，将对港口氢能源的推广使用产生示范带动效应。

天津港是京津冀及“三北”地区的海上门户、“一带一路”的海陆交汇点和服务全面对外开放的国际枢纽港。

天津港集团积极构建绿色能源模式，成功发布全球首个智慧零碳码头，“风光储荷一体化”绿色能源系统实现并网，实现绿电 100%自主供应、全程零碳排放；36 个泊位实现岸电覆盖，全部自有港作船舶靠泊 100%使用岸电，船舶低硫油使用率达到 100%；2019 年至今津港集团自有清洁能源集卡数量年均增长率超 400%，新能源及国六排放标准车辆比例达到 83.85%，低排放港作机械占比达到 100%。

推进港航物流产业的绿色可持续发展，体现了港航企业率先担当社会责任的强烈使命感，对落实新发展理念、助力构建新发展格局具有重要实践意义。绿色港口是港口业未来发展的必然趋势，我国能源匮乏、环境压力日益严峻，建设绿色港口任重而道远。

资料来源：国务院国资委.天津港全力推进港口绿色低碳可持续发展[EB/OL]. http://old.sasac.gov.cn/n2588025/n2588129/c23198430/content.html.（编者对其进行了整理改编）

## 课后习题

1. 港口型枢纽经济的特征有哪些？
2. 我国港口经济发展模式有哪些？
3. 简述未来港口型枢纽经济发展趋势。

## 拓展学习

上海洋山港：立开放潮头，创世界一流

## 推荐阅读

[1] 徐萍，刘晓雷. 港口物流枢纽内在发展机理与案例分析[M].北京：人民交通出版社，2015.

[2] 易燕，袁炎清. 港口物流[M]. 北京：机械工业出版社，2020.

[3] 高玲. 港口物流：理论与实务[M]. 北京：北京大学出版社，2017.

# 第八章　空港型枢纽经济发展

## 学习要点

1. 空港型枢纽经济概况；
2. 空港型枢纽经济形成和特征；
3. 空港型枢纽经济组织运行。

## 学习目标

掌握空港型枢纽经济概况和形成演变过程；了解枢纽经济的主要特征和发展阶段；熟悉空港型枢纽经济的组织运行机制。

## 引导案例

### 浦东国际机场航空城

浦东国际机场位于上海长江入海口南岸的滨海地带，占地 50 多平方千米，距上海市中心约 30 千米，距虹桥机场约 40 千米，年旅客吞吐量超过 6 000 万人次。依托浦东国际机场，已建成快速安全的交通方式和遍布全球的航空网络。距离机场 20~30 千米范围内，有外高桥保税区、金桥出口加工区、张江高科技园区、陆家嘴金融贸易区等上海重点开发地区。

依托空港与周边发展动力，以产业化和城市化双轮驱动，打造贸易物流型与旅游消费型相结合的地区特色，以配套完善的城市设施吸引跨国企业、高端人群入驻，并集聚空港型产业，形成以空港枢纽经济为特征、产城融合为特色的现代化新城区。

根据产业类型，将空港产业区划分成“两带六区”的空间布局结构。根据机场的核心辐射半径，各区发展相应的空港型产业。

1. 东侧发展带

东侧发展带分布在以机场为核心的半径为 3 千米的区域范围内，发展直接与空港服务相关的服务产业，包括仓储区、物流园区、空港保税物流园区。

仓储区位于发展带的北部，将建设万米以上的新型库房、统一管理的仓储网络、区域型调配中心以及科学合理的仓储设施，形成仓库需求大型化、集中化、网络化，服务功能多元化、综合化、专业化、国际化的现代仓储业。

空港保税物流园区位于发展带的最南部。东侧发展带重点推进空港保税物流园区建设，发挥空港区位优势。与外高桥、洋山错位发展，强化航空快件速递分拨、第三方物流、空运保税仓储等航空口岸物流功能以及检测、维修等为主的物流增值服务。

2. 西侧发展带

西侧发展带分布在以机场为核心的半径为 5 千米的区域范围内，是利用机场、铁路及轨道交通等综合交通优势发展起来的高时效性、高附加值的相关产业，主要为技术和资金密集型高新技术产业，包括电子信息产业园区、新能源产业园区和生态农业园区。

电子信息产业园区位于发展带的南部。建设了大规模的研发中心，推动高端通用芯片的设计开发市场，完善服务体系，实现专用设备的产业化应用，形成完整的电子信息产业链，优化升级整个园区的产业集聚和产业结构。

新能源产业园区北邻生态农业园区，南接电子信息产业园区。园区以引进新型动力电池（组）与储能电池技术及其相关类型生产企业为主，相对成本低、附加值高，以低资源消耗、利用再生能源，最大限度地实现高效节能，促进实现整个园区低碳。

生态农业园区位于发展带的最北部，将引进渔牧林集合集约养殖、高效农业、蔬菜花卉、农庄休闲等产业，形成兼顾生态、经济和社会效益协调发展的生态农业园。

资料来源：周筱兰.临空经济与地区发展的空间关系研究——以浦东机场周边地区为例[J].上海城市规划，2011（4）.（编者对其进行了整理改编）

## 第一节 空港型枢纽经济概述

### 一、空港经济的概念

近些年，我国民航业取得了跨越式发展，步入由民航大国向民航强国阶段进阶的关键时期，走进了多领域建设民航强国的历史征程。截至 2021 年年末，全国完成客运量 4.41 亿人，比 2020 年增长 5.5%，完成旅客周转量 6 529.68 亿人，增长 3.5%。国内航线完成客运量 4.39 亿人，比 2020 年增长 7.6%，其中，港澳台航线完成 59.25 万人，下降 38.4%，国际航线完成 147.72 万人，下降 84.6%。全年完成货邮运输量 731.84 万吨，比 2020 年增长 8.2%，完成货邮周转量 278.16 亿吨 · 千米、增长 15.8%。全年民航运输机场完成旅客吞吐量 9.07 亿人，比 2020 年增长 5.9%，完成货邮吞吐量 1 782.80 万吨，增长 10.9%。截至 2021 年，全国颁证民用航空运输机场 248 个，比 2019 年年末增加 7 个，其中定期航班通航机场 248 个，定期航班通航城市（或地区）244 个。全年旅客吞吐量达到 100 万人次以上的机场 96 个，比 2019 年增加 11 个，其中全年旅客吞吐量达到 1 000 万人次以上的机场 29 个，增加了 2 个。全年货邮吞吐量达到 10 000 吨以上的机场 61 个，增加了 2 个。民航基础设施建设大力推进和货物、旅客周转量的稳步增长为发展空港经济奠定了坚实基础。

空港是重要的交通运输设施，顾名思义就是以机场为重要依托的地域，也可理解为大型空中运输基地或空中运输枢纽。现在中国很多地方把机场叫作空港，把机场开发区叫作空港开发区，把以大型机场为中心的城市叫作空港城，空港枢纽经济等名词也随之而出。比如空港枢纽经济区，即为依托大型枢纽机场的综合优势，发展具有明显的航空枢纽指向性的产业集群而在空港周边所形成的经济区，其核心特征表现为传统港区与经济开发区双重功能的统一。现在空港两字在日本、韩国及我国台湾地区广泛使用，起源于中国的原始说法。空港枢纽经济具有巨大的辐射能力和包容能力，可以涵盖众多航空产业及相关产业的集聚和融合。空港是 21 世纪“国家和地区经济增长的发动机”。

空港经济，也被称为“机场产业”“空港产业”“临空经济”“机场经济”，是指依托大型枢纽机场的综合优势，以航空运输（客货运）为核心，发展具有明显的航空枢纽指向性的产业集群而在空港周边所形成的经济区，基本上由高端服务业和高端制造业组成，其核心特征表现为传统港区与经济开发区双重功能的统一。空港经济区依托航空枢纽和现代综合交通运输体系，提供高时效、高质量、高附加值产品和服务，集聚发展航空运输业、高端制造业和现代服务业，是民航业与区域经济相互融合、相互促进、相互提升的重要载体。空港枢纽经济是后工业时代全球自由贸易潮流的最新表现，也是世界发达国家经济发展的最新成果。国内外众多成功经验表明，将现代工业与现代服务业有机结合的空港枢纽经济是未来的区域竞争焦点。空港枢纽经济是现代高科技化的产业经济，不是传统工业、农业或者服务业的简单重复，发展空港枢纽经济要注重技术、管理和融资水平的提升。另外，发达的空港经济区是大型枢纽机场、雄厚的区域经济背景、良好的基础设施和有效政府管理以及大型物流中心等方面有机结合的结果。空港经济的产生与发展促使区域经济发达的机场，特别是国际性枢纽机场已不再是传统意义上的机场。在发达国家和地区，空港经济带动下的机场周边片区，已经演变成一种新的城市形态。

## 二、空港经济的区域空间结构

根据空港经济区内不同的经济单元与机场之间的联系紧密程度的不同，不同企业在机场周边的空间上表现为不同的区位选择，造成机场周边地区通常呈现同心圆式的圈层布局结构，但这种结构随着机场通往市区的交通干道及联系成本的大小出现不同程度的变形。

依据国际上机场的空间结构模式，通常将机场周边分为 4 个区：空港区、紧邻空港区、空港相邻地区和外围辐射区。

### （一）空港区

空港区的范围通常在机场周边的 1 千米范围内。空港区是机场所在地区，包括机场的基础设施机构和与空港运营相关的行业，如飞机后勤服务、旅客服务、航空货运服务、停车场服务等服务项目和航空公司的办事机构。这个区最靠近机场，是直接服务于机场各方面的功能区，如现在有些在候机楼内的一些小型航空公司的办事机构，由于房租太高转向周边的一些住宅区，租用民房作为公司在机场的办事机构，这也给周边地区带来商机。在德国法兰克福机场，在机场进出港的旅客不多的晚上，有时把停车场作为电影院。这些举措都是增加空港本身的非航空收入的方法。

### （二）紧邻空港区

紧邻空港区的范围通常在机场周边的 1~5 千米。紧邻空港区主要是空港商业的活动地区，空港的正常运营和在空港区的就业人员都会对周围地区的服务形成需求，因此这个区主要为空港运营、航空公司职员和旅客提供相关的商业服务，如居住的公寓、生活服务设施等。在加拿大的温哥华机场，离机场很近处有一个日用商品的连锁杂货店，它的顾客主要是在机场上班的职工，如给未吃早饭的职工提供面包、牛奶等。

### （三）空港相邻地区

这一地区的范围通常在机场周边的 5~10 千米，或在空港交通走廊沿线 15 分钟车程范围内，在这个区主要发展“附属产业”和“吸引产业”。

附属产业主要是空港对周边产生的需求，如航空公司的总部所在地所带动的住宅、大型超市、金融机构、教育机构等。这些经济单元的增长与空港的运营水平直接相关，且一般在空港开通 5~10 年后才得到充分发展。

吸引产业主要是空港的供给所产生的间接效应，这些产业与空港运营无直接关系，主要是借助航空运输的快速性和国际航空港的航线网络的辐射效应使经济活动在更大空间范围内得到扩展，主要是高科技产业、会展中心、跨国公司的总部等。这个区域是临空经济区规划和研究的重点。

### （四）外围辐射区

这一地区的范围通常在机场周边的 10~15 千米。空港在这个区域内随着距离的加大，其影响力逐渐收敛，根据空港规模的大小，其范围稍有不同，临空经济区的边界就是空港的影响力减为零的边界，超出这个边界，其经济活动不受空港的影响，便不属于临空经济的范畴。

## 第二节 空港型枢纽经济的形成

纵观世界空港地区的发展，大体经历了由航空运输区向空港产业区发展，再向航空城发展的阶段。大型机场在区域发展中的作用日趋重要，空港不仅是一种运输手段，通过航空运输带动区域经济发展，促进区域同世界的产业、贸易、旅游等发展，最大限度地利用全球范围内的资源，将成为未来全球经济发展的主流形态和主导模式。世界上的空港枢纽经济区诞生于 20 世纪 60 年代，以爱尔兰的香农国际机场建立自由贸易区，发展出口加工业为标志。

20 世纪 70 年代以后，随着世界新技术革命的兴起，形成了众多的空港枢纽经济区。

空港型枢纽经济的形成并不是偶然的，其原因主要有以下 4 个：

（1）综合交通运输体系的形成是空港经济区发展的重要条件。交通运输体系是保证现代社会经济正常运行的重要环节。随着区域社会经济一体化的发展，社会分工越来越明确，各个地区在经济发展中扮演的角色各有不同，地区间的人、财、物等资源的交流越来越频繁，对交通的机动性和可达性提出了更高的要求，传统的单一烦琐的交通模式已经越来越不能适应当今社会的发展。早在 20 世纪七八十年代，美国、日本等发达国家已经开始着手规划综合交通运输体系，现在已经形成高度发达的运输体系。综合交通运输体系在国外一般译为 integrated transportation，意思是一体化交通，指在运输过程中多种方式整合，实现“无缝连接”，直达运输。在国内，一般认为，综合交通运输体系是社会发展到一定阶段，在技术创新和制度进步的作用下产生的一种新型的现代化交通运输组织管理模式。综合交通运输体系是基于现代物流的发展和人们出行的需要产生的，要求管理部门通过整合航空、铁路、公路、水路等多种运输方式，简化客货运输的中间环节，具有较大的灵活性，是现代化交通运输的必然要求。综合交通运输体系亦要求变传统的各种交通方式的“管制型”交通为“协调型”交通，明确各种交通方式的关键接口，提高运输效率。

从空港的角度而言，交通运输体系是联系空港与空港、空港与腹地交通网络，是空港经济产生和发展的“生命脉络”。一方面，空港通过各条航线将城市与城市联系起来，航班越多，城市间的联系也就越经常化、多方面化、紧密化，相互影响就越深远，因相互协作分工等就会产生发展空港产业的需要，形成空港产业群；另一方面，空港往往又是区域中联系铁路、公路、水路等多种运输方式的枢纽，是各种运输工具的结合部和转换衔接的场所，所以空港区域是物流市场及为交通运输服务的相关行业及各种企业的密集地，从而形成相关的产业群。产业群的形成和繁荣是空港及周边地区真正成为一个“经济区”的核心内容。而若要实现人流、物流、资金流、信息流在空港间的快速通达以及空港与腹地间的高效运转，必须提高交通的可达性和机动性，形成综合交通运输体系。具体到交通方式的整合，在杨满伦等人的研究中，将以大型空港为枢纽的综合运输交通网络分为跨区域性、区域性、地区性、地方性 4 个等级。例如，对于我国这样面积广大的国家，跨区域的联动将主要依靠航空网络高速铁路的作用。建立层次性较强的交通网络，协调整合空港流动要素，能够为大型空港及其周边腹地形成相关产业群创造良好的条件。

（2）大型枢纽机场有庞大的客货流，极大带动了核心产业——航空运输业的发展。国外空港经济发展为我们提供了一些启示，例如，达拉斯沃斯堡国际机场位于达拉斯与沃斯堡两个主要城市的中央位置，距离达拉斯 24 千米，距离沃斯堡 29 千米，是世界上最大的航空公司——美国航空公司最大的集散地和航空枢纽。2016 年，达拉斯机场年旅客吞吐量 6 567 万人次，居全球第 11 位，货邮吞吐量 82.9 万吨。机场开设了飞往全球 200 多个城市的直航，每天有近 900 个航班，是美国乃至世界重要的国际航空枢纽。以航空运输业为依托，达拉斯机场正实现由机场向“机场城市”的华丽转身。

达拉斯机场是得克萨斯州地区经济增长背后的核心力量，也是将达拉斯、沃斯堡地区变成全美最繁荣重要经济体的催化剂。达拉斯机场作为通往区域、国家和国际的重要门户，最大限度地利用全球范围内的资源，使机场周边发展为当地经济的核心以及全球经济产业链的重要节点，达拉斯空港经济区已变身为“德州硅谷”，成为带动达拉斯、沃斯堡地区发展的引擎。

（3）大型空港枢纽指向型的产业向空港周围集中，由此依托大型空港形成相关的产业集群。产业的布局受集聚经济性、生产成本等多种因素的影响，从而形成资源指向型、原料地指向型、交通运输枢纽指向型等布局类型。近 20 年来，由于交通运输枢纽兼有原料地、燃料地、消费地指向的优点，一些对布局条件要求不甚严格的产业部门其布局指向也比较倾向交通运输枢纽。如高新技术产业，其产品特点是“短、小、轻、薄、贵”，与航空运输适合于体积小、价值高、时效性强的货物特性恰巧吻合。所以，很多发达国家和地区电子信息产业布局的一个重要趋势就是空港指向。

达拉斯机场临空产业的布局根据与机场联系的紧密程度不同可分为 4 个圈层：第一圈层以航空物流业务为主，这里被称为“多式联运的综合交通枢纽”，聚集着大量与航空运输关联度高的企业以及对时间价值要求高的公司总部；第二圈层以航空产业园为主，辅以酒店、总部办公和技术培训等设施场所，航空产业园如 Walnut Hill 工业园和国际商务园区，主要包括先进制造、研发中心、生命科学等临空指向型产业；第三圈层及之外圈层集聚了商业园区和部分工业园，产业主要围绕机场进行布局，不仅包括高端制造、电子商务和金融服务等知识密集型产业，还有多个高尔夫球场、购物中心、公园等旅游休闲、运动娱乐和零售业，吸引了大量旅客甚至达拉斯周边区域的居民前来购物消费。

（4）企业生产的柔性化和供应链的国际化离不开航空运输的支撑。柔性化生产要求通过系统结构、运作方式和市场营销等方面的改革，使生产系统能对市场需求变化做出快速的适应，向机场周围集中能大大提高企业的时间经济性。另外，随着经济全球化不断深入，从原材料采购到销售给客户的整个供应链越来越国际化，企业向空港周围集中能借助机场形成全球化网络。

## 第三节　空港型枢纽经济的特征

我国空港枢纽经济运行是为了满足空港枢纽经济区各阶段发展的需要而设的。近年来，空港经济区已经逐渐成为我国城市发展的热点地区。

### 一、空港经济的具体特征

#### （一）地方政府普遍重视

航空运量快速发展后，许多问题需要地方政府加强协调。中国民航局实施机场属地化改革，极大地调动了地方政府大规模建设机场的积极性。当前，我国各地政府都高度重视临空经济的发展，全国的机场周边几乎都在积极进行临空经济的规划。北京在“十一五”规划中提出把首都临空经济功能区列入首都六大高端功能区之一；天津将临空产业区列为滨海新区的七大功能区之一重点发展；上海虹桥机场所在的长宁区早在 20 世纪 80 年代就提出了“依托虹桥、发展长宁”的思路，现在已然发展为国内较为成熟的空港经济区；重庆也提出《重庆航空城构想》，规划将航空城打造成为重庆市对外开放的重要交通平台，是重庆市现代服务业和现代制造业以及北部新区功能互补的重要基地；广州、成都、深圳、西安、青岛等城市，也纷纷进行空港经济区的发展规划，在全国乃至全球范围内吸引资源，发展高端产业。

### （二）空港经济正在成为区域经济发展的引擎

表 8-1 是国内八大机场所在地区的 GDP 增长率与其所在城市 GDP 增长率（2016—2020 年）5 年的平均值比较表。由表中数据看出，机场所在地区 GDP 增长率均高于城市 GDP 增长率，8 个地区 GDP 增长率的平均值平均高出城市 8%。由于机场所在区域一般都在各个城市的边缘地区，机场成为区域极其重要的一个增长性因素。从数据可以看出，临空经济对区域经济的拉动作用十分明显。

表 8-1　国内八大机场所在地区的 GDP 增长率与其所在城市 GDP 增长率对比

| 机场 | 机场所在地区 | 地区 GDP 增长率高出城市 GDP 增长率 5 年平均值 |
|---|---|---|
| 首都机场 | 北京顺义区 | 10.88% |
| 广州新白云机场 | 广州花都区 | 0.88% |
| 青岛流亭机场 | 青岛城阳区 | 8.08% |
| 杭州萧山机场 | 杭州萧山区 | 6.11% |
| 重庆江北机场 | 重庆江北区 | 3.73% |
| 上海虹桥机场 | 上海长宁区 | 3.16% |
| 深圳宝安机场 | 深圳宝安区 | 24.18% |
| 厦门高崎机场 | 厦门湖里区 | 5.28% |
| 各地区平均 | 8.00% | |

### （三）五大产业正在向机场周边聚集

随着经济发展模式的变化和航空运输业的发展，企业由运费指向、供给指向、市场指向逐渐发展成时间价值指向，以节约研发时间、新产品以最短的时间进入目标市场为特征，时间价值成为影响企业成本与收益的重要区位因素。企业的区位决策目标指向机场，使企业的区位偏好发生了改变，决定了中国空港经济发展呈现出五大产业向机场周边聚集的态势。

1. 航空产业

航空产业主要分为两方面，一方面是航空制造业，像位于天津航空城的美国索顿技术公司，航空零部件生产经销商美国孟菲斯集团（Memphis Group Lnc）；另一方面是航空运输服务产业，如各个机场旁边的基地航空公司、配餐公司等。

2. 航空物流业

空港经济区内的航空物流业是以航空运输为核心，整合其他交通运输方式，建设成为集运输、仓储、包装、流通加工的现代化航空物流基地。目前，航空物流业在临空经济区发展的模式就是利用机场口岸的功能和机场周边物流基地的保税功能达到港区联动的目的。例如，深圳机场高起点规划建设的航空物流园区，上海虹桥区依托虹桥机场的口岸功能建成的国内首家物流的大通关模式。

3. 高轻产品制造业

高轻产品具有体积小、价值高的特点，如电脑芯片、软件、生物医药、高科技电子产品等，这些产品的运输成本较低，只占到总成本的很小一部分，但对市场的敏感程度却很高，产品的生命周期也比较短，只有很快占领市场，才能获得高额利润。产品对运输的要求很高，航空运输快速安全的优势满足了这类企业的需求。

4. 国际商务和会展业

由于机场特有的快速通达性，机场附近开始聚集这两类产业。会展中心接近机场为展商参与会展活动提供最便捷的交通连接和运输途径，降低参展商的运输成本和时间成本，保证了展品安全、准时、可靠地运达，减少了展品在运输过程中发生延误或损坏的可能性。总部经济总体上来说是市场行为，企业不同的组织结构通过选择不同的区域达到成本最低。对于跨国公司来说，机场周边的战略资源（信息、高科技人才等）密集，公司的总部建在空港经济区有利于跨国公司最快地接受和传出全球新信息，如首都临空经济区内已经在建的国际会展中心和国门商务区。

5. 康体娱乐休闲业

康体娱乐休闲业对于转机旅客和机场旁边的工作人员来说都是非常有价值的。转机旅客，尤其是国际性的转机旅客，班机间隔时间较长，就会产生对周边地区康体娱乐设施的需求，这些需求使机场周边出现了康体娱乐休闲业，如香港机场附近的航天城就规划了高尔夫球场。

### （四）各地空港经济发展阶段不同

我国各地方空港经济发展的阶段不同，如北京的空港经济区，从 1994 年首都机场西侧空港工业区的建立开始，至今周边已初步形成了“环状临空经济圈”的雏形，机场西侧开发建设的空港工业区、东侧规划建设的北京汽车生产基地以及北侧规划建设的空港物流基地等已初具规模，可以说已经进入了发展阶段，大多数城市的空港经济还处在起步阶段。由于发展阶段的不同，区内聚集的产业就不同。例如，北京空港经济区已经布局了索爱、村田电子有限公司等临空指向性很强的企业；青岛空港经济区内目前就是空港产业与传统产业并存，既有像水泥一类的传统产业，也有一些生物制药类企业；呼和浩特市规划的航空城范围内以传统产业为主导。

## 二、空港经济的阶段性特征

一般而言，空港枢纽地区的经济发展遵循从低等级产业到高等级产业、从空港临西指向弱到临东指向强、从低附加值环节到高附加值环节、从空港核心区向外圈层辐射的发展过程。

### （一）空港经济的起步阶段

在空港经济的发展初期，起作用的主导因素是城市化的进程。作为城乡边缘区一部分的空港经济区，在初期必然按照城乡边缘区的演化进程进行，而城乡边缘区是特定条件下，城市和乡村两种异质空间相互作用的结果。随着城市化进程的不断深入，城市的人口和企业的外迁直接促使城乡边缘区的发展。西方发达制造业的规律表明：制造业就业人口具有一个从在核心区选址转变到城市边缘区的不可逆转的过程，因此制造业迁到城乡边缘区是必然趋势。但在这一时期，这一类企业往往不具有空港指向，如北京现代汽车制造公司坐落在北京顺义林河工业开发区。在初期，这一类企业在空港经济区内占的比重比较大，主要原因在于城市化的影响效应大于机场的影响效应。同时期，机场客货流量较小、经济容量不大、规模较小，在地域上以机场为核心，主要以航空服务为主，包括候机楼服务部、少量的货运站、机务维修区、边检、动植物检疫等，非航空服务很少，只是在机场周围零星分布着宾馆、银行、餐馆等，相互之间的联系不多。

### （二）空港经济的发展阶段

由于经济的发展，客货流量有了较大幅度的提高，航空运输的地位在国民经济中起到重要的作用，机场的吸引力加大，航空运输有了进一步提高，候机楼通过改造容量更大，货运大楼出现，货运站的数量进一步增多，非航空运输增多，出现豪华酒店、商业中心、旅游公司、房地产开发公司等。这时机场对周边地区的影响加强，依靠其集聚效应吸引企业集中在机场周边，且机场的影响力逐渐超过城市化的影响力，空港产业开始在空港经济区内占主导地位。

### （三）空港经济的成熟阶段

空港经济经历发展阶段之后所取得的巨大发展可以通过机场、空港区和腹地经济三者双向互动的作用机制，促进机场与腹地经济的新一轮发展，而这新一轮发展中的机场航线网络的扩张、枢纽机场地位的确立以及腹地经济的快速发展又反过来促使空港经济产业结构不断完善、发展模式更为优化，从而使空港经济呈现出其成熟阶段的诸多特征：① 现代服务业的发展促使空港产业结构日趋完善；② 空港高新技术产业成为全球产业链的主导环节；③ 航空制造业开始聚集，形成了航空类产业群落；④ 基于产业链的集群发展成为空港经济发展模式；⑤ 新增产业主要分布在空港交通走廊的沿线地区；⑥ 空港经济带动作用加大，成为区域经济增长点。

# 第四节 空港型枢纽经济布局规划

空港经济区的特性决定了机场周边地区（空港都市）的空间布局规划必须以跨专业的视野进行空间规划。空港经济区的规划较为复杂，需要考虑人流、物流、产业发展和城市建设等各种规划因素，还需要考虑航空城开发的政策背景、开发策略、实施方针等制度因素。只有充分考虑所有影响航空经济区规划的因素，才能把航空经济区规划成一个有机的、极具自身发展潜力的新型城区，进而促进整个大都市地区的协调发展。空港经济区的规划应该立足现实，弹性规划，将人、建筑、环境相结合，可持续发展，综合考虑航空港的特殊性。

## 一、空港建设的总体原则

（1）政府引导，市场主导。强化航空经济发展一盘棋思路，近远期结合，适度超前，更好地发挥政府统筹规划、政策引导、组织协调、资源整合作用，把握发展时序，合理引导相关航空产业发展。充分发挥市场在资源配置中的决定性作用，进一步激发企业创新发展活力，积极调动全社会力量参与航空经济发展。

（2）项目为王，协调发展。始终把引进重大项目落地作为航空经济发展的最重要途径，推动空港经济区和通用航空产业园区建设，实现全省航空产业错位、差异化发展。主动适应服务国家重大战略，高站位、高水平谋划中原机场群布局建设，统筹民航与其他交通、产业、城市等有机联动，形成发展合力。

（3）深化改革，先行先试。着力破解制约航空经济发展的制度性和结构性问题，将改革贯穿航空经济发展全过程，开展重大改革试点试验。推进航空领域交流合作，主动参与国际航空运输服务领域分工，率先形成改革成果可复制、发展经验可推广的航空经济发展模式。

（4）人民至上，绿色共享。把人民群众获得高品质航空服务作为工作的出发点和落脚点，实现航空服务更大更广覆盖。提升航空经济、人文、平安、智慧、绿色发展水平，推进航空领域碳达峰碳中和，增强人民群众对航空经济发展的获得感、幸福感、安全感。

## 二、空港体系下枢纽经济的运行布局要求

（1）运营主体：单一企业或以战略合作、资本联合形成的企业联盟作为系统组织配置枢纽物流资源的运营管理主体。

（2）区位设施和条件：距机场不超过 5 千米，部分枢纽应具备铁路专用线。

（3）占地面积：≥0.5 平方千米，且物流运营占地面积超过 60%。

（4）物流强度：≥50 万吨/平方千米·年。

（5）货运规模区域比重：枢纽完成航空集散规模到达机场货运总量的 30%以上。

（6）设施集中度：集中连片布局，分散布局的互补功能设施原则上不超过 2 个。

（7）主要功能：铁路、航空、水运等干线组织；区域分拨及配送；公铁、公水、陆空等

多式联运；国际物流服务。

（8）信息化：具备枢纽各类资源有效接入并支持业务对接、信息互联互通、对外开放兼容等综合功能的信息平台。

## 三、空港建设规划

### （一）基础设施建设

在建设的初期，交通与市政总是先行者。在此基础上结合实际并根据规划发展需求，进一步深化配置并调整区内的一般基础设施，完善规划区的城市基础设施支撑体系。城市基础设施，是指为城市生产和居民生活提供公共服务的物质工程设施，是城市赖以生存和发展的一般条件，是社会分工的产物。它是一个系统工程，按照其内部组合分类可以分为能源供应系统、给水排水系统、交通运输系统、邮电通信系统、环卫处理系统、防卫防灾系统等6大系统。作为城市生存和发展的基础条件，城市基础设施的重要性是显而易见的。经济集聚规模的扩大，社会分工的日益细化，使城市的生存和发展越来越依靠城市基础设施的服务。城市的生产功能、消费功能、交易功能、科技功能、信息功能等，不仅由城市经济的主体结构来决定，还受到城市基础设施容量的制约。只有城市基础设施配套完善、布局合理，城市功能才能充分发挥出来，可以说，城市基础设施是发挥城市整体功能的核心，是提高城市竞争力的重要途径。完善的基础设施及公共服务设施系统，是形成良好投资环境的必备因素。

### （二）生态环境规划建设

在倡导人与自然和谐的今天，我们“要将人与自然的沟通与协调发展作为衡量城市发展水平的标准，以建立一个在人与自然和谐发展基础之上的理想城市空间结构。这落实到城市规划与建设实践中就是要树立生态意识，实现城市人工环境与自然环境的有机结合”。美国生态建筑学家理查德·瑞杰斯特（Richard Register）认为：生态城市是生态方面健康的城市，生态城市所寻求的是人与自然的健康，并希望它们能充满活力与持续力。所以，在空港经济区的建设中，要以创建绿色可持续的空港经济区为目标，预留城市生态环境协调控制区，实现城市各种资源的合理配置，建设环境优美的生态新区。

### （三）人居环境建设

作为新的城市建设区，空港经济区在人居环境建设方面要注重提高区内城市空间环境质量和居民的生活质量，要遵循以人为本，强调建成后环境的适宜居住性，尊重历史和自然，营造和谐的人文、历史环境。在保留的城镇建设中，一方面，要完善基础设施及公共服务设施的配套，另一方面要保持地域特色。

### （四）景观形态建设

形象建设对一个城市而言至关重要，也是城市规划的一项基本任务。如果说机场是城市名片的话，那么机场地区就是城市说明书。基于这种考虑，先进城市绝对不会让机场地区无秩序、低水平发展，于是就纷纷推出了临空产业区或航空城建设规划，并采取各种有力措施促使其健康发展。机场是一个城市的门户，是形象的体现，因此规划形成良好的景观空间序列和绿化空间序列；体现地方特色，把自然和人文相结合的景观环境面貌展现在世人面前，使人无论在视觉效应还是心理感受上，都体会到自然美。遵循生态化建设原则，体现在内部各个空间层面上，既要考虑环境的景观效应，又要考虑环境的生态和文化效应。

### （五）休闲旅游规划建设

依托机场当地资源发展旅游，对城市的品质也是一种提升。适合于空港经济区开发的休闲旅游设施可分为 3 类：一是以航空主题公园为核心，惊险刺激、娱乐性较强的“主题游乐园区”，类似于美国的迪斯尼乐园，主要采用航空航天、高科技、电影、探险、梦幻等为主题，开发各类游乐设施；二是以周末郊外度假和休闲疗养设施为核心的“休闲主题园区”，包含登山、游水、部分轻微运动和周末居住疗养设施，并可结合建设机场及民航培训中心等设施；三是以体育运动设施为核心的“运动主题园区”，即类似于奥运村、亚运中心之类的设施群，采用郊外型和俱乐部会员制经营方式，充分发挥其规模大、设施全和环境幽雅、贴近自然的优势，并与休闲式主题园区相结合。

## 拓展阅读

### 河南省重点空港经济区建设

1. 洛阳空港经济区：依托洛阳北郊机场和洛阳一类航空口岸，整合周边产业资源，建设区域性转运和分拨中心、区域性冷库和冷链物流中心，发展航空货运保税物流、多式联运等航空关联产业。吸引临空偏好型的电子信息产业龙头企业落户，推动机场周边制造业向先进装备制造、智能制造转型升级，打造先进装备制造业基地。以中国民航飞行学院洛阳分院为依托，打造全国重要的航空教育培训基地。强化洛阳旅游特色优势，打造成为区域旅游航空枢纽。

2. 信阳空港经济区：依托信阳明港机场，规划建设航空物流经济区、航空港综合服务区，重点发展航空物流、跨境电子商务、航空配套服务、通用航空、航空教育培训、商务服务和临空制造等产业。

3. 南阳空港经济区：依托南阳机场和南阳综合保税区，积极申建航空口岸，重点发展国际航空货运和国内快递航空货运业务，发展飞行培训、航油、航空食品等航空服务业，承接南航南阳飞行训练基地及相关航空产业布局，形成以航空高端培训为核心、带动关联产业发展的航空经济产业体系。

4. 安阳空港经济区：依托安阳机场，建设支线与通勤航空运营基地、通用航空器及零部件制造基地和交易中心、通用航空专业技术人才培养基地，条件成熟时积极申建航空口岸或海关特殊监管区域（场所）。在机场周边形成航空运动与培训、临空现代服务、航空物流、临空高端制造四大产业组团式布局，重点发展航空客运、航空物流、航空保税、通航制造、航空体育、航空培训、高端航空休闲观光旅游等产业。

5. 商丘空港经济区：依托商丘机场，规划建设空港经济区，重点发展航空旅客运输、航空物流、通用航空、航空会展、商务服务和航空先进制造等，航空产业条件成熟时积极申建航空口岸或海关特殊监管区域（场所）。

6. 周口空港经济区：依托周口机场，大力发展航空客货运，重点发展电子信息、高端制造、生物医药、总部经济、商务会展等高端产业，配套发展休闲娱乐、文化、教育、金融服务等关联产业。

资料来源：河南省“十四五”航空经济发展规划[OL]. 河南省人民政府网.

## 本章小结

空港是 21 世纪“国家和地区经济增长的发动机”。同时，空港枢纽经济是后工业时代全球自由贸易潮流的最新表现，也是现代高科技化的产业经济。空港经济是指依托大型枢纽机场的综合优势，以航空运输（客货运）为核心，发展具有明显的航空枢纽指向性的产业集群而在空港周边所形成的经济区。

空港型枢纽经济的形成主要有 4 个原因：其一，综合交通运输体系形成是空港经济区发展的重要条件；其二，大型枢纽机场拥有庞大的客货流，极大地带动航空运输业的发展；其三，大型空港形成相关的产业集群；其四，企业生产的柔性化和供应链的国际化离不开航空运输的支撑。

空港枢纽经济特征的具体表现：① 地方政府普遍重视；② 空港经济正在成为区域经济发展的引擎；③ 五大产业正在向机场周边聚集；④ 各地空港经济发展阶段不同。

空港枢纽经济也遵循一定的发展规律，一般是从低等级产业到高等级产业、从空港临西指向弱到临东指向强、从低附加值环节到高附加值环节、从空港核心区向外圈层辐射的发展过程。

空港枢纽经济要想获得更好的发展，需要进行科学的布局规划。在规划过程中，不但要考虑人流、物流、产业发展和城市建设等各种要素，还要考虑空港开发的政策背景、开发策略、实施方针等制度因素。所以在空港经济区规划的过程中，要立足现实，弹性规划，将人、建筑、环境相结合，可持续发展，综合考虑航空港的特殊性。

## 课程思政

### 继 C919 之后，CR929 大飞机呼之欲出！

我国新一代客机“三剑客”，除了 ARJ21、C919，还有与俄罗斯联合研制的 CR929，它采用双通道宽体设计，航程 12 000 千米，可载客 280 人，基本性能相当于波音 787 和 A330，被认为是真正意义上的大飞机。而在两国的合作中，俄罗斯负责 CR929 的空气动力学设计，以及开发机身、中翼和外翼部分使用的复合材料，而我国则负责机身和尾翼制造。“不同于

C919 的金属机身，CR929 机身大量采用复合材料。”一位航空业内人士说。而这一特点，从这份供应商名单中也能看出，除了沈飞、西飞、成飞、洪都几家传统航空工业企业，还有中航复材、海鹰特材等复合材料生产企业。

作为工业领域王冠的航空制造，CR929 具备惊人的产业链带动作用。CR929 总师表示：“在 C919 的研制过程中，为消化和吸收国外先进航空技术，中国先后成立了数十家合资企业，让中国的航空制造能力突飞猛进。而 CR929 项目拥有更大的促进作用，仅在复合材料领域的带动效应就不可小觑。”据了解，一架大型商用飞机集成了数百万个零部件。上游研制能带动新材料、现代制造、先进动力等领域的技术突破和行业发展；从下游看，大型民用飞机的商业运用，对民航运输、航空金融、航空维修等配套产业也有着明显的带动作用。

虽然我国民用飞机制造在全球的份额较低，但未来中国将成为全球最大的航空市场，随着中国航空客货运输量的持续提升和国产大飞机的批量生产，中国航空产业链需要更多的参与者。“目前中国商飞的三款客机，ARJ21 的订单超过 600 架，目前开通航线 36 条，累计运送旅客 150 多万，接下来将有更多交付；C919 已累计订单 800 余架，正在适航取证阶段；CR929 也在稳步推进中，未来我国飞机产业有望进入业绩爆发期。”前述航空业内人士表示。2023—2045 年全球宽体客机的总需求约 1 万架，价值占客机总量的 50%以上。中俄市场宽体客机需求约 1 840 架，约占全球总量的 18%；而亚太市场的宽体客机需求约 2 670 架，约占全球总量的 27%。2023 年到 2045 年，CR929 交付后预计分享量约 1 000 架。

航空航天领域带来巨大的产业价值众所周知，但其中航空占据了 90%，航天只有 10%，而在航空领域中，民用航空占比又高达 9 成，其中大部分利润都集中在大型干线客机。因此如果中国能研制大型宽体客机，意味着中国将由此成为航空制造强国。不同于军机可以“不惜代价”保证性能，民航客机更看重成本和效益，尤其重视安全性，要求不是“万无一失”而是“亿无一失”。而一系列最先进技术和材料的应用，不但将使 CR929 更安全、更舒适，而且更经济、更环保，直接使用成本可以降低 10%，对于当今竞争激烈的航空运输市场而言，这些因素尤其重要。未来 CR929 还将根据市场需要发展系列型号，如使用相同的机翼、发动机和起落架，通过加长或缩短机身，推出适合不同航线的型号以及专机、公务机、货机。据了解，CR929 未来更换国产发动机后，有望发展特种飞机。

资料来源：裴昱.中俄大飞机 CR929 机身供应商选定“双保险”确保供应链[EB/OL].http://news.cb.com.cn/index/show/zj/cv/cv135120921262/p/2.html.（编者对其进行了整理改编）

## 课后习题

1. 何为空港经济？
2. 空港经济的具体特征有哪些？
3. 空港建设的总体原则是什么？

## 拓展学习

鄂州机场：打造国内领先的全货运机场

## 推荐阅读

[1] 黄群慧，等.郑州发展枢纽经济研究[M]. 北京：经济管理出版社，2019.
[2] 何传启. 中国现代化报告 2021——交通现代化研究[M]. 北京:北京大学出版社,2021.

# 第九章　轨道交通型枢纽经济发展

## 学习要点

1. 轨道交通型枢纽的经济特征；
2. 公共交通导向（TOD）概况；
3. 轨道交通型枢纽的运行模式。

## 学习目标

掌握轨道交通型枢纽的经济特征；了解公共交通导向（TOD）的模式概况；熟悉轨道交通型枢纽的经济组织运行模式。

## 引导案例

### 上海闵行区莘庄站体复合城天荟

中国轨道交通与城市综合体建设虽然尚处在起步期，但已经演变成当前城市建设与发展的一个重要趋势。随着城镇化进程的加快、人口密度的不断增加，以各类交通枢纽为载体的 TOD 模式（公共交通导向型发展模式）日益受重视。新鸿基地产和上实城开联合开发的莘庄站体复合城天荟 TODTOWN 被认为是上海第一个真正意义上的 TOD 项目。其建于上海闵行区莘庄地铁站上盖，总建筑面积达 50 万平方米，将地铁、高铁、公交等集于一身。

负责这一项目设计的吕元祥建筑师事务所（RLP）的张文政董事，首次揭开了整个项目的设计细节、技术难点和最新进展。

资料显示，莘庄地铁上盖地块坐落于（横跨）地铁 1 号线莘庄站的南、北广场，整幅地块是由宝城路、梅陇西路、莘朱路、江南苑用地界线、广贤路、众贤路、水清路（西股）、沪闵路、水清路（东股）及莘建东路所围合的区域，土地用途为“市政、公共服务、商业、办公、居住”综合开发用地。2010 年 9 月 29 日，由新鸿基地产、上海城开、上海闵行城投三方组建的联合体竞得地块。

负责这一项目设计的吕元祥建筑师事务所表示，这一综合交通枢纽项目的名字为莘庄站体复合城天荟 TODTOWN，是建于上海闵行区莘庄地铁站上盖的超大型综合发展项目，总建筑面积达 50 万平方米。“其实我们和莘庄项目的缘分由来已久。”张文政说，“早在 2007 年，这一地块项目尚未出让的时候，闵行区政府就已经委托我们对这个项目进行前期规划。到后来，这一地块正式招标出让，被新鸿基地产和上实城开等联手拿下之后，开发商又重新委托我们对这个项目进行规划设计。”

在张文政的描述中，设计师把 TODTOWN 构想成一个迷你城市，内含各式商业、住宅楼群，包括高低层住宅、两幢酒店式公寓、高低层商住两用楼宇、25 层高的办公楼、五星级酒店、大型购物中心（当中还附设 IMAX 电影院和溜冰场），同时还有各种公共设施，如空中花园、博物馆、休闲娱乐中心、城市管理处、身份证登记中心和幼儿园等。

“设计方案通过上盖开发将原本被铁路割裂的两边联系起来，设计的南北大道将项目自然地分成各具特色的两个区域。西部是繁忙的车站与商业零售设施及酒店组成的‘活力中心’：东部是‘安宁港湾’，主要包括住宅大楼和两个公园。在‘活力中心’中，楼高 6 层的大型购物中心长达 650 米，坐落于铁路与公交枢纽之上，外立面设计捕捉了生机勃勃的城市动态，以多条粗线条编成拱状，充满现代感。而原来的南北广场则得以重塑，转化成绿色休闲空间。购物中心中央的花园也将使建筑体量变轻，让使用者体验截然不同的室内外景观。”

作为上海莘庄主要的交通枢纽，TODTOWN 将直接连接铁路站和上盖物业，而交通联运则有利于管理高密度发展项目的交通流量，进而减少依赖私家车、舒缓道路拥挤的问题。他接着表示：“还有特别设计的平台和绿化空间，鼓励住户步行，在自我平衡的综合体社区中，协同家居、工作与玩乐。事务所通过这个项目为中国内地 TOD 综合发展树立典范，为今后类似开发项目积累宝贵经验。”

TODTOWN 天荟不仅重塑了莘庄的区位价值，助力莘庄成为世界主城副中心的典范，更重要的是开创了全新的生活方式，让每一个在这里的人，都能成为上海这座卓越城市的主角，实现人生梦想，创造属于自己的未来。

资料来源：https://wenku.baidu.com/view/11f8689bc0c708a1284ac850ad02de80d4d806bb.html.（编者对其进行了整理改编）

## 第一节　轨道交通枢纽的特征

轨道交通建设是近年来城市基础设施发展的重点，轨道交通型枢纽在城市住宅区、交通运输中心和工作地点之间提供了一个快捷便利的连接。由于轨道交通造价高昂，筹集建设资金成为制约轨道交通发展的首要障碍。为了拓展资金来源，提高建设和运营效率，一些国家或城市在传统的“国有国营”模式的基础上对轨道交通型枢纽的融资渠道、建设和运营环节进行了一定程度的改革，建立多种收益模式，不同程度地吸引社会投资，同时引入市场竞争机制，达到对地铁项目市场化运作的目的。

当前，世界上大部分的国家已经建成了发达的城市轨道交通设施。截至 2020 年年末，全球已经有 77 个国家和地区的 538 座城市开通了城市轨道交通，运营里程超过了 33 346 千米。就分布的区域来看，欧亚大陆的城市是主要集中区，在这当中，地铁和轻轨主要分布在以中国为代表的亚洲国家，有轨电车集中分布在欧洲国家尤其是西欧国家。2020 年，全球地铁累计总里程达到了 17 584.77 千米，其中亚洲地区的占比达到了 63.73%，为世界之最；欧洲地区的占比位居世界第二，为 20.69%；北美洲、南美洲、非洲的占比分别为 10.8%、4.0%和 0.6%。全球轻轨的累计总里程达到了 1 586.85 千米，其中亚洲地区、欧洲地区、北美洲、南美洲的占比分别为 62.2%、22.6%、7.7%、0.7%。全球有轨电车的累计总里程达到了 14 174.75 千米。欧洲有轨电车的里程最长，占全球有轨电车里程的 86.8%，亚洲和北美洲的占比分别为 6.6%、3.0%。

近年来，国家对基础建设投资增加，轨道交通行业发展迅速，全国多条高铁、动车、城际列车线路通车。随着经济增长，我国在轨道交通领域的投资额还会进一步增加，从而为轨道交通这一产业发展的增长提供坚实保障。未来，产品创新和应用创新仍将是轨道交通产业不断前行的主要推动力。随着中国城镇居民人口总数和民用汽车拥有量的飞速增长，我国对于城市轨道交通的发展需求也愈发强烈。2020 年共新增城轨交通运营线路 1 241.99 千米，我国城市轨道交通营业里程达 7 978 千米，其中地铁线路长度 6 280.8 千米。“十三五”期间，我国城市轨道交通新增运营里程超过 4 000 千米，发展迅速。截至 2021 年年末，全国城市轨道交通运营线路 275 条，比 2020 年增加 49 条；运营里程 8 735.6 千米、增加 1 380.9 千米，其中地铁线路 223 条、7 664.0 千米，轻轨线路 7 条、262.9 千米。城市轨道交通在满足人民群众交通出行、缓解城市交通拥堵、促进经济社会发展方面发挥了重要作用，已成为改善城市居民生活品质、提升人民群众获得感幸福感的重要载体。

## 一、轨道交通枢纽的经济特征

轨道交通枢纽作为锚固轨道交通型枢纽网络和常规公交网络体系的基础，其规模布局、功能定位、设施配置、换乘布局模式以及交通组织与信息化管理水平等因素将对轨道交通型枢纽网络的运输效益产生决定性的影响。轨道交通型枢纽是重要的城市基础设施，其投融资模式多样化导致轨道交通型枢纽的经济特征鲜明化，一般具有以下经济特征：

### （一）准公共产品

从经济学角度看，地铁项目兼具公共产品和私人产品的特性，即地铁运输服务具有消费的非竞争性和一定排他性的基本特征，属于准公共产品。理论上纯公共产品由政府提供，纯私人产品应由民间部门通过市场提供。准公共产品既可以由政府直接提供，也可以在政府给予补助的条件下，由私人部门通过市场提供，即政府和民间合伙的方式。

### （二）正外部效应

外部效应是某个经济主体生产和消费物品及服务的行为不以市场为媒介而对其他经济主体产生附加效应的现象。从外部效应的经济效率来看，又可分为正外部效应和负外部效应，轨道交通型枢纽的一个重要技术经济特征是它的正外部效应。轨道交通型枢纽的建设能诱发沿线土地升值，促进沿线房地产、商业等行业加速发展。从这一意义上讲，轨道交通型枢纽的建设能增加城市的社会经济福利，带来巨大的正效应。但无论是正效应还是负效应，只要外部效应存在，都会使市场机制作用出现扭曲，从而不能对资源进行有效的配置，需要政府进行干预。

### （三）社会效益显著

从外部效应的经济效率来看，轨道交通型枢纽的外部效应主要是正外部效应，表现在：提升城市整体交通量，交通便捷，诱发轨道交通沿线土地升值，带动沿线商业发展等，增加城市的社会经济福利。虽然通过正常的费用——效益控制获取盈利，但是正因为轨道交通型枢纽项目外部性的存在，轨道交通型枢纽的社会效益大于经济效益，具有公益性、低营利性，而且经营受到时间和空间的局限，导致项目的营利性较差。

### （四）规模经济特征

轨道交通型枢纽发挥作用以网络规模为前提，覆盖面越大，轨道交通型枢纽效率越高。由于轨道交通型枢纽项目正外部性的存在，其社会效益大于经济效益，项目营利差。轨道交通型枢纽项目带来的总收益不可能全部量化为项目投资者的账面收益，如轨道交通型枢纽到达地区房地产升值的部分，轨道交通型枢纽的畅通给人民群众带来的时间成本的节约，轨道交通型枢纽的建成对城市交通及环保的贡献等。轨道交通型枢纽项目的经营具有时空局限性，营利空间有限。但是，轨道交通型枢纽权益具有放大性，资产的保值增值能力强。随着社会发展、人口流动增大、路网增加，以及服务水平的提高，轨道交通型枢纽将吸引更多的客流，票款收入从长期看具有一定的增长趋势。而且轨道交通型枢纽的洞体使用年限长达百年，随着时间的推移，轨道交通型枢纽资产的升值潜力巨大。因此从长期看，轨道交通型枢纽资产的权益可以不断放大，资产具有很强的保值增值能力。

### （五）投资密集性和沉没成本巨大

我国广州、上海、北京 3 座城市 20 世纪 90 年代建成的 3 条地铁线，综合平均造价均在 6 亿~8 亿元/千米，即使在现阶段，每千米造价较低的南京地铁一号线也在 5 亿元左右，所以轨道交通型枢纽企业属于需要大量投资的大型资本密集型企业。此外还具有固定性，一旦建成就难以变动。轨道交通型枢纽项目投资后就很难转移以作他用，而且产品的残值价值不大，同时不能随城市规划和客流量分布的变化而变化，这些决定了轨道交通投资具有沉没成本的特性，而且沉没成本巨大。

### （六）独特的产品周期

地铁项目一般可以分为 3 个阶段：项目建设期、项目成长期和项目成熟期。在地铁项目建设期，项目投资强度大，自身没有收益，但对沿线的房地产、商贸行业的发展有明显的促进作用。在项目成长期，即从项目投入运营到项目现金流收支平衡。此阶段由于运营成本、财务成本较高，票款收入无法与全部成本支出平衡，项目自身无法维持运转，仍然需要项目外部的现金流注入。此阶段项目能够有力地促进沿线区域建设发展。在项目成熟期，即从项目运营收支平衡到收回投资。此阶段项目客流稳定，产生大量净现金流入，项目产生收益。以上 3 个阶段一般大约需要 30 年的时间。如北京地铁一环线目前已运营 30 余年，经估算，扣除不合理成本因素、价格到位（取消月票、实行按里程计价，自动售检票），应该可以在全成本核算下实现营利。

（七）强保值能力

轨道交通票款收入的增长主要受城市交通规划定位、沿线居住条件、路网结构、城市经济整体水平等外部影响，从长期看票款收入具有一定的增长趋势。此外，轨道交通使用寿命期长达百年，附加商业也可增加收入。因此资产升值的潜力巨大，具有很强的保值增值能力。

## 二、轨道交通枢纽的经济风险

（一）城市轨道交通自身特性

城市轨道交通建设规模大、投资大、建设周期长以及合同关系复杂，即 PPP 项目（公私合营模式）公司要收回成本、偿还银行等金融机构的贷款，需要较长的投资回收期，因此城市轨道交通项目的风险期较长。从经济学角度考虑，建设周期长（时间的延长）、投资额高、环境多变无疑会加大城市轨道交通项目的经济风险。

（二）轨道交通建设的各参与方

城市轨道交通参与方众多，涉及公共部门、私人部门、PPP 项目公司、银行、担保机构等，参与人员的增多，一方面通过协同工作可以使项目的风险得到不同程度的减小，同时各参与方是基于合同、PPP 特许权协议中的权利义务而开展工作的，各参与方的协调与合作至关重要，所以参与各方的经济实力、信用程度、对经济风险认识深度、风险管理能力及决策者的主客观意识等，都直接影响城市轨道交通的经济风险。

（三）城市轨道交通项目的运作模式

PPP 融资模式下城市轨道交通主要由私人部门提供建设资金和运营城市轨道交通运输服务，在特许经营期内取得收益，公共部门按照 PPP 特许权协议的服务质量和水平进行管理。这种政府监管下的私有化运作模式，使私人部门承担更多比例的经济风险。此外，城市轨道交通项目具有极强的公益性，是“百姓工程”，更倾向社会效益，票价和票款收入受到限制，政府补贴也受政策倾向的影响。因此，私人部门承担了更大的经济风险。

# 第二节 轨道交通枢纽布局规划

## 一、轨道交通枢纽建设的总体要求

（一）功能定位和发展模式

统筹城市范围不同区域，以交通调查数据为基础，分析客流特征、建设条件等，区分不同类型轨道交通的功能分工和服务水平，合理选择发展模式。

### （二）网络布局

基于定量测试的多方案比选，构建与城市用地形态、空间结构和客流分布等相适应的网络布局，提出各规划期出行结构、线网规模和密度等指标。确保线网规模合理，功能层次分明，满足不同年限的发展要求。线路基本走向方案可行，保证规划稳定性。

### （三）环线与市域快线

对于中心城区面积较大、各方向发展较均衡的城市，在规划放射型线路的同时，研究设置环线的必要性。对城市外围组团，研究规划市域快线。

### （四）综合衔接

做好城市轨道交通与干线铁路、机场等综合交通枢纽的衔接。大型铁路客站和机场要规划城市轨道交通引入，对于年发送量 2 500 万人次以上的铁路客站应研究引入多条线路的必要性。衔接普通机场优先考虑复合功能线路，衔接规划年吞吐量超过 5 000 万人次的机场，设置专用线路等。

### （五）深化研究重点

梳理可能对线网规划实施产生重大制约的因素，落实车辆基地、换乘节点、联络线等关键方案。对影响线网布局的地质水文、文物古迹和工程重难点等开展专题研究。

### （六）规划用地控制

编制与线网规划相对应的建设用地专项控制性规划，做好用地预留和控制，并与城市控制性详细规划紧密结合、相互协调。确定线路、场站、资源共享、大型交通接驳等设施用地范围，并纳入城市规划管理体系。

## 二、轨道交通枢纽的规划

纵观轨道交通型枢纽的建设发展过程，轨道交通的规划与设计主要体现在两个方面：一是轨道交通线路的规划与设计，应尽量使轨道交通线路的走向与居民出行的主流方向一致；二是轨道交通枢纽和车站的规划设计，应努力提高轨道交通与其他客运交通方式的衔接换乘水平。轨道交通的投资效益、运行效率的充分发挥，两者缺一不可。轨道交通枢纽作为锚固轨道交通型枢纽网络和常规公交网络体系的基础，其规模布局、功能定位、设施配置、换乘布局模式以及交通组织与信息化管理水平等因素将对轨道交通型枢纽网络的运输效益产生决定性影响。然而从我国轨道交通型枢纽规划、设计与建设、运营、管理的实际情况来看，在枢纽的规划设计理论方面还存在着空白点和薄弱点。

（1）轨道交通枢纽的规划设计理论研究滞后于轨道交通线路的规划设计理论研究，至今还没有比较完善的相关理论，也没有轨道交通枢纽规划设计方面的专用规范或规程。我国轨道交通枢纽车站的设计与建设基本上是沿用传统工程设计模式，以土木工程等相关专业标准为指南。仅满足单体（线路）项目的客流需求、满足工程结构规范、满足自身用地工程范围，而缺少针对不同换乘功能要求、枢纽整体效率、信息管理标准化的技术标准。

（2）轨道交通线路建设的前期工作对换乘枢纽缺乏综合性的功能设计，对枢纽的集激客流和换乘客流缺少深入的论证分析，致使轨道交通枢纽与其他各种客运交通方式缺乏有效的衔接，进而造成轨道交通客流远低于预测水平，大运量、快速的运输优势没有得到充分体现，巨大的投资得不到预期的回报。

（3）由于在用地空间、设施配置、环境约束等方面缺少总体性的枢纽方案比选，对部分轨道交通换乘枢纽的功能规模、设施布局缺乏前瞻性、整体性的综合考虑，致使枢纽内通达性欠佳，后续工程实施困难。

## 三、轨道交通枢纽的运营主体和产业链

### （一）上游——轨道交通设计咨询

上游主要包括勘察、设计、咨询、监理等。行业内主要企业包括各地城建设计院、轨道交通设计研究院、中国铁建旗下的勘察设计院等，可分为“国家级”“省部级”和“市级”3种规模。“全过程性咨询服务”逐步成为行业内企业发展趋势，致力于为建设单位提供一站式服务，从项目规划期的“招标代理、勘察、设计、可研”到建设期的“工程监理、造价、项目管理”，有利于增强工程建设过程的协同性。

### （二）中游上部位——工程建设

中游上部位主要包括线路铺设、接触网架设、机电设备建筑安装等。建设施工类主要企业包括中国中铁、中国铁建、中国交建等大型国企，以及行业内表现突出的隧道股份集团、北京市基础设施投资有限公司等；工程机械生产类企业主要包括三一重工、徐工机械、中联重科等。

### （三）中游下部位——装备制造及系统

中游下部位主要包括机车制造、车辆制造、工程车制造等。中国中车基本垄断了整车制造环节；零部件市场较为分散，主要企业有康尼机电、鼎汉技术、晋西车轴、华铁股份等；信号系统主要企业包括中国通号、思维列控、交控科技等公司。

### （四）下游——运营维保

下游包括运营维保设备和运营维保服务，为轨道交通行业的后市场。行业内上市企业包括京沪高铁、神州高铁等。与新建投资不同，轨道交通线路投入运营后即进入运营维保服务后市场阶段，运营维保服务产业覆盖轨道交通线路的全生命周期。随着轨道交通运营线路里程的持续增长，运营维保服务后市场无论存量还是增量业务，都具有确定性和可持续性，其中整线运营维保服务是运营维保后市场最核心、体量最大的产业板块。

# 第三节 公共交通导向（TOD）模式概况

城市数量及城镇常住人口大幅增加，紧凑的城市形态和极高的人口密度对公共交通系统及转换空间的综合要求越来越高，人们设想可以创建紧凑畅通而且更宜居的社区以逆转依赖私有车出行和公交线路不畅的扩张发展趋势，这无疑对城市公共空间的开发设计提出了新的挑战。以公共交通为导向的开发模式（Transit-oriented Development，TOD）将成为应对该挑战的有力模式。

## 一、TOD 概述

### （一）TOD 的概念

TOD 模式是以公共交通为导向的开发模型，是规划一个居民或者商业区时，使公共交通的使用最大化的一种非汽车化的规划设计方式。TOD 模式通过最大化公共交通的接入和经济活动的接入，可以确保城市能够创建充满活力、以人为本的社区。公共交通导向（TOD）的发展涉及对可靠公交系统的发展，同时还包括高密度混用开发。有广泛的文件证明，公共交通导向（TOD）具有从碳减排到实现其他社会经济效益的广泛效益，是可持续和宜居城市的内在特点。

TOD 的概念最早由美国新城市主义代表人物彼得·卡尔索普（Peter Calthorpe）在总结第二次世界大战后城市发展经验的基础上提出的，其代表著作为《下一代美国大都市地区：生态、社区和美国之梦》。

传统的城市现代化发展基于早期工业化的发展。当时土地资源丰沛，汽车作为主要的交通设施网布了整个城市空间，并向郊区蔓延。但是随着城市化进程的加剧和功能化集聚，私家汽车的迅速发展势必带来城市核心地带的栓塞。虽然道路的扩建和密布致力于解决此问题，但毫无疑问，城市道路建设已然占用了大量的城市空间，城市核心区域的土地被交通道路占据，周边生活、工作空间也因为交通空间的侵占变得品质极低。

### （二）传统的城市发展模型的缺陷

1. 城市交通拥挤不堪

20 世纪 30 年代后，随着工业化发展，汽车逐渐成为大众化的交通工具，原来已有的交通设施和道路变得日益跟不上时代发展的需要。在这种情况下往往会通过不断拓宽道路宽度和增加道路网密度来提高交通的承载力。在短时间内虽然交通得到缓解，但从长远来看，不注重城市结构和用地布局的协调，随着城市的膨胀，出现了更严重的环境问题和社会问题。

2. 城市结构极不合理

传统城市模型指带形城市模式、未来城市、工业城市模式以及由柯布西耶提出的光明城等，都依托于现代技术手段，运用理性思维、几何形状的逻辑来组织城市规划，过分强调城市的结构功能。在工业化的推动下，都市面积持续扩张，城市构建形式往往沿着快速交通线扩张蔓延。这在理想下的城市结构很难维持，易导致城市成为“摊大饼”的发展形态，进而使各种“城市病”丛生。

3. 城市发展恶性循环

城市结构的不合理加重了交通拥堵等问题，反之城市交通环境的恶化又进一步加重了城市结构不合理，这使城市发展进入了恶性循环，导致城市发展更加无节制地无序蔓延。并由此引发了诸如城市增长危机、非都市化等一系列环境和社会问题。

### （三）TOD 模式推进的解决方案

TOD 模型是基于现代化城市演变进化而来的，对城市结构优化有显著作用，在充分利用土地稀缺资源的情况下提供优质便捷的生活空间。它从点（核心站点）链接次级（站点），构成多层级的城市交通网络，实现指数级的城市现代化发展增速。

针对以上 3 个重点问题，TOD 模型提出了解决方案。

1. 高效的通达性

TOD 模式是以 400~800 m（约步行 10 mins 的距离）作为社区通达性的有效影响边界，形成以轨道交通站点为中心的环形放射状城市扩张模型。当前，为了拓展有效边界，很多交通站点均设置了自行车停放空间（自行车的通达距离一般为 1.5~2 km，自行车换乘扩大了有效边界的覆盖范围），土地开发上强调多功能混合，注重公共空间的布局以及良好生态环境的塑造，极大地提高了整个社区的可达性。TOD 模式以步行、自行车交通为主，实现了多种交通方式的“零换乘”，是现今条件下交通层级结构化的最好应用。

2. 城市结构优化

TOD 社区以轨道交通站点为中心，由轨道交通线相连，呈现“珍珠项链”式开发，整体分散与局部集中性相协调，塑造宜人生活空间，实现城市结构的优化。

3. 实现良性循环发展

TOD 模式实现了各种交通方式与轨道交通的零换乘，突出了 TOD 模式的优越性，及轨道交通的准时、高效率，使人们愿意选择在车站周围工作居住，从而提升了轨道站点周边的土地价值，同时反向提升了轨道交通的通勤客流。而这些客流的增加又进一步推动了沿线商业的开发，开发的扩大进一步方便了轨道交通乘客，并会继续推动沿线的土地开发，从而进入一种良性健康的城市扩张循环。

## 拓展阅读

#### 成都三岔 TOD 模式

位于成都东部新区战略空间结构“规划核心”的三岔 TOD，有 3 张鲜明的“标签”：国际枢纽门户、学研创新之核、城市活力之芯。作为已开通的成都地铁 18 号线的一个站点，三岔 TOD 联运双机场，陆、轨、空高效接驳，未来还将与 S2 线换乘接驳。路网方面，三岔 TOD 向南辐射仁寿、眉山，向西辐射天府新区，向北辐射淮州新城、龙泉、金堂，向东辐射简阳、资阳、重庆。而且 60 分钟以内可达成都主要火车站，与成都第二绕城高速也紧密连接。

在三岔 TOD，项目特色构建了完整的二层连廊体系，为实现无车化、步行友好的公共出行体系给出了面向未来的整体解决方案，包括强化零换乘、全覆盖、补充轨道交通未能覆盖区域的公共交通出行，进一步提升区域公共交通出行分摊率；结合轨道及公交站点，主干路及支路设置自行车专用道，作为次要通勤通道；构建与城市高效生活方式紧密连接的慢行系统。尤其值得期待的是，这里还将构建安全优先、慢行友好、公交畅达的 TOD 融城校园。

作为主打“研学牌”的项目，三岔 TOD 项目片区内高等教育资源云集，有西南交通大学城市轨道交通学院、成都轨道交通职业学院（筹），依托轨道交通上下游产业学研应用场景，充分融入东部新区“产学研”大生态。三岔 TOD 借鉴美国纽约新学院大学、香港理工大学等案例，充分贯彻开放校园、校城联动、立体生态等理念。据了解，已经开工建设的西南交通大学城市轨道交通学院就提出，将高度契合 TOD 商业理念沿底层城市主要界面落位商业设施，通过立体分层+无边界的设计策略，向城市开放学校公共资源。

资料来源：程文雯. 成都三岔 TOD 未来是啥样？设计方案详解来了[N].http://sc.sina.com.cn/news/b/2021-07-20/detail-ikqcfnca7811025.shtml.（编者对其进行了整理改编）

## 二、公共交通导向（TOD）的发展历程

### （一）美国 TOD 模式的发展

1. 20 世纪初期：以土地开发为导向的公共交通

在美国，公共交通最初以地面有轨电车的形式出现。19 世纪末至 20 世纪初，波士顿、纽约和芝加哥等城市陆续建成地铁。在此期间，有轨电车作为主要的公共交通出行工具发挥了重要作用。这些有轨电车以及服务地区的土地多为私人所有，因此开发商通过提供公共交通系统来联系城市中心区，以增加郊区土地的价值。以土地开发为导向的公共交通发展形态使众多有轨电车车站成为商业中心，可以说这种发展形态是 TOD 最初的萌芽。

2. 第二次世界大战后：小汽车导向下的公共交通发展

第二次世界大战后，公共交通的乘客率急剧下降，随着小汽车的盛行以及人口与购物中心的快速郊区化发展。美国公共交通运输市场更是雪上加霜，许多铁路系统也停止了营运。此时公路建设成为美国运输政策的焦点，美国自《1954 年联邦援助公路建设法案》通过立法以后，小汽车已成为各都会区与城市的主要运输方式，公共交通的实际运输服务功能大幅削弱，大部分地区仅以中远途大型客车作为公共交通工具。然而公共客车亦属于公路运输的一部分，与私人小汽车共用路权，深受小汽车交通拥挤的影响。美国联邦运输局 1989 年的公共交通评估报告显示，公共交通系统建设运营并没有提高沿线土地利用的效率，零碎土地仍然在站点周边存在，土地开发形态并未与公共交通系统产生密切联系。在这一时期，小汽车使

用和公路建设成为主旋律，公共交通系统的发展仅仅是一种补充。

3. 20 世纪 90 年代后期：以公共交通为导向的土地开发

随着对小汽车过度使用带来的负面影响的反思，以新城市主义为代表的美国城市规划建设新思想开始涌现，人们试图寻找更为可持续的城市发展模式。其中，最具代表性的是传统邻里设计（Traditional Neighborhood Design，TND）和以公交为导向的城市发展（TOD）。众多学者认为，21 世纪 TOD 将成为一种新的发展典范，其发展潜力可带来更高的经济收益，TOD 不是一种乌托邦式的构想，而是了解了市场的限制变数以及城市居民的行为习惯与生活形态的一种模式。1998 年，美国《交通公平法案》的颁布实施更促进人们回归对公共交通的使用，同时也为交通与土地利用的整合规划提供了法律基础，TOD 理念也因此受到普遍关注。在这一时期，TOD 作为一种社区发展的积极模式得到推广。

4. 21 世纪初：以公共交通为导向的城市综合发展

21 世纪初，TOD 理念逐步扩展并与其他城市发展策略彼此联系，对促进以公共交通为导向的城市综合发展起到了更积极的作用。2000 年，美国精明增长联盟明确提出了精明增长的核心内容、原则及原理，并将其作为一项综合应对美国城市蔓延的发展策略。其目标是通过规划紧凑型社区，充分发挥已有基础设施的效率，其中包含城市增长边界、TOD 发展模式以及城市内部废弃地的再利用等措施，试图通过提供多样化的交通和住房选择来控制城市低密度蔓延。TOD 作为一项将交通和土地利用综合考虑的政策，在城市精明增长框架内成为重要的内容之一，极大地促进了城市的良性可持续发展。

### （二）日本 TOD 模式的发展

为了解决环境及交通问题并限制城市无序蔓延，日本开始运用 TOD 的概念指导规划建设。其中东京是日本轨道交通最发达的城市，著名的东京都市圈包括东京 23 区和向西扩展的郊区，常住人口达到 3 700 万人。“站城一体化”的 TOD 开发模式的广泛应用，具有较高的学术价值。东京 TOD 与轨道交通发展相互关联，主要经历了 3 个阶段：

（1）扩张期（1910—1945 年）：基本是以城市中心为发展核心，各个私有公司开始以东京为中心向四周发展铁道建设。

（2）高速发展期（1950—2000 年）：随着泡沫经济的出现和奥运会申办成功，大规模住宅建设和城市再开发已不仅仅局限于城市核心区域。依托轨道交通进行沿线新城建设，典型案例为多摩新城等。

（3）集约发展阶段（2010 年至今）：随着建设理念及技术的高度发展，对老旧轨道车站站点进行再开发建设，在原有车站功能的基础上进行改造，并将周边的商业、住宅、公园、公共服务设施等进行一体化规划综合开发，促进轨道交通场站与周边城区融合发展和城市综合实力的螺旋上升。

### （三）我国 TOD 模式的发展

我国的 TOD 探索实践始于 20 世纪 70 年代香港开始大规模兴建地铁时出现的“轨道+物

业”模式。内地则是从 90 年代开始随着轨道交通型枢纽的发展，逐渐从学习港铁模式发展为现今系统研究和全面探索实践 TOD 的局面。目前部分我国部分城市及项目的理论和实践水平已经超越了国外一些城市。

1. 香港：公交都市战略下的“轨道+物业”模式

香港的“轨道+物业”模式是在特定的政治、经济、地理和文化环境下孕育产生的。香港一直以公交都市作为城市发展战略，在 20 世纪 70 年代开始大规模兴建地铁时以 TOD 理念推行“轨道+物业”模式，逐步形成了特区政府、轨道交通企业、地产商以及市民共赢的局面。

港铁是到目前为止全球唯一能够实现持续盈利的轨道交通企业，其中新增物业开发和持有型物业的租金收入贡献了相当比例。通过采用“轨道+物业”模式，港铁提高了建设融资的能力，有效增加了轨道交通的客流，实现了轨道交通运营和物业开发的全面盈利。港铁 76% 的股份由特区政府持有，特区政府通过土地出让金、股票市值和股息、轨道交通运营等收益，减少了对轨道交通的财政补贴。开发商则能经由市场化途径获得地铁上盖资源，依靠其品牌和专业度进一步提升站点周边的物业价值。目前，香港地铁站点 500 米范围覆盖了全港 45% 的人口和 75%～78%的工作岗位，市民的工作、生活集中在站点周边地区，可以享受高水平的公共交通服务，也能够获得更多便于居住和就业的区域选项。香港公交出行率约 90%，在全球名列前茅，成为真正意义上的公交都市。

2. 内地：轨道交通高速发展、TOD 不断创新迭代

伴随轨道交通型枢纽高速发展的 TOD 不断创新迭代，内地的 TOD 大致可分为 4 个发展阶段。

阶段一：轨道富余空间利用+TAD（Transit Adjacent Development，轨道邻近开发）。从 20 世纪 90 年代开始，伴随着北京、上海、深圳等城市兴建轨道交通，各城市开始了自发性地探索。主要体现在对轨道交通富余空间（如折返线车站的站厅层）的利用，以及相邻地块与车站的连接，总体而言并未主动贯彻 TOD 规划理念，轨道设施和地块开发在功能和空间上亦缺乏整合设计。

阶段二：“DOT+TOD”整合规划设计。早期的轨道交通规划建设，由于缺乏 TOD 理念，往往仅考虑自身工程实施方便，车站远离社区，与城市功能和空间割裂。2005 年，国内提出 DOT（Development-Oriented Transit，开发导向的交通设施优化）理念，将交通设施与周边物业和城市环境作为一个整体，进行整合规划、城市设计和建筑布局，以各类功能优化组合、空间高效利用、交通换乘无缝衔接、各种动线合理安排为原则，对交通设施进行功能、工艺、形态、建设时序、结建工程等方面的优化，使其能更好地支撑 TOD 发展。在此阶段，开始考虑打破轨道交通与开发用地红线进行一体化规划，同时进行垂直复合开发利用，内地首批场段上盖开发项目的探索在这个时期出现。

阶段三：“T+TOD”投融资模式。2010 年后，在轨道交通持续高速发展、新型城镇化/城市高质量发展以及基础设施投融资改革三大浪潮的复合推进下，内地 TOD 逐步掀起高潮。

2016 年 9 月 8 日，国家发改委召开轨道交通型枢纽投融资机制创新研讨会，会上提出要“从全生命周期来考虑，坚持多元化筹资，用轨道交通建设带来沿线土地的增值反哺轨道交通”，之后又提出要推动“轨道+物业”“轨道+社区”“轨道+小镇”“轨道+新城”。此阶段出现了诸如深圳地铁 6 号线这样的全线 TOD 系统研究，旨在将轨道交通项目带来的巨大外部效益部分转换为项目内部效益，实现项目自身的资金平衡，即“T+TOD”投融资模式。“T+TOD”模式要求多主体进行跨界、多专业、多产业链全过程整合。由于内地城市的既有政策法规和体制机制无法支持，TOD 项目落地面临着技术边界、主体边界、利益边界和政策边界不明确和不稳定的问题。在此阶段，以深圳为代表的多个城市积极探索创新 TOD 顶层设计，涌现出诸多支持 TOD 发展的配套政策。

阶段四：TOD 城市战略。近年来，随着对 TOD 认识的日益加深，部分城市已把 TOD 从投融资压力倒逼的被动举措上升为主动通过 TOD 战略实现城市高质量发展的主动作为。例如：成都市政府提出“TOD 模式是轨道交通时代城市发展的一场思想解放运动，是城市开发理念的更新和城市运营方式的重构”，要通过 TOD 开发推动城市的“生产空间”集约集聚、“生活空间”多元复合、“生态空间”自然和谐、“动能空间”重组扩张，并进一步结合习近平总书记提出的“公园城市”，演绎出“产业优先、功能复合、站城一体、生活枢纽、文化地标、公园社区”的 TOD 成都理念。城市战略之下，近期 TOD 发展呈现出全网/全域、全模式、全流程以及“TOD+”全复合的特点与趋势。

## 三、公共交通导向（TOD）的类型

不同的 TOD 分类标准对应不同的 TOD 项目类型：从轨道设施角度看，有场段上盖开发、站点综合开发、地下空间开发、枢纽站城一体化等；从项目所在区位和开发类型看，可分为主城区站点 TOD 结合城市更新型、郊区场站 TOD 引导新市镇发展型；从开发主体、开发模式看，有政府/轨道交通企业自主开发型、轨道交通企业开发商合作开发型、传统开发商拿地开发型。对于城轨 TOD 而言，一方面场段等轨道设施用地的复合利用是 TOD 实践的重点，另一方面绝大多数城市的轨道交通企业被地方政府委以操盘 TOD 项目的重任，从更为匹配 TOD 项目专业特性与实施主体的角度出发，将 TOD 项目分为“红线内 TOD”和“红线外 TOD”2 大类型 5 种产品。

### （一）红线内 TOD

红线内 TOD 是指以轨道交通用地范围为主，通常由轨道公司主导的综合开发。红线内土地包括轨道交通项目本体工程用地（包括车站、车辆基地、轨道区间、附属工程等），以及周边不能单独规划建设的边角地、夹心地等零星地块，须与轨道设施同步实施综合开发的地上、地下空间经营性项目用地。

红线内 TOD 主要包括以下 3 种项目类型：

（1）站点上盖综合开发：当轨道交通车站穿越地块或与周边地块/建筑的空间关系密不可分时，一方面轨道交通站点上盖空间具有非常高的利用价值，另一方面从沉降控制、防水保护、运营安全等工程技术角度考虑，站点上盖物业开发必须与轨道交通建设统筹实施，一旦线路开通运营，上盖部分就成为控制区域，不允许有任何建筑物附着。因此站点上盖综合开发是红线内 TOD 的另一种重要类型。

（2）场站上盖综合开发：通过对传统车辆基地进行工艺优化，在停车场/车辆段上部加建上盖大平台，在大平台上部进行物业开发，实现场段用地的立体复合开发。需指出的是，如果场段附近不设置车站，综合开发仅能达到节地效果而无法实现 TOD 增值，因此场段综合开发必须结合轨道交通车站，故称之为场站上盖综合开发。

（3）地下/桥下空间开发：轨道交通地下空间开发指利用轨道枢纽站的地下层、折返线车站的站厅层及明挖区间上方等富余空间进行商业开发，广义的还包括与轨道红线外人防、商业等地下空间的互联互通、统筹利用。近年来，高架区间的桥下空间开发利用亦开始探索，属同一范畴。

### （二）红线外 TOD

红线外 TOD 是指轨道交通站点辐射范围内，除红线内土地以外的其他可开发土地。城轨站点的辐射半径可达 1500 米左右，核心区为 500~800 米半径范围。红线外 TOD 的具体范围根据地形、现状用地条件、城市道路、河流水系、地块功能及用地完整性等实际情况划定。红线外 TOD 本质上属于常规的城市开发项目，通常由沿线城区按照传统方式推进实施。

红线外 TOD 主要包括以下 2 种项目类型：

（1）站点周边综合开发：在轨道红线外 TOD 范围内的综合开发，地块开发业态和指标按照 TOD 理念统一规划，实施时考虑与轨道交通建设在空间和时序上充分对接协调。此类项目通常由沿线城区按照传统方式招引开发商实施开发，视当地政府的 TOD 顶层设计及对轨道交通企业的定位的不同情形，亦会有不同的合作开发模式。

（2）轨道小镇：通常位于城市外围、围绕一个或几个轨道交通车站，以导入产业和人口为主的 TOD 新市镇开发。此类项目与特色小镇类似，但更强调以轨道交通为引擎促进产业和人口快速导入。轨道交通企业在轨道小镇开发中的定位通常区别于一般的“轨道+物业”开发项目，政府针对轨道小镇通常亦会出台特殊的支持政策。

# 第四节　轨道交通型枢纽经济案例分析

## 一、钱塘站轨道交通型枢纽

新塘站（凯达尔枢纽）地处珠三角中部、广州市东部的增城区新塘镇城区内，东邻惠州，南接东莞，西连广州中心城区，北靠荔城、中新知识城，既是广州市城市空间发展战略“东进”轴上的重要节点，也是广州市综合交通网络上的重要节点，属于广州的东部交通门户，区位优势明显。随着社会经济的发展、客流量的增长、广州国家中心城市职能的加强、城市空间的拓展、产业带的东移、东部增城副中心的发展，以及城镇群一体化进程的快速推进，珠三角地区应进一步加强广州东部地区的对外辐射能力，满足日益增长的交通需求。因此，将新塘站打造成为广州东部地区的综合交通枢纽已迫在眉睫。

新塘站为中国首个轨道交通型枢纽综合体，更是广州东部枢纽门户，广州对外交流的主要交通枢纽之一。在2019年公布的《广州市国土空间总体规划（2018—2035年）》草案中，新塘站属于广州铁路枢纽布局“五主四辅两预留”之中的一个辅助站。处在广深铁路串联的区域传统发展轴和广深港澳科技创新走廊交汇点上，是广州市城市空间发展战略“东进”轴上的重要节点。

从项目点出发可快速到达东莞、广州东站、深圳机场等地，约15分钟至广州东站，约20分钟至广州白云机场，约53分钟达深圳宝安机场，随着13号线、穗深城际的开通，可实现以新塘为中心的粤港澳大湾区1小时生活圈。

整个枢纽综合体项目整合了高铁、城际、地铁、公交、出租车等多种不同公共交通形式的无缝连接换乘，城际轨道穿梭于综合体裙房之中是全国首例。本项目地下二层与地铁13号线和16号线的站厅层交接；首层北广场有BRT站点与出租车，打造落客区；三层通过天桥与用地北侧高铁站连接；穗莞深城际站线穿过裙房四层。因此，地下二层、首层、三层都与公共交通设施相连。

## 二、成都陆肖站轨道交通型枢纽

作为成都市城市发展战略中“南拓”的重点区域——中和片区，陆肖站TOD项目是成都市内首个TOD示范站点项目。为将其打造成全市TOD综合开发的标杆和公园城市的样本，该项目的开发遵循“一个TOD项目就是一个公园城市社区”的理念进行开发建设。为形成独具特色的TOD城市地标形象，共同打造功能互补的活力轨道生态圈，促进产城一体，实现职住平衡，成都陆肖站TOD以客流为导向进行开发和城市布局。

该项目位于高新南区中柏大道东西侧、中和一线南北侧片区，是成都地铁6号线和22号线的换乘站。成都陆肖站东临高新体育中心，西靠大源CBD，南接新川科技园。这里将构建以地铁陆肖站为核心的10分钟生活圈。围绕成都“公园城市”的发展战略，建立“公园＋小游园＋微绿地”的多层次公园体系，结合站点完善绿道体系，构建层次分明的慢行系统。采用强化内外衔接、优化区域路网、完善公共交通系统等方式对公共交通进行细致整合，以实现换乘与常规交通的无缝连接。

### （一）互联互通的地下公共步行空间体系

通过一体化设计，实现地下全连通；通过下沉公园，将地上地下慢行系统立体连接；住宅小区设置地下门厅与公共通道相连；布置便民服务设施。

### （二）完善的地上地下一体化慢行体系

对公共交通进行细致整合，将换乘接驳对常规交通的干扰降到最低；通过多种方式链接片区，构建完善的地上地下一体化慢行体系，汇集人流。

### （三）站城一体化建设

构建完善的地上地下一体化慢行体系，实现人流的汇集；打造地上地下空中串联层叠、立体连通的空间结构，实现建筑群落和空间结构的整体协调；根据人流动线组织立体交通，连接商业空间、高层塔楼、城市公园等功能空间，实现站城一体化发展。

成都陆肖站项目顺应城市南拓发展方向，承上启下，将建立新经济新动能培育示范区，以高端产业引入、配套服务完善吸引产业居住人口。为了促进区域协同发展，陆肖站 TOD 还将以陆肖站为核心，联动位于周边的成都地铁 33 号线（规划）张家寺站、观东站，22 号线（规划）中和大道站、应龙站 4 个站点，共同打造功能互补的活力轨道生态圈，充分发挥区域资源特色，呈现更好的城市形象。

成都陆肖站项目将引导形成新经济新动能培育中心——围绕新经济产业链部署创新链，建立联动协作体系，培育壮大新经济发展的新动能。区域内将设置超甲级写字楼，打造集办公、酒店和公寓为一地的高端商务区。通过地铁连通集中数十万产业人群，同时在周边配置高端住宅区，实现区域的职住平衡。陆肖站 TOD 项目将充分发挥轨道交通引领城市格局发展的带动作用，成为成都市 TOD 一体化综合开发的标杆之作和公园城市规划建设发展理念的实践典范。

## 三、香港九龙站轨道交通型枢纽

九龙站位于九龙半岛西侧，由西九龙区域填海造地建成，于 1998 年随港铁机场快线及东涌线建成通车。早期由于远离市中心且周边无大型商业设施，客流量一直偏低，仅仅是一个单纯的交通枢纽站点。历经 10 年发展，目前已经形成以港铁九龙站、高铁西九龙站、西九龙站巴士总站等交通枢纽为中心的高端商业、住宅核心区，成为香港新的金融文化中心。

整个站点的规划设计工作起步于 1992 年，建筑师在规划时将地铁站与周边其他交通方式进行统筹与整合，用地西侧为西九龙高铁站预留空间，同时为站点周边的物业开发预留空间。此外，基于九龙站作为城市交通枢纽的地位与特色，在站内设置值机功能，拉近机场与城市的空间距离，提升乘客的出行效率。

建成后的九龙站，以港铁开发的车站综合体为区域核心，与西九龙站、西九龙文化区共同构成了西九龙地区的城市主体，形成了同时满足市民出行、购物、工作、居住、娱乐、休憩等完整的城市多功能社区，实现生产、生活、生态高度和谐统一，重塑了九龙的城市发展格局和城市空间形态，促进了西九龙地区的城市融合。

## 本章小结

随着城市机动车保有量的持续增加，原有的道路交通容量趋于饱和，交通的拥挤程度加剧。为了改善交通拥挤状况，具有运量大、可靠性高等优点的轨道交通越来越受到重视。近年来，国家对基础建设投资增加，轨道交通行业发展迅速，全国多条高铁、动车、城际列车线路通车。随着经济的增长，我国在轨道交通领域的投资额还会进一步增加，从而为轨道交通这一产业发展的增长提供坚实保障。

轨道交通型枢纽的经济特征鲜明化，主要包括：准公共产品；正外部效应；经营营利性较差；规模经济特征；投资密集性和沉没成本巨大；独特的产品周期；强保值能力。同时，轨道交通型枢纽还存在一定的经济风险，例如轨道交通项目一般都是风险期比较长，进而会带来一定的经济风险。轨道交通建设参与各方的经济实力、信用程度、对经济风险认识深度、风险管理能力及决策者的主客观意识等，也会产生一定的经济风险。城市轨道交通投资主要由私人部门提供建设资金和运营城市轨道交通运输服务，这会使私人部门承担更大比例的经济风险。

TOD 模式是以公共交通为导向的开发模型，是规划一个居民或者商业区时，使公共交通使用最大化的一种非汽车化的规划设计方式。

## 课程思政

### 无锡地铁打造“站城一体化”城市空间

地铁 1 号线雪浪坪是长三角重要城市无锡的首个停车场上盖开发项目，与 1 号线雪浪站无缝对接；正在建设的地铁 4 号线及区路综合开发项目，将打造以“生态、智慧、幸福”为主题的高品质城市建设示范先导区……眼下，无锡轨道交通场站建设带动城市空间综合开发利用方兴未艾，一座座以地铁站点、停车场为核心的立体开发项目正拔地而起。

“十四五”期间，如何进一步推动轨道交通综合开发？无锡市《关于推进轨道交通场站及周边土地综合开发的实施意见》（简称《意见》）出台，从加强规划统筹、完善政策配套、强化资源配置、优化开发方式等方面，拿出“硬核”举措，明确具体推动机制，探索符合发展实际的轨道交通场站及周边土地综合开发利用模式，打造具有无锡特色的“站城一体化”城市空间。目前正在开发建设的地铁 4 号线天河停车场“零碳公园”项目，与梁溪科技城有机结合，充分利用地铁停车场上盖，打造约 6 万平方米公园，契合《意见》提出的体现“功能复合、立体复合、生态宜居”的开发理念。此外，《意见》还提出场站综合开发要在保证公共交通功能基本需求的基础上，创新实现集多种城市功能于一体的城市综合性功能区，形成居住休闲、教育文体、医疗健康、商务服务、产业集聚的消费场景。

无锡地铁规划建设正朝着“综合开发”迈进。“十四五”期间，地铁 4 号线二期、5 号线和 6 号线等线路将滚动开发、多线共建。根据《意见》，地铁新线规划将与国土空间规划及地区开发需求密切衔接，从有利于综合开发角度考虑场站选址、落地规模，要求凡具备开发条件的轨道交通场站都应实施综合开发，暂不具备开发条件的场站在规划建设时可预留上盖开发工程结构条件。下一步，由地铁集团牵头、多部门共同参与编制的综合利用规划，将细化场站开发与公共配套、综合交通、产业布局、土地利用、城市生活及区域发展需求的有效衔接，促进梯度开发与城市更新、城市发展战略的高效协同，打通轨道交通与重大基础设施对接的“最后 500 米”。

资料来源：孙倩茹.打造“站城一体化”城市空间[N].无锡日报，2022-04-29（2）.（编者对其进行了整理改编）

## 课后习题

1. 什么是 TOD？
2. TOD 的分类有哪些？
3. 轨道交通型枢纽的经济特征有哪些？

## 拓展学习

新加坡城市公共空间与社区怎样融合?

## 推荐阅读

[1] 姚林泉，汪一鸣. 城市轨道交通概论[M]. 2 版. 北京：清华大学出版社，2019.
[2] 卡尔索普.TOD 在中国——面向低碳城市的土地使用与交通规划设计指南[M].北京：中国建筑工业出版社，2014.
[3] 张明，徐涛，李晓锋. 城市轨道交通 TOD 类型研究与规划设计导则[M]. 北京：中国建筑工业出版社，2018.
[4] 周洁. TOD 商业开发的理念与实践[M]. 北京：化学工业出版社，2022.

# 第十章　综合交通运输体系下枢纽经济发展

## 学习要点

1. 综合交通运输；
2. 综合交通枢纽；
3. 综合交通运输与枢纽经济的关系。

## 学习目标

了解我国综合交通运输的形成和概念；掌握综合交通枢纽的概念和特征；了解综合交通运输发展和枢纽经济形成发展的辩证关系；熟悉国内典型城市综合交通运输发展和枢纽经济形成过程。

## 引导案例

### 天津：建设国际性综合交通枢纽城市

从天津市交通运输委员会获悉，立足京津冀协同发展重大国家战略、国际性综合交通枢纽城市定位、津滨“双城”发展格局，天津市印发《天津市贯彻落实<国家综合立体交通网规划纲要>的实施方案》（以下简称《方案》），明确了未来 15 年、30 年天津市综合立体交通网建设发展的总目标、总蓝图和重要举措等。

未来 15 年，天津将坚持港口为魂、铁路为骨、道路为基、航空为翼、邮政为脉。到 2035 年，基本建成便捷顺畅、经济高效、绿色集约、智能先进、安全可靠的现代化高质量综合立体交通网——建成世界一流智慧绿色枢纽港口、国际航空物流中心，港口货物年通过能力将达到 7.5 亿吨、集装箱年通过能力将达到 3 500 万标箱，机场旅客年吞吐能力将达到 7 000 万人次、货邮年吞吐能力将达到 150 万吨；建成“轨道上的京津冀”、区域互联畅通公路网，高铁城际里程将达到 830 千米，高速公路和普通国省道里程将达到 4 800 千米；建成广泛覆盖的城乡交通网，实现双城间 20 分钟快速通达，城镇及建制村 10 分钟到公交站，城镇 15 分钟上高速公路；智慧绿色交通发展水平将居全国前列，交通运输领域将提前实现碳达峰。到 2050 年，在全国率先建成人民满意、保障有力、世界前列的交通强市，全面支撑天津市建成社会主义现代化大都市。

根据《方案》，天津市将不断完善现代化综合立体交通网布局，构建“1 带 3 轴 2 廊”综合立体交通主骨架、“海、空、铁、邮”四大综合立体交通主枢纽和广泛覆盖的铁路网、公路网络，建设国际性综合交通枢纽城市。其中，“1 带”为京津滨交通带，“3 轴”分别为津沪、沿海、津雄交通轴，“2 廊”为京哈交通走廊、津承交通走廊。

天津港将构建“一港八区”格局，打造京津冀协同发展的重要支撑、服务“一带一路”倡议的重要支点、陆海深度融合的重要平台和现代化的国际枢纽海港。构建陆海内外联动、东西双向互济的运输网络，海向联动环渤海、密接日韩和东南亚、广泛连接欧美澳、拓展“冰上丝绸之路”，陆向贯通“三北”、联通中蒙俄经济走廊。天津滨海国际机场将构建“三航站楼、三跑道、三货运区”运行格局，拓展共建“一带一路”国家和地区、欧美澳国际航线，做强日韩、东南亚航线，引入京滨高铁等，形成综合立体交通枢纽，与北京、石家庄共同打造世界级机场群。铁路将构建“三主三辅多节点”客运枢纽体系、“一中枢多场站”货运枢纽体系，与北京共建国家铁路枢纽。邮政快递将构建面向国际、全市、周边、末端的四级服务网络，打造“公路+铁路+航空+水运”全载体邮政快递运输体系，与北京、雄安共同打造京津冀国际邮政快递枢纽集群。

《方案》明确，天津将推进交通运输跨方式、跨领域、跨区域、跨产业融合发展。推进各种运输方式融合发展，打造多式联运港口枢纽、“机场+轨道”联运样板、承接北京非首都功能高铁“微中心”，推进轨道交通“四网融合”、公路与城市道路“两网衔接”。推进交通网与运输网、信息网、能源网融合发展，强化客运联程、货物联运，保障“北煤南运、油气登陆”能源运输通道畅通，推进交通与信息基础设施协同建设。推进区域、城乡交通融合发展，打造“轨道上的京津冀”，强化“津城”“滨城”轨道交通骨架支撑，优化城市路网，推进公交都市建设，全面建设“四好农村路”。推进交通与多产业融合发展，推进邮政快递“上车上船上飞机”“进社区入村户”，推进交通与现代物流、旅游以及相关产业融合发展。

资料来源：天津市人民政府. 天津市贯彻落实《国家综合立体交通网规划纲要》的实施方案[Z]. 2022.（编者对其进行了整理）

# 第一节　综合交通运输体系的形成

## 一、综合交通运输的概念及内涵

综合交通运输是指铁路、公路、航空、海运、管道等多种交通运输方式按照一定的技术经济特点进行合理配置的运输综合体，其强调各种运输方式的高效协同与衔接配合，在一体化运输链条和运作机制的框架内充分发挥各自的比较优势，使多类型交通资源效益最大化，为经济社会高质量发展提供运输保障。综合运输理念有一个形成发展过程，其最早出现于西方发达国家运输业实践中。20 世纪 20 年代，西方国家出现了交通运输整合和运输协调的观点，强调运输方式的协调匹配，倡导“一体化运输”理念。美国于 1940 年颁发的《1940 年的运输条例》中提出了“运输体系”的概念，指出其是由多种运输方式协同构成的。苏联运输经济学家哈恰图洛夫（1975）提出了运输综合体概念，涵盖了公路、铁路、航空、内河、海运、管道等各种运输方式。在此前后，欧洲、日本等国家和地区对于综合运输的理论认识也在不断深化，例如日本综合运输研究会认为综合运输体系就是对不同运输方式进行合理化分工，使其向着理性化方向发展。新中国成立以来，我国交通运输发展实现了由“瓶颈制约”到“总体缓解”再到“基本适应”的阶段性转变。我国综合交通运输的概念最早于20世纪50年代由苏联引入，强调交通运输行业的综合利用和综合发展，带有鲜明的计划经济特征。改革开放后，由于对交通运输业的结构性调整存在阶段性缺位，加之市场机制作用，各种运输方式竞争激烈，“各自为战”现象明显。

每一种交通运输方式都有其技术经济特征，在我国经济社会发展总体水平不高的情况下，分散单一的交通方式尚能满足社会对运输业的需求。进入新时代后，经济社会高质量发展对高效便捷的运输体系提出了新的要求，各种交通运输方式单独发展已不能适应新时代交通运输业高质量发展的价值指向。在此诉求下，综合交通运输应运而生。其强调消除各种运输方式各自为政的弊病，将交通运输放在一个“总盘子”中统筹规划发展，这也是交通运输业内涵式发展的必然产物。同时，技术进步和成熟也使不同交通方式的融合发展成为可能。2013年后，伴随着“大交通体制”的改革，我国综合交通运输体系逐步确立，运输方式由单一运输方式各自单独发展逐步走向综合集成发展，由之前竞争、独立发展转向现阶段融合、协同发展。近些年，我国综合交通运输业发展成效明显（见表10-1），初步建立了安全、便捷、高效、绿色的现代综合交通运输体系。与此同时，国内各地区也将综合交通运输体系作为经济高质量发展的重要抓手，出台相应的规划和政策，提供综合交通运输体系构建的地区经验。

综合交通运输不是5种运输方式各自发展简单的叠加，它是一个有机整体，有着深刻的内涵，主要体现在以下5个方面。

第一，发挥比较优势，优化组合，合理利用资源。不同运输方式具有不同的技术经济特征，适应不同层次需求的范围，交通运输的发展应根据资源条件和需求引导的要求，充分发挥各种运输方式的比较优势，进行规划布局和优化组合，在高效满足运输需求的情况下，实现资源的最合理利用和节约。

第二，各种运输方式之间、基础设施与使用系统之间协调发展和有机配合。各种运输方式在布局和能力衔接上要协调发展，同时，各种运输方式的运行使用系统与交通网络供给系统要形成有机匹配，实现系统整体的高效率。

第三，连续、无缝衔接和一体化运输服务。交通基础网络在物理上要形成一体化连接，运行系统在运输服务、市场开放、经营合作、技术标准、运营规则、运输价格、清算机制、信息以及票据等方面要形成一体化的逻辑连接，运输全过程实现一体化的运输组织和服务。

第四，现代先进技术的应用。以先进技术、信息化、智能化提高系统整体发展水平和管理服务水平，实现能力供给增加、安全保障性提高以及经济、环保等目标。

第五，提高人们生活质量与统筹协调、可持续发展的平衡。一方面，要建立发达的、完善的现代化交通运输系统，适应经济发展和人们生活质量提高的需要；另一方面，综合运输体系的发展结构和规模要坚持和贯彻可持续发展的理念和战略，与经济、社会、环境发展相协调，通过供给系统、使用政策以及宣传教育等引导人们树立更加注重资源节约的交通消费观念和交通行为。

表 10-1 我国交通运输业发展成就

| 年份 | 2010 年 | 2015 年 | 2020 年 |
|---|---|---|---|
| 铁路营业里程/万千米 | 9.1 | 12.1 | 14.6 |
| 高速铁路营业里程/万千米 | 0.51 | 1.9 | 3.8 |
| 铁路复线率/% | 41 | 53 | 60 |
| 铁路电气化率/% | 47 | 61 | 73 |
| 公路通车里程/万千米 | 400.8 | 458 | 510 |
| 高速公路通车里程/万千米 | 5.8 | 8 | 15.5 |
| 国道二级以上比重/% | 60 | 69.4 | 75 |
| 内河高等级航道里程/万千米 | 1.02 | 1.36 | 1.61 |
| 油气管网里程/万千米 | 7.9 | 11.2 | 16.5 |
| 城市轨道交通里程/千米 | 1 400 | 3 300 | 7 000 |
| 沿海港口万吨级及以上泊位数/个 | 1 774 | 2 207 | 2 530 |
| 民用运输机场数/个 | 175 | 207 | 241 |

数据来源：根据交通运输部官网整理。

## 二、综合交通运输体系的发展

新时代我国交通运输业高质量发展需要加快形成综合交通运输体系建设。推进综合交通枢纽及邮政快递枢纽统一规划、统一设计、统一建设、协同管理。推动新建综合客运枢纽各种运输方式集中布局，实现空间共享、立体或同台换乘，打造全天候、一体化换乘环境。推动既有综合客运枢纽整合交通设施、共享服务功能空间。加快综合货运枢纽多式联运换装设施与集疏运体系建设，统筹转运、口岸、保税、邮政快递等功能，提升多式联运效率与物流综合服务水平。按照站城一体、产城融合、开放共享原则，做好枢纽发展空间预留、用地功能管控、开发时序协调。

“十四五”时期综合交通运输发展主要指标如表 10-2 所示。

表 10-2 “十四五”时期综合交通运输发展主要指标

| 类别 | 指 标 | 2025 年[①] |
|---|---|---|
| 设施网络 | 铁路营业里程/万千米 | 16.5 |
| | 其中：高速铁路营业里程 | 5 |
| | 公路通车里程/万千米 | 550 |

续表

| 类别 | 指　标 | 2025 年[①] |
|---|---|---|
| | 其中：高速公路建成里程 | 19 |
| | 内河高等级航道里程/万千米 | 1.85 |
| | 民用运输机场数/个 | >270 |
| | 城市轨道交通[②]运营里程/千米 | 10000 |
| 衔接融合 | 沿海港口重要港区铁路进港率/% | >70 |
| | 枢纽机场轨道交通接入率[③]/% | 80 |
| | 集装箱铁水联运量年均增长率/% | 15 |
| | 建制村快递服务通达率/% | >90 |
| 智能绿色 | 重点领域[④]北斗系统应用率/% | >95 |
| | 城市新能源公交车辆占比[⑤]/% | 72 |
| | 交通运输二氧化碳排放强度[⑥]下降率/% | 〔5〕 |
| 安全可靠 | 道路运输较大及以上等级行车事故万车死亡人数下降率/% | 〔12〕 |
| | 民航运输飞行百万小时重大及以上事故率/（次/百万） | 〔<0.11〕 |
| | 铁路交通事故十亿吨·千米死亡率/（人/十亿吨·千米） | <0.3 |

注：①〔 〕内为5年累计数。② 指纳入国家批准的城市轨道交通建设规划中的大中运量城市轨道交通项目。③ 指国际枢纽机场和区域枢纽机场中连通轨道交通的机场数量占比。④ 指重点营运车辆、邮政快递自有干线运输车辆、应安装具备卫星定位功能船载设备的客船及危险品船等。⑤ 指新能源公交车辆占所有地面公交车辆的比重。⑥ 指按单位运输周转量计算的二氧化碳排放。

数据来源：《“十四五”现代综合交通运输体系发展规划》。

## 第二节　当前我国综合交通运输体系建设的优势和不足

### 一、综合交通运输在枢纽经济发展中的功能和优势分析

第一，综合交通运输是枢纽经济产生的前提和基础。一般来说，由单独的某种运输方式形成的交通枢纽，其功能较为单一，如铁路枢纽、公路枢纽、航空枢纽及港口枢纽等，与综合交通枢纽相比，其辐射带动效应有限。在交通强国建设背景下，随着交通运输方式由单一

性向多样性演进，交通枢纽也由传统的单一枢纽向综合型枢纽升级和跃迁，由多种运输方式协同融合汇聚形成的综合立体交通枢纽是当下我国交通基础设施建设的重点所在。综合交通枢纽扮演着城市群交通运输网络重要节点的功能角色，是城市内和城市间综合交通系统衔接的关键点，其在产业结构、空间布局等层面都有别于单体枢纽。如果说综合交通枢纽是地区经济发展的“大脑”，各种交通运输方式则是将枢纽和其他地区链接的“神经网络”，两者构成一个完整的设施群体系，形成了重要的交通经济带。空铁枢纽是目前国内最常见的综合枢纽形态，以“机场+高铁”为主的综合交通枢纽又可分为 3 种类型：一是机场扩建时修建引入高铁站，如上海虹桥枢纽；二是机场修建的同时规划引入高铁站，如北京大兴机场；三是机场和高铁站距离很近，有专线连接，如郑州新郑机场和郑州南站（2022 年 5 月 31 日正式更名为“郑州航空港站”）。在空铁枢纽模式中，高铁辐射城市群内部，航空辐射城市群之间，形成紧凑化的城市空间网络体系，“时空收缩”和“同城化”效应凸显。此外，综合交通枢纽既有交通节点功能，又有城市场所功能，可以将要素流固化，形成高密度且多样化的城市功能与形式。不同的要素流固化会形成不同的城市功能与形式，进而促进枢纽经济的发展。

第二，综合交通运输不是各种交通运输方式的简单叠加，而是其深度融合，其将以最小的时间成本产生最大化的集聚效应，重塑了经济地理空间，优化了区域产业分工，有效引致产业链、供应链和价值链重构，对城市产业和区域空间形态产生显著影响。交通网络体系的完善可以将枢纽效应最大化发挥，扩大了要素流规模，促进产业演替和企业数量剧增，形成功能较为齐全的产业体系，并向外围区域扩散，进而带动周边土地利用方式变化和高端服务业集聚，有效提振区域经济发展水平。综合交通运输可以衍生多种运输相关产业，航空运输、空港建设可以孵化航空制造业、临空服务业等产业；高铁运输可以带动现代金融、会展服务、餐饮业及零售服务业出现。例如，上海虹桥综合枢纽经历了“先航空、再高铁”的演化过程。2010 年之前，虹桥机场周边只有一些和民航运输相关的产业，规模有限。2010 年后，随着虹桥高铁站的投入运营以及轨道交通的串联，“机场+高铁”使虹桥地区成为名副其实的综合枢纽，促进当地产业结构朝着规模化、综合化、叠加化方向发展，交通的节点效应和区域的场所效应不断实现动态平衡。

第三，综合交通运输是践行交通运输生态文明的“有力武器”。目前交通运输业是资源消耗大户，对生态环境压力较大。通过构建可持续发展的综合运输体系、优化绿色交通空间布局、推进基础设施建设绿色化等路径，综合交通运输体系可以在很大程度上实现通道资源的集约利用，进而打造绿色交通的重要载体，对交通运输业提质增效、转型升级、污染防治具有决定性意义。这与枢纽经济所映射的网络化、集约化、平台化、绿色化特征高度契合，两者是推动经济社会绿色发展的重要手段。

## 二、枢纽经济对综合交通运输的效应分析

综合交通运输对枢纽经济产生了显著的刺激效应，枢纽经济的深度发展反过来推动综合交通运输体系的进一步成熟和完善，倒逼多种运输方式进一步融合发展，两者会产生显著的

互馈效应。枢纽经济对综合运输的回馈效应可以从必要性和现实性两个层面解析。从必要性来看，枢纽经济不断深入发展有利于促使城镇体系结构优化升级，城市群和都市圈建设需要打造更多的综合枢纽，也能够不断满足人民对美好出行的需求。同时，伴随着城市范围扩大，中心城区不再是唯一的枢纽所在地，交通枢纽呈网络化布局，这对综合运输方式提出了更高要求。另外，枢纽经济的重要依托即现代物流业，物流业的高质量发展亟须加强综合物流通道建设。从现实性来看，枢纽经济壮大会反哺交通运输业的发展，枢纽经济带动区域经济发展，经济发展有更多财力、物力投入交通基础设施建设，使综合运输体系具有更高的现实性。

## 三、当前我国综合交通运输在枢纽经济发展中的不足之处

第一，我国综合交通运输发展不平衡、不充分问题仍然突出。综合交通网络布局不够均衡、结构不尽合理、衔接不够顺畅，重点城市群、都市圈的城际和市域（郊）铁路存在明显短板。货物多式联运、旅客联程联运比重偏低，定制化、个性化、专业化运输服务产品供给与快速增长的需求不匹配。智能交通技术应用深度和广度有待拓展，部分关键核心产品和技术自主创新能力不强。交通运输安全形势仍然严峻，产业链供应链保障能力不足。绿色低碳发展任务艰巨，清洁能源推广应用仍需加快。综合交通运输管理体制机制有待健全完善，制约要素自由流动的体制机制障碍依然存在。

第二，目前我国综合交通运输体系建设尚处于起步阶段。虽然国家层面建立了综合交通运输协调机制，大部门制组织架构基本建立，省级综合交通运输体制改革也在加快推进，不少省区基本建立起或正在建立综合交通运输协调机制。但在具体实践和运行中，地方综合交通运输还存在职能分割、衔接不畅等问题，一体化发展程度不够，体制机制仍需要进一步理顺。各种运输方式的衔接融合度还有待深化，运输方式之间的兼容性、协调性不高，系统性不强，交通网络密集度不够。

第三，综合交通运输枢纽数量较少，规模较小。打造综合交通运输体系是当前我国交通运输业发展的主要任务，各地对综合运输发展也颇为热情，江苏、浙江、山东等 13 个省市区入选第一批交通强国试点建设单位。但受制于起点、规划等因素，国内多数地区尤其是中西部地区将枢纽建设的着眼点摆在单一枢纽上，综合交通规划多处于理念阶段，实质性落地不多。尽管一些中心城市的交通枢纽带有多式联运（如空铁联运）的功能，但其实质还是单体枢纽，不能将其称为综合枢纽，其综合集散和衔接换乘能力较为薄弱。在此情形下，围绕交通运输产生的相关产业，其规模尚有扩大空间，产业结构发育有待优化健全。

党的十九大提出交通强国战略，必将对综合交通运输发展产生深刻深远影响，也对综合交通运输体系建设提出新的要求。发展目标上，由强自身转向强国家，更加注重综合交通运输对国土开发、区域协调、产业布局、科技创新和对外开放的先行引导作用，强化综合交通运输体系对国家重大战略实施和现代化经济体系构建的支撑。发展动力上，由传统要素驱动转向科技创新驱动，更加注重积极吸纳和集聚创新要素资源，提升既有设施智能化水平，促进全出行链、产业链、供应链、价值链技术创新和模式创新，推动综合交通运输智能高效发展。发展模式上，由规模速度型转向质量效益型，更加注重资源集约利用，提升生产要素使

用效率，优化各种运输方式资源配置，提高综合交通运输可持续发展水平。发展路径上，由分散独立转向一体融合，更加注重水、陆、空立体多维衔接和协同，发挥多种交通运输方式的比较优势和组合效率，建立宜公则公、宜铁则铁、宜水则水、宜空则空的综合交通运输系统。发展空间上，由国内发展转向全球拓展，更加注重综合交通基础设施与周边国家的互联互通和国际运输便利化水平提升，深度参与国际客货运输服务，不断提升我国在国际运输通道中的战略枢纽地位。打造一流的综合交通设施网络体系、一流的综合交通运输技术体系、一流的综合交通运输治理体系、一流的综合交通运输服务体系，推进交通与邮政快递和现代物流业融合发展。随着我国综合交通运输体制机制改革不断深入推进，各种运输方式的融合不断加深，基础设施网络化水平不断提升，综合交通运输发展中的问题与不足也会逐渐消失。

## 第三节　综合交通运输体系下枢纽经济组织运行

在我国经济高质量发展过程中，枢纽经济进入高速发展期。枢纽经济运行一方面来自地方政府、社会外部推动力，另一方面来自产业内部的市场驱动力。总体而言，综合交通运输体系下，枢纽经济发展动力源泉主要包括物流产业演进的需要、空间资源聚合的需求和国际链条联通的需要。物流产业规模递增需要发展空间，巨大的国际物流量需要全球供应链节点的布局；空间资源聚合节省了土地等资源，减少了空间浪费，为国际要素流动提供了洼地；国际链条的联通畅通了全球供应链采购过程，吸纳了生产要素。

### 一、综合交通运输体系建设的总体要求

#### （一）综合交通运输系统建设

1. 打造综合交通枢纽集群

建设京津冀、长三角、粤港澳大湾区、成渝地区双城经济圈等国际性综合交通枢纽集群，提升全球互联互通水平和辐射能级。培育一批辐射区域、连通全国的综合交通枢纽集群，合理组织集群服务网络，提高集群内枢纽城市协同效率。

2. 优化综合交通枢纽城市功能

提升国际性综合交通枢纽的全球联通水平和资源要素配置能力，增强部分枢纽国际门户功能。优化全国性综合交通枢纽客货中转设施、集疏运网络及客运场站间快速连接系统。增强区域性综合交通枢纽的衔接转运能力，发展口岸枢纽。强化不同层级综合交通枢纽城市之间功能互补、设施连通、运行协同。

3. 完善综合客运枢纽系统

优化客运场站和城市公共交通枢纽布局，鼓励同站布设，加强与城市交通系统的有效衔接。对换乘潜在需求大的综合客运枢纽，做好衔接通道用地和空间预留。推动新建综合客运枢纽布局立体换乘设施，鼓励同台换乘，实施既有枢纽换乘设施便捷化改造，推动主要运输方式间便捷换乘。整合接入综合客运枢纽的不同运输方式信息资源，加强数据、时刻、运力等对接。促进综合客运枢纽站城融合，探索建立枢纽开发利益共享机制，推动枢纽与周边区域统一规划、综合开发，加强开发时序协调、服务功能共享。

4. 建设综合货运枢纽系统

优先利用现有物流园区以及货运场站等设施，规划建设多种运输方式高效融合的综合货运枢纽，引导冷链物流、邮政快递、分拨配送等功能设施集中布局。完善货运枢纽的集疏运铁路、公路网络，加快建设多式联运设施，推进口岸换装转运设施扩能改造。实施邮政快递枢纽能力提升工程，加强邮政普遍服务和快递处理中心等设施建设，与铁路、公路、民航等枢纽加强统筹。推进 120 个左右国家物流枢纽建设。

## （二）构建高效货运服务系统

1. 建设高效货运服务网络

完善与产业布局、消费格局相适应的大宗货物、集装箱物流网络，建设大容量、低成本、高效率物流骨干通道，保障化肥等重要农资季节性运输。有序发展铁路双层集装箱运输，探索开行定制化的铁路直达货运班列，充分利用富余运力和设施能力发展高铁快运等铁路快捷货运产品。推动道路货运高质量发展，提升规模化、集约化水平。加强航空货运能力建设，培育壮大专业货运机队，优化航线和时刻配置，提升机场物流组织效率和服务品质。完善以物流园区、配送中心、末端配送站为支撑的城市三级物流配送网络，加强与干线运输、区域分拨有效衔接。完善县乡村三级物流服务体系，提升产供销一体化服务能力。提升口岸通关能力和便利化水平。

2. 大力发展货物多式联运

推进大宗货物和集装箱铁水联运系统建设，扩大铁水联运规模。以长江干线、西江航运干线为重点，提升江海联运组织水平。加快推进多式联运“一单制”，创新运单互认标准与规范，推动国际货运单证信息交换，探索国际铁路电子提单，逐步普及集装箱多式联运电子运单。加快多式联运信息共享，强化不同运输方式标准和规则的衔接。深入推广甩挂运输，创新货车租赁、挂车共享、定制化服务等模式。推动集装箱、标准化托盘、周转箱（筐）等在不同运输方式间共享共用，提高多式联运换装效率，发展单元化物流。鼓励铁路、港航、道路运输等企业成为多式联运经营人。

3. 发展专业化物流服务

强化国家骨干冷链物流基地功能，完善综合货运枢纽冷链物流服务设施，加强不同运输方式冷链设施衔接，补齐集配装备和仓储设施短板，推动铁路集装箱冷链服务模式创新，强化分级分类质量监管，提升冷链物流服务品质。推动大宗货物储运一体化，推广大客户定制服务。统一货物危险特性分类标准，加强货物包装、运输作业和运输工具标准化建设，推广智能化储运监控、风险监测与预警系统应用。优化重点制造业供应链物流组织，提升交通运输对智能制造、柔性制造的服务支撑能力。

4. 持续推动降低物流成本

降低物流制度成本，优化证照和许可办理程序，完善铁路货运价格市场化灵活调整机制。降低物流要素成本，保障重大物流基础设施建设用地需求。落实物流减税降费措施，规范和降低港口航运、公路铁路运输等物流收费，全面清理规范涉企收费。

### （三）发展现代邮政快递服务

1. 提升寄递服务质效

创新邮政普遍服务，实现邮件全程跟踪查询。开展快递服务质量品牌创建行动，发展航空快递、高铁快递等差异化产品。推进快递进村，强化县乡村寄递物流资源共享，推动共同分拣、共同运输、共同收投，基本实现建制村直接收投邮件快件。推进快递进厂，深度嵌入产业链价值链，发展入厂物流、线边物流等业务。推动快递出海，加快建设邮政国际寄递中心，建设南昌、长沙、成都、郑州、南宁、南京、大连、义乌等邮政处理中心和国际邮件互换局（交换站），构建国际快件运输网络，推动国际寄递服务便利化。

2. 完善寄递末端服务

建设多元化、智能化末端服务网络，推进城乡快递服务站、智能收投终端和末端服务平台等布局建设及资源共享。推动城市居住社区配建邮政快递服务场所和设施。建设集邮政、快递、电商、商贸等功能于一体的寄递物流综合服务站。推广无人车、无人机运输投递，稳步发展无接触递送服务。支持即时寄递、仓递一体化等新业态新模式发展。

## 二、综合交通运输体系下枢纽经济的运营主体和通道设施

### （一）枢纽经济运营主体

在枢纽经济运行过程中，不同的类型需要选择不同的主体。枢纽经济运营主体的实力直接关系到枢纽经济的效率和效益，是枢纽经济运行的最基本要素。

陆港型物流枢纽承载城市，由于存在公路港、铁路港、内河港以及强大的物流产业集聚区形成的“无水港”，在枢纽经济运营主体选择时需要根据当地经济社会发展环境和规模与物流企业的发展状态进行综合评估，承担起集聚、联运、协同的责任和义务。港口型物流枢纽的运营主体一般由港务集团公司或保税物流园区牵头，其他物流企业及口岸机构及相关部门配合。空港型物流枢纽，其运营主体原则上应该是空港物流集团或综合保税区牵头，其他物流企业及其部门协同配合。生产服务型物流枢纽则需要在政府协调下，选择某一大型制造商或大型物流企业牵头，也可以由政府出面成立专门的物流公司、物流园区作为运营主体。

商贸服务型物流枢纽需要根据商贸集团、市场基地、物流园区、铁路或公路港等具体情况，遴选出一个大型企业集团或成立专门的运营主体，由政府相关监管部门、相关组织和企业予以协同运作。陆上边境口岸型物流枢纽的运营主体需要地方政府和口岸海关管理部门协调边贸保税区、边贸物流园等大型物流集团，或者成立新的运行企业承担主体责任，其他物流企业和相关部门协调合作、推进发展。

## （二）枢纽经济运营通道

枢纽经济运营通道依据不同的参照标准有国内通道和国际通道，陆上通道、海上通道和空中通道，海向通道和陆向通道等不同分类。根据现代枢纽经济发展的系统环境要素，我们将物流通道分为物理通道、信息通道和管理通道。

### 1. 物理通道

物理通道是枢纽经济运营通道的最基本通道，是物流 5 种运输形式的有效体现。使用空中通道运输是物流运输中最快速的移动方式，随着城市化后机场功能的凸显，通用机场和支线航空逐步发达，空域开发的紧迫性逐步显现。如何进一步推进航线布局和空域优化，形成主航线和支航线的科学网络，将是空中通道建设的重点。陆路通道包括公路通道和铁路通道，公路通道包括高速公路、国道和地方公路；铁路通道包括高速铁路、普通铁路、地方铁路、城际铁路等。经过改革开放以来对公路、铁路的重点建设，公路网和铁路网的密度逐步提高，站在物流通道的视角，铁路通道的建设重点在于线路网络的综合利用、多式联运的实施和枢纽设施的有效对接。水路通道包括内河航道、近海航线和远洋航线，水路运输是物流活动中最廉价的运输方式，扩大水路通道是降低物流成本的重要途径，也是未来运输通道拓展的重点。管道通道是专门服务于石油、天然气、砂石等特殊货物的专业输送方式，也是枢纽经济运营通道的有效补充。

### 2. 信息通道

信息通道即信息流、订单流和资金流等动态数据流动的载体，它是运营通道的重要组成部分，尽管以虚拟的形式存在，但借助终端载体对相关“流”的控制和操作是实实在在的，线路的宽窄直接影响流动速度，信息通道的“存在性”是形象逼真的。信息通道建设是枢纽经济运营过程中有效提升相关效益的重要环节，需要给予高度关注。如今，新一代信息技术对物流活动的支撑作用更加明显。伴随着电子商务、网上订单、电子结算、移动支付、互联网金融等功能与 SG 网络的融合发展，以及区块链技术的科学应用和积极实施，信息通道对枢纽经济的支撑作用日益明显，现代枢纽经济的运行必须加大信息通道建设的力度。

### 3. 管理通道

管理通道是在物流活动中直接涉及的口岸管理、质量管理、风险管理、政策管理等服务渠道的组合。枢纽经济的运行，需要海关、边检、海事等口岸管理部门的监管服务，需要质检部门对质量的检验，需要银行金融专业机构提供风险预警服务，更需要政府部门实施的宏观调控和业务指导，管理通道是否畅通直接关系到枢纽经济的运行效率，因此，需要加强建设和优化管理。

### （三）枢纽经济运营设施

枢纽经济运行的规模和水平与其基础设施密切相关，包括硬件设施（如道路、场站、园区、海关特殊监管区等）、软件设施（包括 AI 系统、SG 网络、物联网等）和供应链节点网络设施（包括运输车辆、船舶、飞机、仓储、海外仓等）。

1. 硬件设施

物流枢纽周边的集疏港（站）线路、堆场、仓储等设施建设直接关联着该枢纽的集疏运吞吐水平，与之相配套的园区规模和空间布局与枢纽经济的发展相辅相成。新时代的物流枢纽均在国际视野下运营发展，所以保税、减免税等海关特殊监管业务场所的设置水平直接关联着枢纽经济的国际化水平。因而，物流枢纽周边的硬件设施建设不仅代表着枢纽经济发展的形象，更是质量和效率的象征。

2. 软件设施

在无纸化办公、移动营销和互联网金融环境下，枢纽经济高质量运行必须倚仗一流软件设施的配套。未来，国际的竞争就是技术手段的较量，新一代信息技术代表着先进的生产力，是推进多源信息融合的基础环境条件。所以，枢纽经济重在推进人工智能 AI 系统的建设和联网，依托物联网和 SG 技术，将枢纽节点紧密联合，实现协同运作、共同提升的目标。

3. 供应链节点网络设施

供应链节点网络设施不仅是枢纽经济运营条件的补充，也是“地方”支持“中央”的保证。作为枢纽经济的“极点”，物流枢纽位于“中央”位置，其发挥辐射带动作用，必须是供应链各节点的协同配合。这就要求供应链节点网络设施要与枢纽经济规划同步推进，尤其是节点的车辆、设备、系统、仓储设施（包括海外仓和前置仓），均构成了枢纽经济运行的基础条件。

## 三、综合交通运输体系下枢纽经济的运行动力

枢纽经济的运行汇聚了来自地方政府、社会的外部推动力，也引发了产业内部的市场驱动力。枢纽经济运行动力包括物流产业演进的需要、空间资源聚合的需要和国际链条联通的需要。物流产业演进的规模扩大和外延拓展需要发展空间，巨大的国际物流量需要全球供应链节点的布局；空间资源聚合节省了土地等资源，减少了空间的浪费，为国际要素的流动提供了发展洼地；国际链条的联通畅通了全球供应链采购过程，吸纳了生产要素。

### （一）物流产业的演进

我国现代物流业经过改革开放以来 40 余年的高速发展，其规模和就业容量创下新高。物流产业的发展在第一阶段表现为运输经济、仓储经济，重点在道路运输、海洋运输和空中运

输，着力点在冷库建设、监管仓建设，通过货物的实体流动产生时间效益、空间效益和形式效益，驱动物流产业的发展。第二阶段是与加工制造业合作发展阶段，发展第三方物流，为生产制造企业的原材料和产成品提供优质运输、仓储和配送服务，增强了物流服务的针对性和复合性。第三阶段是与现代服务业的全面融合，借助互联网电商平台，向社会各行业提供个性化、精益化的物流服务。布局全球供应链节点，建设海外仓，发展保税物流，缩短在途时间，实现定制化服务。物流业的高质量发展为枢纽经济高质量运行提供了强大动力源，形成了物流产业和枢纽经济良性循环的局面。

### （二）空间资源的聚合

从本质上讲，枢纽经济是一种聚合经济，是人力资源、物力资源和财力资源的聚合，是线上资源和线下资源的聚合，是区域内资源和区域外资源的聚合，是空中资源和地面资源的聚合，是资本、园区、基地、市场、码头、港站、通道多种要素的聚合。所以，空间资源聚合是推动枢纽经济运行的强大动力源泉。

无论何种类型的交通物流枢纽，都伴随着有限资源在一定空间范围内的聚合。一是通过聚合有利于形成交通物流枢纽的“拳头产品”，使枢纽经济发挥核心辐射作用。二是通过空间要素聚合有利于枢纽偏好型产业链的发展，通过服务资源的聚合有利于为枢纽产业链节点提供有针对性的高效服务。三是通过空间聚合有利于对土地资源的有效利用。由于耕地的红线和城市建设用地的限制，通过空间聚合，使价值改变，为枢纽产业提供必要的发展空间。

### （三）国际链条的联通

马克思曾指出，蒸汽和机器引起了工业生产的革命。国际交通运输工具的发展、跨国公司的出现，为国际原材料、产成品的运输和国际化生产提供了便利。随着生产力的进步，国际分工也在有效推进。世界范围内的生产分工促进了各国资源优势的扩张。当前，新一代信息技术革命为全球供应链采购夯实了平台技术基础，全球订单、国际物流成为国际贸易的主旋律。政府作用的加强使国际范围的分工合作更加顺畅，全球竞合的经济体系进一步稳固，国际统筹布局、全球采购、相互联通的经贸领域的“人类命运共同体”渐趋成型。

随着全球跨境购物电商平台功能的彰显，跨境贸易电商试验城市、跨境贸易综合试验区相继亮相，从过去的大宗贸易到现代的日用快消品，线上销售大大激发了人们的购买欲，“保税仓”“海外仓”“买家集运”等，众多有利于提升线下实体物流效率的辅助模式不断创新。国际供应链节点的联通也在助力枢纽经济的高质量运行，从国际经贸发展的现实中为枢纽经济的运行提供了动力支持。

## 第四节 综合交通运输与枢纽经济发展案例分析

综合交通运输的快速发展必然形成综合交通枢纽，在综合交通枢纽作用下，枢纽经济得以形成发展，也就是沿着“综合运输—综合枢纽—枢纽经济”这一路径。因此，综合交通枢纽是枢纽经济发展的关键。目前国内综合交通枢纽主要由航空和高铁组成，综合交通运输对枢纽经济的形成推进主要体现在综合交通枢纽周边的产业布局和结构优化升级方面，并逐渐向外围拓展。当前最为典型的空铁联运枢纽当属上海虹桥枢纽。此外，郑州作为内陆地区著名的交通枢纽，依托郑州航空港经济综合实验区，2019 年又获批空港型国家物流枢纽。同时，郑州航空港是集航空、高铁、地铁、城铁、公路于一体的大型综合枢纽，具有一定代表性。

## 一、上海虹桥综合交通枢纽

就枢纽形成来看，虹桥综合交通枢纽的形成发展经历了机场单枢纽、“机场+高铁”综合枢纽两个阶段。如果以枢纽经济演化阶段的角度来观察，虹桥枢纽经济的时变特征可分为虹桥机场单枢纽运行（2010 年以前）、综合枢纽形成及枢纽产业出现（2010—2013 年）、枢纽经济初步运行（2013—2016 年）、虹桥枢纽经济深化发展（2016 年至今）等阶段。

2004 年虹桥临空经济区成立，但受制于交通条件，产业多集中于机场两侧，辐射范围有限，经济区周边共有企业 547 家。2007 年，上海市政府开始规划包括机场和高铁站在内的综合交通枢纽，虹桥经济区进入快速扩张期，政策利好使当年企业总量增长到 758 家，较 2004 年增幅达 39%。2010 年虹桥高铁站通车，虹桥综合交通枢纽投入运营，同时，上海地铁 2 号线、10 号线、17 号线交汇于此，客运周转量大幅提高，产生极大的辐射效应，虹桥经济区也由早期的临空经济区过渡为中央商务区。2013 年虹桥商务区入驻企业即突破千户，达到 1 040 家，产业也呈多元化发展，由临空产业、高铁产业向综合枢纽产业升级。之后，虹桥枢纽进入运行强化和完善期，一直发挥着长三角地区交通中枢作用。目前虹桥枢纽日客流量达 115 万人次以上，是全国最大的综合交通枢纽之一，在上海市运输格局中具有重要且独特地位（见表 10-3）。强大的客运能力带动生产要素快速聚集，产业规模和种类增长迅速（见图 10-1）。“航空+高铁”式混合枢纽带动临空制造业、运输业、批发零售业、商务服务业等现代服务业和高端产业不断发展壮大。在虹桥枢纽形成过程中，其周边产业经历着明显的结构优化和空间分异，呈多元化发展态势。

表 10-3　虹桥枢纽客运量在上海市“两场三站”客运格局中所占比重（%）

| 交通站点 | 2014 年 | 2015 年 | 2016 年 | 2017 年 | 2018 年 | 2019 年 | 平均 |
|---|---|---|---|---|---|---|---|
| 虹桥高铁站/三站 | 50.1 | 53.4 | 56.4 | 58 | 57.8 | 58.3 | 55.7 |
| 虹桥机场/两场 | 41.7 | 38.8 | 37.4 | 37.1 | 36.9 | 36.6 | 38.1 |

注：“两场三站”指浦东机场、虹桥机场、上海站、上海南站、上海虹桥站。

数据来源：根据民航资源网 http://news.carnoc.com/list/511/511777.html 数据整理。

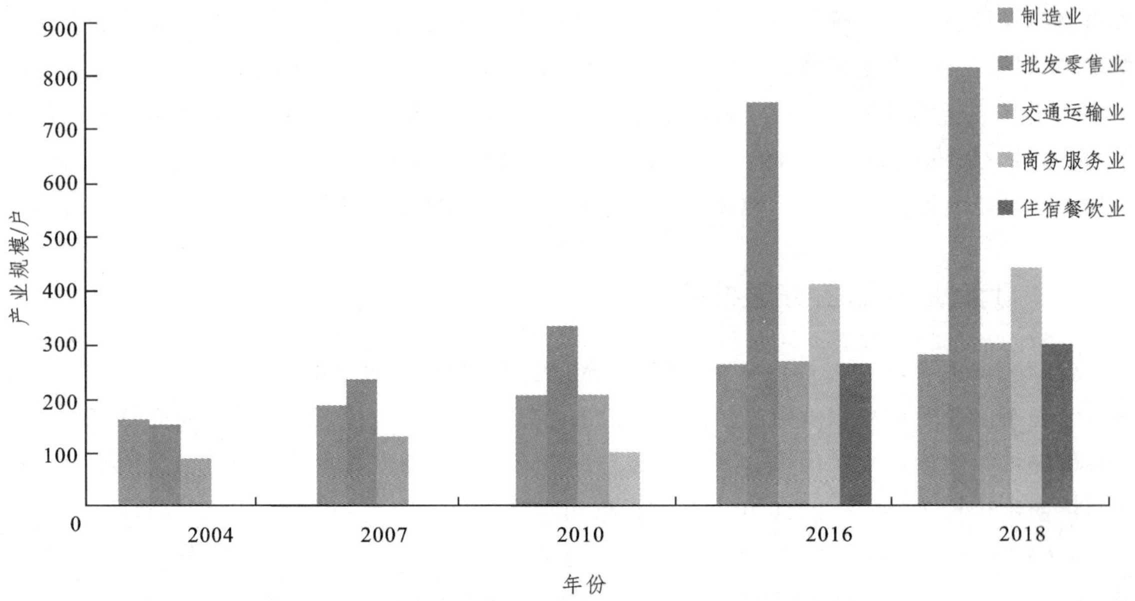


图 10-1　虹桥综合枢纽代表性产业规模和结构变迁

注：根据虹桥商务区管委会官网相关数据绘制。

在虹桥综合交通枢纽演化过程中，政府因势利导，借助交通枢纽打造经济增长极和城市功能区。2010 年后，上海市政府加大虹桥商务区的规划建设力度，强化政策供给，将其作为区域经济发展的重要抓手。例如，2014 年，上海市政府相继颁发了《虹桥商务区公交配套三年行动计划》《上海虹桥商务区开发建设指挥部推进“智慧虹桥”建设行动计划》《虹桥商务区核心区外围整治改造三年行动计划》《虹桥商务区核心区商务配套行动计划》《虹桥商务区主功能区“环境提升”行动计划》等系列发展规划，助推虹桥商务区高质量发展。随着虹桥商务区功能的完善和成熟，新发展理念和格局对其提出了更高要求，2021 年 1 月，《虹桥商务区推进新型基础设施建设行动计划》，提出将虹桥商务区打造成国家级新型智慧城市“5（G）A（I）”示范区的目标任务，推进智能化交通枢纽应用平台建设。2021 年 2 月，国家发改委印发了《虹桥国际开放枢纽建设总体方案》，以建设一流国际化中央商务区为目标，通过建设协同高效的一体化综合交通体系，提升虹桥综合枢纽辐射功能，将虹桥商务区打造成国际开放枢纽和全球高端资源要素配置新高地。

如上所述，虹桥商务区作为以交通枢纽为核心的现代服务业集聚区，是集商务旅行、市内通勤、过往转乘一体化的大交通平台，既是发展枢纽经济的主要载体和平台，本身也是枢纽经济发展的产物。受综合枢纽规划落实的刺激，虹桥商务区辐射范围开始扩张，不断涌现出更多的基础设施和配套服务，促使原有商业综合体扩大规模，提升功能和品质，进一步衍生出新的商业模式和形态。自 2004 年起，经过 10 多年的发展，虹桥商务圈逐渐廓分为内、中、外 3 个圈层，内圈层主要发展传统服务业、中圈层主要发展现代服务业、外圈层主要发展运输业和制造业。在枢纽机制作用下，虹桥地区产业空间布局由内到外不断扩散。随着国家会展中心、商务区核心区、主功能区及拓展区开发，虹桥商务区进一步形成了包括核心区、机场片区、南虹桥、北虹桥、西虹桥、东虹桥在内的6片、多组团格局。国际会展中心的建成使用带动了会展上下游企业的入驻，形成会展功能聚合体。商业地产项目的大量入驻形成新的商务功能聚集体，并融入枢纽地区城市功能网络中。城市功能聚集体的大量出现优化了虹桥商务区的圈层化结构和网格式分布，拓展了产业和生活空间。

政府规划、枢纽扩张和产业发展之间的良性互动极大推动了虹桥枢纽经济的发展。现阶段，虹桥商务核心区入驻企业超过3 000家，其中不乏阿里巴巴、中国电信、罗氏等世界500强企业，呈现多元化、新业态加速集聚特征（见图10-2）。2020年，虹桥商务区GDP达到1 200亿元左右，占上海市经济总量的4%以上。虹桥商务区的发展具有鲜明的触媒效应，不仅带动了松江、嘉定、青浦、金山等周边地域一体化发展步伐，也加速了长三角地区区域一体化发展进程，其辐射路径沿着“虹桥周边—上海市—长三角”演进，成为长三角一体化的“桥头堡”。

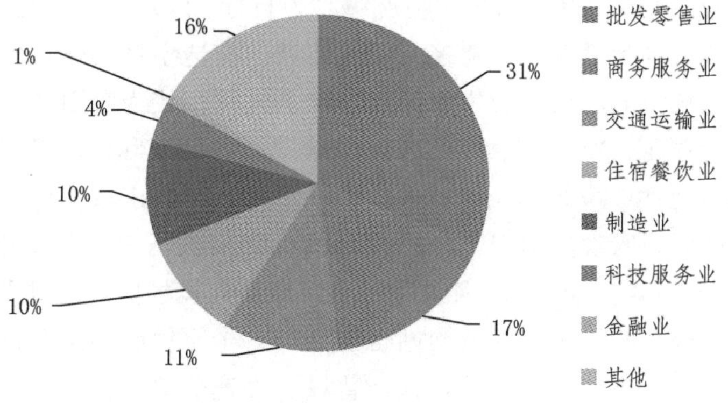


图10-2　虹桥商务区产业结构和比重

注：根据虹桥商务区管委会官网相关数据绘制。

## 二、郑州航空港综合交通枢纽

河南省郑州市是国家重要的交通枢纽，郑州的交通枢纽建设经历了铁路时代、公路时代、航空时代和综合交通时代，在国家交通运输体系中占有极其重要的位置。同时，随着郑州市综合交通运输体系的日趋完善，其客货运输量不断增长（见表10-4），有力助推了郑州经济社会发展和国家中心城市建设。郑州凭借其在地理和交通上的优势，已发展成为重要的经济枢纽。当前郑州经济总量成功晋级“万亿俱乐部”。站在新的历史起点，应思考经济发展由量向质转型的有效路径。从长远来看，经济枢纽是经济发展初期阶段的一个特征，未来谋求经济发展向高层次高质量提升，需将经济枢纽转化为枢纽经济。与经济枢纽强调要素流动和产业转移不同，枢纽经济强调在枢纽区位优势的基础上，引领要素和产业集聚，整合形成一种新的经济业态。具体而言，应围绕经济枢纽这一区位优势，谋划与之相适应的产业布局，让资金、人才和技术主动聚集，将郑州建设成为区域和国家的一个重要经济增长极，从而真正意义上肩负起国家中心城市的职能。

表 10-4　近年来郑州市综合运输规模

| 年份 | 货运周转量/亿吨·千米 | | | | 客运周转量/亿人·千米 | | | |
|---|---|---|---|---|---|---|---|---|
| | 铁路 | 公路 | 航空 | 合计 | 铁路 | 公路 | 航空 | 合计 |
| 2015 | 172.7 | 370 | 5.5 | 548.2 | 134.5 | 79.7 | 65.4 | 279.6 |
| 2016 | 176.8 | 494.8 | 14.7 | 686.3 | 138.2 | 107.7 | 65.9 | 311.8 |
| 2017 | 202.5 | 558.2 | 18.6 | 779.3 | 152.4 | 104.4 | 72.4 | 329.2 |
| 2018 | 213.8 | 621.4 | 29.1 | 864.3 | 157.1 | 97.1 | 87.3 | 341.5 |
| 2019 | 222.2 | 684.3 | 21.3 | 927.8 | 162.6 | 90.8 | 126.3 | 379.7 |

数据来源：根据历年《郑州市国民经济和社会发展统计公报》整理。

郑州航空港是郑州市发展枢纽经济的主要阵地，拥有全国唯一一个以航空为背景的经济综合实验区。航空港区以建设国际航空物流中心为目标，以郑州新郑机场和郑州南站为核心，以航空经济综合实验区为平台，构建多式联运体系，打造空铁一体化枢纽极核，发挥双核驱动优越格局，赋能航空港区从发展优势向品牌优势转化，成为吸引产业落地的有效引擎。在综合交通运输建设方面，2015 年，郑州东站至新郑机场的城际铁路开通运营，实现了空铁联运。2017 年，郑州地铁 2 号线延长线开通，将新郑机场纳入市域地铁网。2019 年 9 月，郑州被列为唯一的空港型国家物流枢纽。2020 年 4 月，郑州机场 3 期工程开建，建成后将保障年货邮运送能力达 110 万吨。同年 12 月，郑州南站至新郑机场的城际铁路开通运营，将郑州航空枢纽的辐射范围进一步扩大，郑州南站也是国内首个空铁联运综合性货物集散中心。目前郑州航空港是集航空、高铁、地铁、城铁、普铁、高速公路与快速路等多种交通方式于一体的立体综合交通枢纽，综合交通运输体系竞争力在全国范围内仅次于上海。在郑州航空港经济规模快速增长和产业结构优化过程中，借助完善的综合交通运输体系，其枢纽经济效应不断强化，辐射带动力显著增强。

按照《郑州航空港经济综合实验区发展规划（2013—2025）》，郑州航空港以发展航空物流、高端制造、现代服务业为主，打造智能终端工业园、航空制造与维修工业园、生物医药工业园、商贸会展工业园、精密机械工业园、电子商务工业园、电子信息工业园、航空物流工业园 8 大产业园区，重点打造航空货运及衍生产业。自 2013 年郑州航空港经济综合实验区成立以来，借助郑州机场强大的客货吞吐能力（见表 10-5），其生产总值持续上升，在郑州市域范围内的占比不断提高。进出口贸易额虽然在不同年份有所波动，但总体仍呈强劲上涨态势（见图 10-3）。2013 年郑州航空港经济综合试验区刚成立时生产总值为 326 亿元，2019 年为 981 亿元，2020 年达到 1 057 亿元，占郑州市生产总值的 8%，进出口贸易额持续占河南省进出口贸易总额的 60%以上。2020 年郑州航空港跨境电商单量和货值分别为 1.39 亿单和 113.9 亿元，郑州机场全年完成货邮吞吐量 63.94 万吨，旅客吞吐量 2 140.67 万人次，连续 4 年在中部地区保持客货周转量“双第一”格局。以货运为例，2021 年，郑州机场货邮吞吐量成功突破 70 万吨大关，行业排名连续两年位居中国第 6 位；2022 年 1—4 月，累计完成货邮吞吐量 22 万吨，其中国际地区货邮吞吐量 19 万吨，同比增长 15%。截至 2022 年 5 月，在郑州机场运营全货运航空公司 29 家（国际地区 24 家），开通全货机航线 42 条（国际地区 35 条）；通航城市 49 个（国际地区 41 个），通达全球货运前 50 位机场中的 28 个，连通共建“一带一路”国家 17 个，已形成横跨欧美亚三大经济区、覆盖全球主要经济体、多点支撑的“Y”字形国际货运航线网络，为中国中部对外开放搭建了空中大通道。同时，郑欧班列开行超过 1 000 班次，进出口货值达 33.7 亿美元。

表 10-5　近年来郑州机场客货吞吐量

| 种类 | 2013 年 | 2014 年 | 2015 年 | 2016 年 | 2017 年 | 2018 年 | 2019 年 | 2020 年 |
|---|---|---|---|---|---|---|---|---|
| 货邮吞吐量/万吨 | 25.6 | 37 | 40.3 | 45.7 | 50.3 | 51.5 | 52.2 | 63.94 |
| 旅客吞吐量/万人次 | 1 314 | 1 580.5 | 1 729.7 | 2 076.3 | 2 429.9 | 2 733.5 | 2 912.9 | 2 140.7 |

注：根据历年《郑州市国民经济和社会发展统计公报》整理。

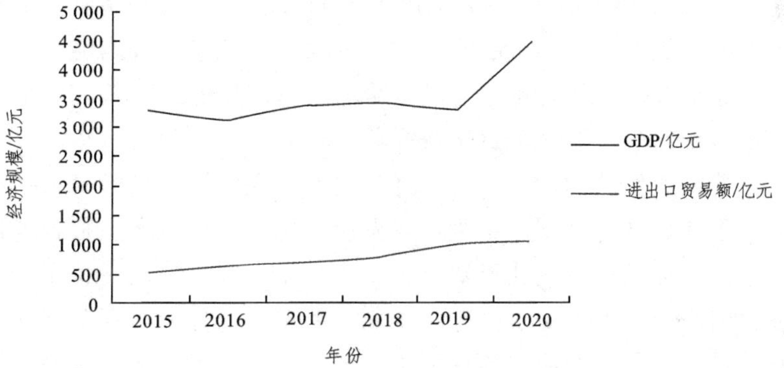


图 10-3　郑州航空港经济规模增长趋势

注：根据郑州航空港经济综合实验区官网相关数据绘制。

郑州航空港枢纽经济发展大致经历了 2010—2013 年、2013—2016 年，2016 年至今 3 个阶段。随着产业推动和经济发展，郑州航空港的空间规划规模不断扩大，2007 年为 138 平方千米，2010 年为 189 平方千米，2011 年为 220 平方千米，2013 年国务院批复为 415 平方千米，2019 年增加托管土地面积 73 平方千米，实际面积达 488 平方千米。郑州航空港经济综合实验区在新郑综合保税区基础上建立，后者于 2010 年由国务院批准成立，以保税加工、仓储物流、服务贸易、保税展览等业务为主。总体上看，2013 年以前是郑州航空港综合枢纽建设的起步阶段，枢纽偏好型产业开始陆续出现。2013 年，郑州航空港经济综合实验区上升为国家战略。此后，随着枢纽功能的强化，枢纽产业呈现快速集聚特征，产业规模不断扩大，枢纽经济效应开始凸显。2016 年之后，随着多项国家战略叠加效应出现，郑州航空港枢纽功能稳步提升，综合交通运输日趋完善，空间范围随之拓展和优化，逐步形成了中部的空港核心区、东部的临港型商展交易区、南部的高端制造业集聚区和北部的城市综合性服务区等 4 大功能板块，枢纽经济进入持续深化发展阶段。

航空港上升为国家战略后，大批企业入驻。2013 年，郑州航空港入驻企业 710 家，2016 年这一数字增长到 1 230 家。2020 年新签约企业达 51 家，投资额 826.7 亿元，其中世界 500

强企业6家，累计企业数量为2 452家。伴随着企业数量增多和经济规模增长，产业结构发生显著变化。2013年之前，郑州航空港以发展航空物流、保税物流等临港产业为主，辐射范围是机场附近1.5千米之内地域。2013—2016年，航空设备制造及维修、飞机租赁、精密机械产品、规模化发展终端等产业开始集聚，产业辐射范围到达机场附近2.5千米左右。随着“十三五”规划的推进，2016年至今，郑州航空港经济综合实验区已形成集航空会展、高端商贸、电子信息、生产性服务、现代商务、航空金融、生活居住等产业于一体的综合产业体系。在4大功能性板块基础上，进一步布局空铁新城和双鹤湖科创新城，发展高铁物流、商旅服务、高铁会展、生物医药、科教研发等高端产业，航空大都市的雏形开始显现。

目前郑州航空港经济综合实验区已初步形成由基础产业（基础设施、餐饮业）、支柱产业（交通运输、仓储物流、高端制造）、优势产业（科教创新、商务服务、信息技术）、潜力产业（文化创意、现代农业）共同构成的枢纽产业群，以智能终端电子信息先进制造业为主导的现代枢纽产业体系不断壮大。例如，2020年，郑州富士康进出口完成3 984亿元，增长17%，吸纳就业人口20余万人，成为全球重要的智能终端生产基地。现阶段，航空港实验区着力构筑“2+8”的产业体系，其中，“2”指4 000亿级的智能终端产业集群和千亿级的现代商贸会展产业集群，“8”即航空物流、跨境电商、新能源汽车、生物医药、北斗导航、智能装备、新型显示、新基建等8个百亿级产业集群。

总体来说，随着枢纽经济的深入运行，郑州航空港经济综合实验区第一产业比重不断下降，第三产业比重不断提升，涌现出不少产业发展新模式、新业态，符合现代产业结构演变趋势（见图10-4）。产业结构的优化升级是经济高质量发展的体现，也是枢纽经济有序发展的应有之义。在枢纽产业产生发展过程中，国家、河南省及郑州市不断强化航空港经济综合实验区的相关政策供给，出台相应专项规划（见表10-6），不仅极大巩固提升了郑州航空港综合交通枢纽的地位和功能，也推动了枢纽经济向纵深发展。同时，相关政府在市政建设方面加大基础设施供给，有效提升航空港枢纽经济的辐射效应。以通车道路为例，近年来，航空港经济综合实验区不断完善内部路网建设（见表10-7），强化航空港城市服务功能，加速推进会展物流、双鹤湖片区城市框架形成，拓展公共服务范围。

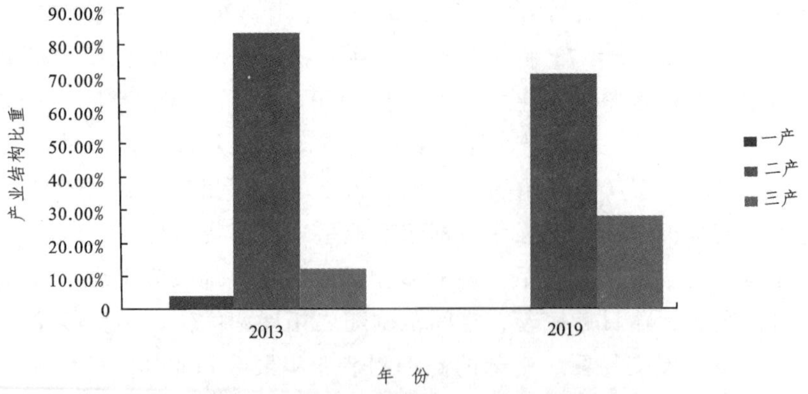


图10-4　郑州航空港产业结构变迁

注：根据郑州航空港经济综合实验区官网相关数据绘制。

表 10-6　郑州航空港经济综合实验区相关规划

| 年份 | 规划名称 | 颁发部门 |
|---|---|---|
| 2012 | 中原经济区规划（2012—2020） | 国家发改委 |
| 2013 | 郑州航空港经济综合实验区发展规划（2013—2025） | 国家发改委 |
| 2016 | 郑州航空港经济综合实验区总体规划（2014—2040） | 郑州航空港经济综合实验区 |
| 2016 | 中原城市群发展规划 | 国家发改委 |
| 2017 | 郑州航空港经济综合实验区“十三五”发展规划 | 河南省政府 |
| 2017 | 郑州—卢森堡“空中丝绸之路”建设专项规划(2017—2025） | 河南省政府 |
| 2017 | 关于加快推进郑州航空港经济综合实验区建设的若干意见 | 河南省委、省政府 |
| 2018 | 郑州国际航空货运枢纽战略规划 | 河南省政府、中国民航局 |

表 10-7　郑州航空港经济综合实验区内部道路通车里程（单位：千米）

| 年份 | 2013 | 2014 | 2015 | 2016 | 2017 | 2018 | 2019 | 2020 |
|---|---|---|---|---|---|---|---|---|
| 里程 | 69 | 145 | 248 | 303 | 390 | 420 | 462 | 501 |

数据来源：根据历年《郑州航空港经济综合实验区发展报告》整理。

郑州航空港经济综合实验区不仅是郑州国家中心城市建设的有力支撑，同时也强烈辐射周边县域经济发展，在经济规模、规模以上工业、公共财政、就业等方面对周边新郑市、长葛市、尉氏县、中牟县均有显著的带动和溢出效应。以郑州航空港经济综合实验区为依托的枢纽经济，其辐射路径沿着“航空港→郑州市→河南省域”逐步演进。

当然，现阶段郑州航空港枢纽建设与北京、上海等地综合枢纽建设相比有明显不足，枢纽经济发展程度有待进一步提高，但总体上还处于高速发展阶段。2022 年郑州高铁南站全面运营后，航空港区综合枢纽建设获得巨大推力，枢纽经济效应更加显著。

## 拓展阅读

### 国家综合立体交通网布局

1. 铁路。国家铁路网包括高速铁路、普速铁路。其中，高速铁路 7 万千米（含部分城际铁路），普速铁路 13 万千米（含部分市域铁路），合计 20 万千米左右，形成由“八纵八横”高速铁路主通道为骨架、区域性高速铁路衔接的高速铁路网；由若干条纵横普速铁路主通道为骨架、区域性普速铁路衔接的普速铁路网。京津冀、长三角、粤港澳大湾区、成渝地区双城经济圈等重点城市群率先建成城际铁路网，其他城市群城际铁路逐步成网，研究推进超大城市间高速磁悬浮通道布局和试验线路建设。

2. 公路。包括国家高速公路网、普通国道网，合计 46 万千米左右，其中，国家高速公路网16万千米左右，由7条首都放射线、11条纵线、18条横线及若干条地区环线、都市圈环线、城市绕城环线、联络线、并行线组成。普通国道网30万千米左右，由12条首都放射线、47条纵线、60条横线及若干条联络线组成。

3. 水运。包括国家航道网和全国主要港口，国家航道网由国家高等级航道和国境国际通航河流航道组成，其中，“四纵四横两网”的国家高等级航道2.5万千米左右；国境国际通航河流主要包括黑龙江、额尔古纳河、鸭绿江、图们江、瑞丽江、澜沧江、红河等。全国主要港口合计63个，其中沿海主要港口27个、内河主要港口36个。

4. 民航。包括国家民用运输机场和国家航路网，国家民用运输机场合计400个左右，基本建成以世界级机场群、国际航空（货运）枢纽为核心，区域枢纽为骨干，非枢纽机场和通用机场为重要补充的国家综合机场体系，按照突出枢纽、辐射区域、分层衔接、立体布局，先进导航技术为主、传统导航技术为辅的要求，加快繁忙地区终端管制区建设，加快构建结构清晰、衔接顺畅的国际航路航线网络；构建基于大容量通道、平行航路、单向循环等先进运行方式的高空航路航线网络；构建基于性能导航为主、传统导航为辅的适应各类航空用户需求的中低空航路航线网络。

5. 邮政快递。包括国家邮政快递枢纽和邮路。国家邮政快递枢纽主要由北京天津雄安、上海南京杭州、武汉（鄂州）郑州长沙、广州深圳、成都重庆西安等5个全球性国际邮政快递枢纽集群，20个左右区域性国际邮政快递枢纽，45个左右全国性邮政快递枢纽组成。依托国家综合立体交通网，布局航空邮路、铁路邮路、公路邮路、水运邮路。

资料来源：国家发改委.“十四五”现代综合交通运输体系发展规划[EB/OL].https://www.ndrc.gov.cn/fggz/fzzlgh/gjjzxgh/202203/t20220325_1320208_ext.html.

## 本章小结

综合交通枢纽是整合铁路、公路、航空、内河航运、海港和运输管道为一体的海陆空协同枢纽。综合交通枢纽是综合交通运输体系的重要组成部分，是衔接多种运输方式、辐射一定区域的客、货转运中心，实现了不同方向和不同运输方式间客货运输的连续性。综合交通枢纽一般地处区域主要中心城市，为所在地区或城市的经济发展和居民生活提供客货运输服务，是城市对外联系的桥梁和纽带。综合交通枢纽作为运输网络上的结点，集各种运输方式信息、设备和组织管理于一体，吸引着大量的客货流，是交通运输产业发展的重要支撑。

综合交通运输和枢纽经济发展互为支撑。枢纽经济以交通运输为载体，在交通线路和多种运输方式衔接空间集聚的基础上，强调物流管理活动尤其是供应链管理活动在特定空间上的聚集。交通物流是流量经济的重要组成部分，是枢纽经济的坚实基础和关键载体，发展枢纽经济必须打造大格局、高规格的交通物流枢纽平台。枢纽经济来源于交通运输，但又超越了单纯交通运输。枢纽经济是通道经济支撑和平台经济引导的复合型经济发展模式，是利用物流枢纽的集散效应、运输通道的极化连带功能、平台的要素整合和共享功能，将资本、技术等生产要素，本地资源、原材料、半成品和产成品进行更高能级、更大范围的集成与辐射，从而创建产业资源集聚、扩散及产业结构演进、升级的复合型枢纽经济发展模式。

## 课程思政

### 浙江绘制交通强国建设试点图案

党的十八大以来，习近平总书记深刻把握新时代我国发展的阶段性特征，对交通事业发展作出一系列重要论述，提出了建设交通强国的时代课题。建设交通强国是以习近平同志为核心的党中央立足国情、着眼全局、面向未来作出的重大战略决策，是建设现代化经济体系的先行领域，是全面建成社会主义现代化强国的重要支撑，是新时代做好交通工作的总抓手。

2020年9月，交通运输部发布《关于浙江省开展构筑现代综合立体交通网络等交通强国建设试点工作的意见》（以下简称《意见》），浙江省交通强国建设试点实施方案获批复同意，成为首批交通强国试点单位。《意见》原则同意在设施水平、创新技术、交通治理、运输服务4大类12项任务开展试点，具体内容为：构筑现代化综合立体交通、打造义甬舟陆海统筹双向开放大通道、打造美丽经济交通走廊、打造一流枢纽城市、推进新技术与交通行业深度融合、推动交通产业创新发展、打造世界一流港口、打造平安交通、推动综合交通改革创新、优化调整交通运输结构、推进城市交通拥堵治理、绿色交通发展。

宁波舟山港港口货物吞吐量保持全球第一、集装箱吞吐量全球第三，浙江两条农村公路入选2019年度“十大最美农村路”，国际智慧交通产业博览会连续3年吸引世界目光聚焦浙江……近年来，浙江在交通领域打造出一张张富有浙江特色的“金名片”。

在本次获批的方案中，交通运输部对上述成果提出了更高标准、更具体化的要求。未来5年，浙江将统筹推进、突出重点，力争在一流港口核心竞争力提升、美丽经济交通走廊体系建设、交通与产业融合创新发展路径、智慧高速建设和改造、综合交通智慧云平台体系搭建、交通拥堵治理手段等方面取得突破性进展，多领域、全覆盖书写交通强国浙江答卷，高质量打造更多独具浙江特色的“金名片”，努力当好“重要窗口”建设的先行官。

2020—2022年是杭州亚运会筹备的冲刺期，也是交通强国试点建设出阶段性成果的关键期。杭州、宁波、温州、湖州（含德清）、绍兴、金华亚运6城市主城区公交车、出租车装备清洁能源化比例逐步提升，全民积极参与“礼让斑马线”获社会广泛赞誉，杭州4个“1小时交通圈”脉络愈发清晰……浙江正全力以赴打造安全、准时、便捷、绿色的亚运交通服务。以亚运会为契机，浙江紧紧围绕铁路、轨道、公路、港航、航空、管道、邮政、枢纽、绿道9要素这一有机整体，在加强谋划和规划对接、推动打通省际断头路、共同打造世界级港口群和机场群、创新现代化智能交通体系、推进运输服务和管理一体化等方面加强与长三角省级省会城市的互联互通，积极推动长三角交通一体化建设。

资料来源：邱丹晨.未来五年，浙江如何“试点”交通强国建设?[N].杭州日报，2020-09-11（1）.（编者对其进行了整理改编）

## 课后习题

1. 何为综合交通运输？
2. 简述综合交通运输和枢纽经济的关系。
3. 综合交通枢纽有哪些特征？

## 拓展学习

以成都为中心，建立覆盖欧亚大陆的物流网络

## 推荐阅读

[1] 魏正华，张伟. 综合交通枢纽一体化设计理论与实践[M]. 北京：人民交通出版社，2021.
[2] 毕艳红，王战权. 综合交通运输体系概论[M]. 北京：人民交通出版社，2017.
[3] 编委会. 综合交通运输导论[M]. 北京：人民交通出版社，2021.
[4] 黄群慧，严波，刘勇，等. 郑州发展枢纽经济研究[M]. 北京：经济管理出版社，2019.
[5] 何传启.中国现代化报告 2021——交通现代化研究[M]. 北京：北京大学出版社，2021.

# 第十一章　互联网与枢纽经济融合发展

## 学习要点

1. 互联网下枢纽经济发展模式的革新；
2. 互联网和枢纽经济融合发展现状；
3. 互联网和枢纽经济融合发展中存在的问题。

## 学习目标

掌握互联网下枢纽经济发展模式；熟悉互联网和枢纽经济融合发展现状；了解互联网和枢纽经济融合发展中存在的问题。

## 引导案例

### 八大算力网络国家枢纽节点全部获批，“东数西算”大棋局基本形成

数字经济正在成为重组要素资源、重塑经济结构、提升市场竞争力的关键力量，数字产业化、产业数字化是我国经济转型升级的重要方向。近年来，随着各行业数字化转型升级进度加快，特别是 5G、人工智能、物联网等新技术的快速普及应用，全社会数据总量爆发式增长，数据存储、计算、传输、应用的需求大幅提升。算力作为数字经济的核心生产力，成为全球战略竞争的新焦点。现阶段，我国数据中心规模已达 500 万标准机架，算力达到 130 EFLOPS（每秒一万三千亿亿次浮点运算）。随着数字技术向经济社会各领域全面持续渗透，全社会对算力需求仍十分迫切，预计每年仍将以 20%以上的速度快速增长。无论是数字经济发展的现实需求还是我国经济结构的重塑转型，构建国家算力网络都势在必行。

2022 年 4 月，国务院印发《“十四五”数字经济发展规划》，指出“十四五”时期中国数字经济转向深化应用、规范发展、普惠共享的新阶段，并提出“在京津冀、长三角、粤港澳大湾区、成渝地区双城经济圈、贵州、内蒙古、甘肃、宁夏等地区布局全国一体化算力网络国家枢纽节点”“加快实施‘东数西算’工程”等。所谓“东数西算”，是指通过构建新型算力网络体系，把东部算力需求以及大量生产生活数据输送到西部地区进行存储、计算、反馈，并在西部地区建立国家算力枢纽节点，有助于改善数字基础设施不平衡的布局，最大限度地发挥数据要素的价值。2021 年 12 月，国家发改委等部门下发通知，同意在内蒙古、贵州、甘肃、宁夏等地启动建设国家算力枢纽节点。这意味着，“东数西算”工程已启动推进。随后，国家发改委等四部门复函同意粤港澳大湾区、成渝地区、长三角地区、京津冀地区启动建设全国一体化算力网络国家枢纽节点。我国布局的八大算力网络国家枢纽节点全部

"集结"完毕。构建全国一体化的算力网络体系，一方面将打破"数据孤岛"，推动数据中心、云、网络之间的协同联动；另一方面也将有助于加快突破关键核心技术，提升大数据全产业链自主创新能力，同时为新技术产品应用带来了巨大市场机遇。全国一体化算力网络国家枢纽节点，将是我国算力网络的骨干节点。通过在全国布局 8 个算力枢纽，引导大型、超大型数据中心向枢纽内集聚，形成数据中心集群，发挥规模化、集约化效应。

值得注意的是，8 个枢纽节点的选址不同于过往。传统上，我国通信网络主要围绕人口聚集程度进行建设，网络节点普遍集中于北京、上海、广州等一线城市。数据中心对网络依赖性强，随之集中于城市部署。但数据中心规模快速发展，对能源、土地、气候等条件提出了更高要求。一些东部地区应用需求很大，但能耗指标紧张、电力成本高，大规模发展数据中心的难度和局限性大。而一些西部地区可再生能源丰富，气候适宜，但存在网络带宽小、跨省数据传输费用高等瓶颈，无法有效承接东部需求。因此，迫切需要加大国家算力网络的顶层设计，尽快转变以网为中心的发展模式，围绕数据中心重构网络格局。不同省区网络枢纽建设的功能定位也不一样，贵州、内蒙古、甘肃、宁夏这 4 个节点要打造面向全国的非实时性算力保障基地，定位于不断提升算力服务品质和利用效率，充分发挥其资源优势，夯实网络等基础保障，积极承接全国范围的后台加工、离线分析、存储备份等非实时算力需求。京津冀、长三角、粤港澳大湾区、成渝 4 个节点要服务于重大区域发展战略实施需要，定位于进一步统筹好城市内部和周边区域的数据中心布局，实现大规模算力部署与土地、水、电等资源的协调可持续，优化数据中心供给结构，扩展算力增长空间。目前，联想、华为等知名 IT 产业企业已经纷纷在上述国家数据中心布局相关资源，积极参与"东数西算"。

资料来源：程依伦."东数西算"：织一张算力"绿网"[N].广州日报，2022-03-10（2）.（编者对其进行了整理改编）

## 第一节 互联网下枢纽经济发展新模式

高质量发展是一场涉及发展方式、经济结构、增长动力等诸多方面的系统性重大变革。经济发展高质量的核心是强化创新驱动，寻求发展新动能，集聚高端发展要素，构建现代化经济体系。其根本是抓住技术变革的机遇，推动信息化的深度融合，不断催生新业态新模式。现代枢纽经济正是在信息技术推动下"互联网+交通枢纽"的智慧型枢纽经济新形态，是推动经济高质量发展的新动能。

互联网下的枢纽经济是一种能够嵌入全球创新体系的创新型经济，以交通枢纽、信息服务平台（信息枢纽）、金融服务平台（金融枢纽）等为载体，以聚流和辐射为手段，以优化发展要素时空配置为目标，重塑产业空间分工体系，全面提升城市能级，是一种综合性的社会经济与数字城市、互联网产业相结合的新经济发展模式。

不同发展阶段枢纽经济有着不同的内涵。在数字经济时代，基于信息技术的网络空间早已打破传统的物理时空观，枢纽经济的内涵已经突破传统意义上的基于地理交通优势条件的"运输型经济"，不再仅仅体现在传统物理空间的交通枢纽及其经济功能的发挥上，更应是建立在有限物理空间的交通优势（交通运输体系）和无线网络空间的"交通"优势（信息化优势）基础上的新发展模式。这种经济模式利用现代科技平台和条件，实现物理空间的传统枢纽场站与网络空间的互联网组织平台跨界融合、合二为一，无限延展要素配置时空和经济发展空间范围。一方面基于航空、水路、铁路、公路、管道等交通优势，通过现代化交通功能与城市功能的相互交融，实现枢纽与产业、市场、城市互动关联，集聚发展要素、带动地区经济发展并对周边区域进行经济能量的扩散；另一方面基于信息化抢占"网络高速路"上的重大技术节点，培育新型枢纽，如信息枢纽、金融枢纽等，吸引全球范围内的资本、人才、技术和信息等资源要素集聚。再者整合全球资源为我所用，并进行重组、整合和运作，实现要素资源的指数性增值，产生一系列叠加传递效应，进而带动各产业部门的创新发展，构建整合全球资源的产业链与价值链，嵌入全球创新链条、融入全球创新网络，由此形成倍增的经济能量，并向全球范围内进行经济能量辐射，极大地提高城市经济社会发展的活力。

## 一、因城施策，加快推动枢纽经济发展

新时代经济的高质量发展需要进一步解放思想，需要更深入地改革和更大规模地开放，发展枢纽经济正是一种更高质量的网络化的开放型经济。通过发展枢纽经济，深度参与国际要素配置、参与全球市场分工、参与国际竞争与合作，全面对接国际规则，强化对外开放功能、产业承载功能、创新创业功能、商贸商务功能，并使各项功能相互影响、相互渗透、相互融合，形成强大完善的现代化、国际化城市功能，以城市功能的提升，促进各类资源的集聚，促进发展能级的提升。

## 二、差异化错位发展枢纽经济

不同资源禀赋、规模体量、功能层级和发展方式的城市，发展枢纽经济的目标、思路和路径是不完全相同的。我国经济发展不均衡，各省市应结合自身发展实际，因城施策，以不同的方式加快资本、人才、信息等要素集聚，谋划不同规模的经济腹地版图，充分发挥自身比较优势，加强与毗邻城市联动互补，实现错位发展，构建具有全球竞争力和区域带动力的新经济产业体系。

## 三、打造与国际接轨的枢纽平台

发展枢纽经济，要有更为广阔的国际视野，着力构筑和打造连接世界、与国际接轨的枢纽平台，在全球范围内优化资源配置。以综合交通枢纽为依托，不断提高交通物流基础设施

的国际化能级，大幅度提升我国与世界的物理空间的通达性。充分利用物联网、大数据、遥感、区块链等新一代信息技术，提升信息化水平，创新“互联网+”智慧型枢纽新模式，探索建立推动枢纽经济发展的智慧产业支撑服务平台，依托信息化智能化运行的信息枢纽平台、金融枢纽平台，实现线上线下融合联动，集聚要素，为枢纽经济发展提供新动力和重要支撑。

## 四、构建枢纽偏好型产业体系

根据交通枢纽、信息枢纽和金融枢纽的特征，结合各省市资源禀赋条件和发展目标导向，盘活存量，推动传统产业转型升级，注入增量，积极培育发展特色新兴产业，加快产业链条化和集聚化发展，打造枢纽偏好型产业集群。应以交通枢纽建设为切入点，以完善的现代综合交通运输体系为依托，积极谋划构建航运枢纽产业体系，着力提升产业集聚辐射能级，优化城镇空间格局，促进交通、产业和城市融合发展，为城市经济提供新动能。充分发挥区域金融中心的优势，发展金融枢纽经济，提升全球资本配置力，逐步形成在全球范围吸纳、凝聚和配置资本的能力，全面推进金融开放与交流，保持持续的创新能力。发挥城市的信息产业优势，发展信息枢纽经济，在全球信息产业体系中发挥重要节点功能，集聚高端产业、高端人才、高端技术、高端服务，提升整体的综合承载力、创新能力和核心竞争力。

## 五、重构城市服务供给模式

互联网模式打破了服务供给的时空限制，以网络化组织将互联网中各区域的人与人之间、人与物之间、物与物之间实现全面互联互通，有效地缩短了供给路径、供给时间。正是这种互联互通打开了政府与企业、社会组织，政府与市民、政府各部门间以及企业、社会组织与市民的边界，为打破信息孤岛开辟了道路，突破了传统信息共享的限制。

互联网模式的功能进一步多样化，在交通枢纽的服务供给中，互联网促进枢纽城市建设、枢纽站场建设、智能监管和动态监控等。从政府公共服务供给管理角度来看，互联网交通枢纽能够协调政府相关部门、企业、社群等服务供给主体的网络关系以及信息传递。从企业方的公共服务供给管理方面来看，“互联网+公共服务”能够促进商业模式创新、提升客户关系管理能力、及时调整商品供需管理等。同时，通过互联网公共服务信息向各供给主体渗透，缩短了供给产业链条，形成了新型分工协同方式。互联网模式提升了信息资料的完整性，便捷了供给主体间的信息调用，如交通运输信息平台数据能够为基础设施养护、城市建设等提供支撑和参考。在此过程中，企业、社会组织等主体提供技术、服务人员；政府开展监督管理，提供政策信息指导；以互联网为牵引，创新公共服务供给模式，提高效率，实现实时分工的协同性，由此，促使公共服务的供给渠道、服务流程以及相应的组织机制发生变革，实现重构。

# 第二节 互联网交通枢纽概述

进入21世纪以来，随着科学技术不断发展和信息化、全球化进程的快速推进，西方发达国家和我国都建立起了高效便捷、绿色安全、辐射全球的现代化综合交通运输体系，交通枢纽的服务功能和影响范围进一步拓展，交通枢纽及其构建形成的综合交通运输体系对经济社会发展的支撑引领作用进一步增强。与此同时，互联网在经济社会活动中的参与逐步深入，传统的产业运行组织模式不断颠覆，传统工业经济行业间的界限逐步模糊，跨行业、跨领域经济现象显著，依托传统交通基础设施网络发展的枢纽经济在新一代信息技术推动下焕发出了新的活力。在此期间，交通枢纽（或者依托交通枢纽形成的虚拟平台），通过加速各种要素流动获取附加价值，强调对于各种要素和产品的统筹和匹配能力。枢纽不再局限于物理空间内的实际站点，传统土地、资本等对劳动力的限制逐步减弱。通过枢纽对资源要素的集散能力，城市经济在产业链、价值链中的分工提升了。总体上看，目前我国枢纽经济发展整体处于较为浅层的表面，交通运输与产业发展互动衔接较低，依托实体或虚拟枢纽所形成的平台提供的服务质量非常有限，产业链间发展的柔性仍然不强。

## 一、互联网交通枢纽的兴起与发展

网络信息技术演进发展，与交通运输系统深度融合，让交通运输系统向实体运输和虚拟运输并行演进。新一轮科技革命风起云涌，数据、算力等成为新时代城市建设的关键词，而伴随着交通枢纽与互联网跨界融合发展，“互联网+交通枢纽”的智慧型枢纽经济逐步释放出强大的经济活力。因此，在发展枢纽经济上既要正视交通传统基础设施方面的“硬件”升级，又绝不能在新基建上自甘落后，我们要以数字孪生技术为手段，以数字化、智能化为主线，依托元宇宙、大数据、云计算、人工智能等新兴技术实施“智慧枢纽+”发展战略，加快智慧融合数字枢纽建设步伐。互联网交通枢纽包含了两层含义：一是互联网实体交通枢纽，依靠信息化智能化的技术手段，以实体交通枢纽为依托，改进交通运输系统的运行效率并提升服务水平；二是具有交通运输要素的虚拟信息枢纽或平台，以交通出行、物流运输或电子商务的信息服务为核心业务，依靠网络信息的汇聚，优化运输资源配置撮合供给需求，衍生服务业态。

### （一）网络信息技术日新月异引领新时代技术革命

移动互联网的兴起和通信网络的提速降费使虚拟信息枢纽成为影响未来发展的重要领域。交通运输网络的运行组织、枢纽客货流的周转发送、货物的配送运抵和乘客“最后一公里”问题的解决通常是依赖实体运输系统的运转操作和信息枢纽的组织调度共同实现的。交通信息化智能化发展为建设虚拟信息枢纽创造了必要条件，近年来虚拟信息枢纽与实体交通枢纽相互结合使交通运输逐步实现数字化。物品转运交割场所已经逐渐与运输组织、商品支付的场所相互分离，虚拟信息平台对运输组织、商品支付等活动起到重要支撑作用。

### （二）平台经济大放异彩全面井喷

平台生态系统是数字经济下创造价值的基础。作为世界第二大经济体，我国正经历着平台经济崛起。我国互联网领域三大龙头企业 BAT（百度、阿里巴巴和腾讯）均是平台经济企业，其中百度是搜索平台、阿里巴巴是商务交易平台、腾讯是社交平台。BAT 企业依托各自核心平台，向周边产业和业态扩展。BAT 等企业均已深度涉足交通运输行业，依托丰富的一站式服务项目和用户黏度来开拓市场是互联网业态的重要特点。

我国枢纽经济发展理论实践平台生态系统的资产将直接影响其发展战略：重资产的如铁路总公司和长安汽车，轻资产的如百度和滴滴打车，或者是同时拥有强大的平台生态系统、资本和劳动力密集的物流体系的京东。

### （三）枢纽经济与平台经济交相辉映

平台是连接多方供求的虚拟或真实的交易场所。平台经济指的是依托平台进行交易的商业模式。平台经济的优势在于广泛集聚资源，将传统经济链条式的上中下游组织，重构为围绕平台的环形链条。平台将原本冗长的产业链弯曲成环形，提高了产业效率。实体交通枢纽和具有交通要素的虚拟平台是平台经济的重要形态。近年来，两者相互融合，相互依存的态势愈发明显。可以预见的是，线上线下一体化发展的枢纽经济将创造我国经济社会发展的新增长点。

### （四）网络信息与交通运输全面融合

从 20 世纪 70 年代起，信息通信领域的变革引起的技术革命和产业变革仍在持续不断发展。信息技术、新能源技术、新材料技术、生物技术等交叉融合正在引发新一轮科技革命和产业变革。尤其是基于信息技术、新能源技术和新材料技术等“三新”技术产生的工程科技、制造技术、服务管理技术突破，在交通运输领域融合运用，正在显著改变世界交通运输的面貌。

在互联网时期，随着网络信息技术的进步，交通运输的发展将以信息化智能化为主要特征。自动驾驶汽车、超高速磁悬浮列车、无人机、无人配送车等新型交通运输工具的出现会显著改变交通枢纽运输组织方式。传统的接送客组织、物流换装倒运形态将会发生明显变化。个人出行和物流组织将以互联网平台为核心进行运转，呈现分散化、自组织的特点。铁路场站、民航机场、货运码头将主要服务中长途出行和大宗货物的运输，中短途的货运需求将会由互联网平台统一调度满足，由个性化、私人定制化、“门到门”的交通工具来承担主要运输任务。

## 二、互联网交通枢纽的经济特征

### （一）互联网交通枢纽是交通供给和需求的黏合剂

交通供给和需求可以在虚拟信息平台上寻求匹配，通过交通供给和需求的撮合对接，交通运输的资源可以通过虚拟信息枢纽得到优化配置。当出行者寻找合适的出行方式、出行路线时，物流的承运方、托运方都可以通过虚拟信息枢纽的撮合提供解决方案。

### （二）虚拟信息枢纽是交通效率的加速器

虚拟信息枢纽将实体交通运输系统数字化，通过各类算法优化系统运行，以低延迟的网络传输和高速的计算处理，为交通参与者分配适宜的交通路线和合适的运行速度，并对交通意外状况进行及时预警和应对。虚拟信息枢纽提高了交通运输系统的运行效率，提升了交通运输的服务质量。同时，交通运输系统的提质增效也为经济社会加速发展提供了新的动能。

### （三）互联网交通枢纽是交通新业态、新消费的催化剂

互联网交通枢纽的发展使要素资源能够在更大范围、更深层次得到优化配置。从发展趋势来看，由交通线路交叉形成的传统实体交通物流枢纽将来可能被由虚拟平台经济和供应链要素聚集的虚拟交通枢纽所取代。传统枢纽让位于虚拟信息枢纽，会成为发展趋势与规律。

### （四）互联网交通枢纽是交通运输与经济社会发展的融合器

具有交通要素的信息枢纽是交通运输和经济社会融合发展的重要领域。用户可以在信息平台上享受交通运输和其他关联性服务。同时，交通运输及相关产业普遍市场集中度较低，很难通过单个企业构建平台，往往更依赖互联网企业来整合市场主体信息，达到互惠互利的目的。

## 三、互联网交通枢纽型经济演进趋势

### （一）交通运输组织中心和交通运输作业、服务的场所分离

在互联网时代，交通枢纽不仅表现为由交通线路交叉形成的传统实体交通枢纽，还表现为由虚拟平台经济和供应链要素聚集的虚拟交通枢纽。运输服务不需要在固定物理场所、固定人员、固定时间完成。依托虚拟化互联网平台实现运输协调组织，对分散的人员、时间、场地资源进行调配，将运输活动从繁忙的运输组织中心中解放出来。

### （二）具有交通要素的虚拟互联网平台演进为经济运转的枢纽

具有交通要素的虚拟化的互联网平台不仅是运输组织的枢纽，也可演进升级为经济运转的枢纽。网络预约定制、交通工具共享分享、精准性个性化服务、大数据分析等新兴业态是依托互联网开展交通运输组织的重要特征。互联网平台则利用平台上广泛运行的实体交通运行状况和数据流量积累大量的历史信息，进一步挖掘平台枢纽的发展潜力。

### （三）交通枢纽与经济社会融合更为显著，交通物流、电商零售、出行旅游等领域之间的界限逐渐模糊

交通枢纽能够汇聚人和物，依托其集聚功能逐渐发展为城市零售购物中心、旅游中心、商务中心。在交通枢纽，商品展示选购、旅游住宿、休闲娱乐将逐渐融为一体。商品的展示、购买、物流、仓储可在不同的实体和虚拟空间完成，使流通效率得到极大提升。

### （四）未来技术进步的发展将对交通枢纽形态产生巨大影响

公众对于“门到门一站直达”和出行舒适性将会提出更高要求，货物在交通枢纽的留存时间将缩短。私人交通工具和预约分享交通工具的发展，使中短程出行及物流的运输起始地点更为分散，经济运行更加依靠互联网平台匹配供需，对实体交通枢纽的依赖性减弱。

## 第三节 互联网背景下枢纽经济发展存在的问题

新时代枢纽经济，是一种以枢纽为核心，以聚流和辐射为特征，以优化经济要素的时空配置为目标，实现物流、资金流、商流、信息流等多种“流”融合配套的经济体系，其中传统的多种交通设施与交通工具是物流的载体，互联网、移动互联网、物联网、CPS 是数字流的载体。

“十三五”以来，交通运输领域深入贯彻落实习近平总书记关于科技创新、交通运输的重要指示批示精神，围绕国家科技体制改革要求和交通运输高质量发展需要，不断完善科技创新体系，取得了一批国际领先、实用性强的科技成果。特大桥梁、长大隧道、高速铁路、高速公路和自动化集装箱码头等交通基础设施建设技术居国际领先地位，支撑建成了洋山港四期、港珠澳大桥、北京大兴国际机场、京张高铁等一批国家重大交通工程。高速列车处于国际领先地位，时速 600 千米高速磁悬浮样车成功试跑，智能船舶“大智号”“凯征号”成功交付使用，C919 大型客机准备运营，新能源汽车市场规模世界第一，最大直径盾构机顺利始发。网络预约出租汽车、网络货运、共享单车、无人配送等新业态蓬勃发展。重点科技创新平台体系更加完善，科技人才队伍更加壮大，科技创新环境逐步优化，建立了交通运输行业重点科技项目清单和重大科技创新成果库，出台了深化科技改革、促进成果转化、加强科学普及等方面的政策文件，建设了一批国家交通运输科普基地。但是在互联网背景下，枢纽经济的发展仍然面临着以下问题：

### 一、数据基础依然薄弱

经过这些年的发展，基础设施和电子地图实现了基本全覆盖，视频等动态监测范围不断扩大；智能化铁路信号系统得到了广泛应用；高速公路视频监控和电子不停车收费系统（ETC）广泛覆盖；沿海港口及附近水域电子海图和智能航标实现全部覆盖，数字航道基本覆盖长江、

西江干线；基于性能的导航系统（PBN）在运输机场广泛应用。但是，数据采集能力难以满足发展需要，动态感知的范围较窄、深度不够；行业成体系、成规模的公共数据较少，数据开放与社会期望还存在差距。有待进一步加强对既有设施数字化改造升级，加强新建设施与感知网络同步规划建设；构建设施运行状态感知系统，加强重要通道和枢纽数字化感知监测覆盖，增强关键路段和重要节点全天候、全周期运行状态监测和主动预警能力。同时，要稳步推进 5G 等网络通信设施覆盖，提升交通运输领域信息传输覆盖度、实时性和可靠性。在智能交通领域开展基于 5G 的应用场景和产业生态试点示范；推动车联网部署和应用，支持构建“车-路-交通管理”一体化协作的智能管理系统；打造新一代轨道交通移动通信和航空通信系统，研究推动多层次轨道交通信号系统兼容互通，同步优化列车、航空器等移动互联网接入条件。要积极研发交通基础设施数字化表征基础理论与方法，构建交通基础设施数字化标准体系；攻克新一代基础设施精细化感知、数字孪生系统等关键技术；研发交通基础设施数字化装备、产品和监管与服务系统。

## 二、应用协同性不强

经过多年的不懈努力，信息系统整合共享不断深入；交通综合执法、信用信息管理、道路运输管理、公路治超管理、安全生产监管、海事监管等业务系统联网运行规模不断扩大；大力推进“互联网+”服务，基本实现行业政务服务事项“一网通办”。但是仍然存在不同方式和领域之间发展不平衡，纵向的全国一体化协同应用较少，横向的综合性应用尚未充分整合、有效联动。国家综合交通运输信息平台应完善部、省两级综合交通运输信息平台架构，推进综合交通大数据中心体系建设，加强数据资源的整合共享、综合开发和智能应用，打造综合交通运输“数据大脑”；坚持“一个平台”视角，深入推进国家综合交通运输信息平台建设，统筹集约建设平台基础架构、数据资源和网络安全体系，推动各业务应用系统共建共用、智能协同和迭代完善，切实增强综合交通运行动态掌控和突发事件应急指挥能力；鼓励和支持各地交通运输主管部门统筹开展综合交通运输信息平台建设，并与国家综合交通运输信息平台实现互联互通，构建全国一体化协同综合交通运输信息平台。

构建综合交通大数据中心体系，有效支撑综合交通运输信息平台功能实现；推动交通运输数据资源在部、省两级有效汇聚整合，推动形成质量高、覆盖广、体系全的交通运输核心数据库；构建以国家综合交通大数据中心为枢纽，覆盖和连接各省级综合交通大数据中心的架构体系；加强交通运输大数据治理，实现全生命周期的数据质量管控；进一步完善交通运输信息资源共享机制和交换渠道，实现相关数据资源共享共用；研究制定交通运输公共数据开放和有效流动的制度规范，推动条件成熟的公共数据资源依法依规开放和政企共同开发利用。

## 三、安全保障水平有待提升

目前已经实现交通运输网络安全政策体系基本建立，信息系统安全等级保护能力普遍提升，行业关键信息基础设施清单和数据分级分类管理制度也得到了不断完善，行业密码和密钥管理体系也不断得到了健全发展；行业信息通信骨干网已全面建成，全国高速公路光纤网有力支撑行业重要业务开展，北斗卫星导航系统也在行业得到了广泛应用；交通运输政务信息共享取得显著进展。但是，网络安全主动防护、纵深防御、综合防范的能力不适应新形势，关键信息基础设施和关键数据资源保护能力不足。因此，有必要围绕全链条、全要素、全周期，构建事前防范、监测预警、应急处置“三位一体”的网络安全防护体系，提升基础安全防护水平；严格落实等级保护制度，加强信息系统安全建设管理、网络安全检测评估；加强行业网络安全政策标准研究，完善信息通报制度，建立风险报告、情报共享、研判处置机制。

同时，要加强重要数据和个人信息保护。建立健全行业数据安全保护制度，加强数据分级分类管理，加强数据容灾备份体系建设；强化公民个人信息保护，严控信息收集种类和规模；积极应对新技术新应用伴生风险，明确风险应对措施，提高风险防控能力；推动安全可信服务和产品应用；完善行业网络身份认证和设备安全接入认证体系，加强商用密码技术应用、接入检测、监督检查等；强化网络安全产品供应链管理；推进重要信息系统密码技术应用，完善行业密码服务基础设施。

### 四、发展环境有待完善

当前进行了交通新基建，实现了新技术与交通基础设施融合发展；赋能传统交通基础设施，推动交通基础设施数字转型、智能升级，提升了基础设施安全保障能力和运行效率。但是，先进信息技术与交通运输的融合深度、广度仍显不足，可规模化复制推广的模式和标准尚未形成，重建设轻运维问题依然存在，要在智能铁路、智能公路、智慧路网平台、智慧航道、智慧民航方面加强投入和建设。在智能铁路方面，推动高速铁路智能化升级改造，推进下一代列控系统、智能行车调度指挥系统应用；在智慧公路方面，完善公路感知网络，推进公路基础设施全要素全周期数字化，发展车路协同和自动驾驶，推动重点路段开展恶劣天气行车诱导，缓解交通拥堵、提升运行效率；在智慧路网平台方面，深化高速公路电子不停车收费系统（ETC）应用，建设监测、调度、管控、应急、服务一体的智慧路网平台，推动公路建设施工及养护智能化，推进公路智慧服务区建设；在智慧航道方面，完善航道测量设施和监测感知网络，推动电子航道图普及应用，加强对三级以上重点航道和四级以上航道重点通航建筑物的运行状况实时监测，推动梯级枢纽船闸联合智能调度系统建设，提升航道安全畅通保障水平和通航枢纽通过效率；在智慧民航方面，建设智慧机场、智慧空管，加快管控、服务模式变革，实现智慧运行、智慧服务和智慧管理。

## 本章小结

互联网下的枢纽经济是一种能够嵌入全球创新体系的创新型经济，它是建立在有限物理空间的交通优势（交通运输体系）和无线网络空间的“交通”优势（信息化优势）基础上的新发展模式。主要体现在两个方面：一是以实体的交通枢纽为依托，依靠信息化、智能化的技术手段，改进交通运输系统的运行效率并提升服务水平；二是具有交通运输要素的虚拟信息枢纽或平台，以交通出行、物流运输或电子商务的信息服务为核心业务。

互联网交通枢纽表现为以下经济特征：① 互联网交通枢纽是交通供给和需求的黏合剂；② 虚拟信息枢纽是交通效率的加速器；③ 互联网交通枢纽是交通新业态、新消费的催化剂；④ 互联网交通枢纽是交通运输与经济社会发展的融合器。

互联网交通枢纽的发展取得了巨大进步，但是仍然面临一些问题，主要包括：① 数据基础依然薄弱；② 应用协同性不强；③ 安全保障水平有待提升；④ 发展环境有待完善。

## 课程思政

### 青岛工业互联网创新赋能中心启动　助力打造工业互联网生态集聚区

2021 年 11 月，工业和信息化部批复同意在山东省济南、青岛设立国家级互联网骨干直联点。届时，山东将成为全国唯一一个拥有 2 个国家级直联点的“双枢纽”省份。国家级互联网骨干直联点，作为国家重要通信枢纽，主要用于汇聚和疏通区域乃至全国网间通信流量，提高网络安全性能，是我国互联网网间互联架构的顶层关键环节。据介绍，山东济南、青岛国家级互联网骨干直联点工程是“十四五”期间地方首批获批设立的互联网骨干网互联枢纽，具备全国范围网间通信流量疏通能力，开通后省际网间时延、网间丢包率将控制在 30ms、0.01%以下，极大地提升网间通信速度和质量。工信部电信研究院研究指出，距离互联网骨干直联点越近，网间通信质量越好，市场竞争越激烈。山东省新增 2 个国家级互联网骨干直联点，有望进一步激发数字经济市场活力，为工业互联网、大数据中心等“新基建”发展奠定更加坚实的网络基础。

近年来，青岛市市北区抢抓工业互联网发展机遇，聚焦青岛市打造“世界工业互联网之都”的目标，把打造工业互联网生态集聚区作为面向未来的核心使命。青岛工业互联网创新赋能中心引进全球领先的工业软件展示和应用平台，为中小企业提供低成本、高品质的赋能服务和人才培训支持。西门子、能科等一批工业互联网产业头部企业在此汇聚，是一年来在工业互联网赛道持续发力的成果。市北区正着力优化创新赋能中心运营模式，通过这一平台加强对智能制造企业的支持和赋能，实现工业互联网产业生态化和可持续发展。青岛工业互联网创新赋能中心是市北区国有平台公司市北城发集团与西门子工业软件公司、能科股份等世界 500 强企业和部分行业头部企业共同设计和建设的，集工业互联网技术展示、专业人才培训和 B 端客户服务为一体的产业综合项目。该项目引入世界领先的工业互联网编程、数字孪生、产品全生命周期管理等信息技术，结合西门子数字化产线的现场实施，全方位展示工业互联网产业对整个制造业的颠覆性变革。入驻 RCEP 产业升级中心园区的中小企业可以低成本使用平台工具软件，加快操作工艺数字化进程，实现效益倍增发展。

资料来源：丁淑华. 助力工业互联网产业聚集　青岛工业互联网创新赋能中心启动[EB/OL]. https://news.qingdaonews.com/qingdao/2021-07/28/content_22815798.htm.（编者对其进行了整理改编）

## 课后习题

1. 何为枢纽经济？
2. 空港经济的具体特征是什么？
3. 空港建设的总体原则是什么？

## 拓展学习

西雅图：依靠电商平台发展，实现全球商贸集散枢纽

## 推荐阅读

[1] 波特. 竞争优势[M]. 北京：中信出版社，2014.
[2] 姚林青，程静薇，虞海侠. 互联网经济学[M].北京：清华大学出版社，2022.
[3] 芮廷先. 网络经济学[M]. 2 版. 上海：上海财经大学出版社，2021.

# 第十二章　枢纽经济的若干衍生形式

## 学习要点

1. 科技型枢纽经济；
2. 金融型枢纽经济；
3. 信息型枢纽经济；
4. 创新型枢纽经济。

## 学习目标

了解枢纽经济的若干衍生形式；掌握不同衍生型枢纽经济的概念及特征；熟悉不同衍生型枢纽经济的主要做法与特色经验。

## 引导案例

### 广州港口型国家物流枢纽<br>提升公铁水多式联运水平　增强粤港澳智慧大港功能

广州作为世界著名港口城市和“21世纪海上丝绸之路”的起点，产业基础雄厚，拥有新能源汽车、智能装备、新型显示、人工智能、生物医药、互联网6个千亿级工业产业；全市地区生产总值达到22万亿元，占粤港澳大湾区地区生产总值的21.01%，全国城市排名第四，正积极发挥其作为粤港澳大湾区中心城市的核心引擎作用。建设以广州港为载体的广州港口型国家物流枢纽（以下简称“枢纽”），是广州社会经济发展的重要规划，是服务国家“一带一路”倡议和粤港澳大湾区发展战略的重要举措，也是助力珠三角地区融入世界经济、推动粤港澳大湾区成为世界级湾区的重要战略部署。经过各级政府和企业的共同努力，枢纽成功入选2019年国家物流枢纽建设名单，并在智慧通关、物流集疏运体系、区块链技术应用和码头自动化等方面取得显著成效。

广州港口型国家物流枢纽，南向南海，东望深圳、东莞，西靠佛山、中山、江门，位于珠江三角洲地理几何中心，是珠江西岸城市通向海洋的必由之路。以枢纽为圆心、半径100千米的范围覆盖整个珠三角城市群，是连接珠三角两岸城市群的关键性节点。枢纽以广州港南沙港区龙穴岛作业区为主要载体，核心范围包括已建成的广州港南沙港区一期、二期、三期码头，南沙保税港区的港口区和物流区，正在建设的南沙港区四期码头和广州南沙国际物流中心等，以及规划中的国际通用码头、南沙五期、江海联运码头，总占地面积为21.495平方千米。

资料来源：申卉. 广州奋力建设国际物流中心[N]. 广州日报，2021-08-26（A3）.（编者对其进行了整理改编）

# 第一节 科技型枢纽经济

## 一、科技型枢纽概述

科技型枢纽建设以“科技应用”为抓手，实现向科技要人力、向科技要效率，形成完全拥有自主知识产权的系统，可大规模复制，为枢纽智能升级改造提供技术借鉴，提升新时期枢纽经济发展和升级的核心竞争力。物流枢纽经济的发展需要进一步加强对枢纽科技含量的赋能，必须加强新技术、新装备的创新应用。加大科技创新投入，引进科技创新企业，培育科技创新团队和人才，发展科技创新产业，鼓励科技创新事业，实现科技创新向产业转化，推动产业发展升级，形成具有自主知识产权的技术体系，推动枢纽产业化技术创新，实现产业高端化发展。

## 二、科技型枢纽经济发展典型模式案例

以广州为例，依托5G通信技术，通过AIOT（人工智能物联网）、机器人等智能物流技术和产品融合应用，将广州南沙国际物流中心（北区）打造成高智能、自决策、一体化的智能物流园区。聚焦全球数字经济发展趋势，应用先进的5G+区块链、物联网、大数据等技术，整合物流、通关、交易等领域数据，实施精细化运营，提升公铁水多式联运水平，增强粤港澳智慧大港功能。

### （一）建立“智慧海关”通关新模式，通关时效大提速

1. 船边智能分流，实现货物“即到即提”

港区生产作业系统对接海关查验系统，智能识别并采集集装箱号，整合报关单、舱单等信息进行逻辑计算，形成分流指令。进口货物抵港后，根据分流指令，直接转到查验场地进行查验或对接货主企业进行提离，实现进口货物“即到即提”。在出口运抵环节，卡口作业系统自动执行海关查验系统的分流指令，无须检查的货物可直接装船，低风险货物在办理出口作业时实现“即到即装”。该措施大大降低了货物进入堆场等待后续指令的时间，省去了场内查找货物的复杂耗时操作，有效减少了场内吊箱、移箱操作，降低客户物流成本的同时也提高了货物的通关时效。

2. 应用查验辅助机器人，提升查验效率

在未使用查验辅助机器人之前，关员需到查验现场逐个拍摄集装箱号、封识号等照片，

耗费大量人力和时间，所以货物等待查验时间较长。南沙港区率先应用查验辅助机器人，通过自主走位，自动识别和采集集装箱号、封识号并上传云端核验，通知码头工人对无异常情况的集装箱进行开柜卸货，辅助关员进行开柜操作，查验效率由每 12 小时查验 300 个集装箱提升至 450~500 个。

3. 推广移动远程监管，加快产品入市

根据现行规定，部分货物需要在目的地海关或从口岸提离至海关指定/认可场所进行后续监管作业，如进口食品标签整改、特殊物品后续监管等。然而上述后续监管作业的地点众多、跨关区分散式分布，海关需指派工作人员进行远距离到场作业，延长了等待时间。企业需等待关员到场完成查验作业后，才能将产品应用生产或投入市场，等待时间的延长导致客户产品的时间和机会成本增加。南沙港区联合南沙海关创新应用移动远程监管方式，通过视频通话、图片实时传输等方式线上开展远程作业。企业无须等待海关排期检查，也不会产生任何额外费用，货物查验时间由平均 4 个小时缩短至 30 分钟。已在出口申报前监管、进口目的地检验、企业日常监管、企业核查等 21 类业务中推广移动远程监管新模式，累计减少外勤作业超过 1 800 人次；在减少人员接触的同时，助力产品快速投入市场。

通过开展“智慧海关”改革，实现枢纽通关时效大提速，2020 年南沙海关进出口整体通关时间在全国领先。

### （二）构建广州港拖车运营平台，提升枢纽公水联运效率

广州港拖车营运平台是南沙港区集装箱拖车的线上统一服务平台，通过数据实时共享，实现了外贸进出口业务在订舱、码头办单、闸口预约、进闸作业等环节的无纸化服务，减少了载具运输、数据传输的重复，有效提升了枢纽公水联运效率。以外贸出口无纸化服务为例，平台将相关出口单证流转途中必经的集装箱用箱企业、班轮与船代企业、运输企业、码头、堆场等各方连接起来，把线下人工操作全部转变成为线上数据交互，业务办理、费用结算、预约进场等环节均可通过线上平台完成，业务办理不受时间与空间的限制，无须打印纸质单证、无须使用交通工具穿梭在各个场所进行单证交接与互认。

### （三）区块链技术在港航物流的应用和探索

1. 基于“5G+区块链”的港口集装箱物流平台适配研发及产业化

广州港集团全资子公司广州港数据科技公司承建的“基于‘5G+区块链’的港口集装箱物流平台适配研发及产业化”项目已经通过了广州市工业和信息化局验收。该项目成果已应用至“湾区一港通”业务模式中，利用区块链的加密特性解决了海关、进出口企业、港口码头等各方之间的数据交互困难，建立了信息互信与共识机制，实现了南沙港区与内河码头的一体化操作，货物一次申报、一次查验、一次放行，实现在南沙港区全天候快速直装直卸，大大提升了港区跨境贸易物流效率，进一步优化了营商环境，为客户企业提供了优质服务。

项目采用了被广州市工业和信息化局认定为“2020 年区块链示范平台”的运通链达区块链，该技术是具有自主核心技术的国产区块链，形成了具有高度数据安全性、可靠性且能复

制推广的港航区块链应用解决方案。通过运用区块链不可篡改等技术特性，从根本上解决了各方的信任问题，既保证了信息传递的即时性，也提高了信息共享的可靠性，可以实时、准确、有效地监管各类货物在港航物流中的流向和状态。区块链上的信息永久保存，方便溯源和查询，有效提高了集装箱物流运输的安全管理透明度。

2.“链”上无接触，区块链推动进口提货无纸化

2020 年 7 月，广州港集团集装箱物流平台为中远海运首批 25 票共 164 个集装箱提供了进口提货全程无纸化服务，基于区块链技术的无接触线上放货试运行取得圆满成功。该无纸化服务功能是广州港集团与中远海运通力合作，加快落实广州市人民政府《关于促进跨境贸易便利化若干措施》中提升港口物流电子化水平的要求，基于区块链技术推出的数字化、无接触进口提货方案，为客户提供更加便捷、低成本、无接触提货手续办理服务。

原先，客户需要按照船公司和港口的要求，准备相关纸质提货文件，前往各自的业务窗口，分别完成进口提货手续。如今，借助区块链可追溯、可信任的技术特点，船公司和港口实现了系统间数据的互联互通和流程的协作互信，使客户可以在链上一次完成包括船公司和港口方审批的操作流程，实现了全流程单证无纸化，简化了进口客户办理业务的手续，并且货物信息及作业数据防篡改、可溯源，更加实时、安全、高效、可靠。目前，该应用成果正面向南沙港区所有班轮公司大面积推广，让更多客户享受区块链技术带来的便捷。

## 第二节 金融型枢纽经济

### 一、金融型枢纽概述

金融型枢纽建设充分利用资本的催化和杠杆作用，聚焦物流、供应链、品牌零售、数据科技等投资领域，以股权投资结合优惠政策，引进并培育一批平台型企业，形成以基金招商、以商招商的经济效应，有力支撑快递物流产业和地区经济的提质发展。通过政府引导，积极引入民间资本和社会资本，探索设立枢纽经济区产业投资基金，鼓励产业基金为枢纽经济区优秀企业和项目提供上市、融资、风险投资、并购重组等全方位服务；探索利用保险资金建设项目新模式，对枢纽经济区资金需求量大、建设周期长、能够产生稳定现金流与资产增值预期的项目进行梳理，落实增信、担保等各类条件；积极推广应用 PPP 模式，鼓励各类社会资本通过特许经营、政府购买服务、股权合作等多种方式参与枢纽经济建设，为枢纽经济建设提供资金保障。

### 二、金融型枢纽经济发展典型模式案例

以上海为例，推动快递物流与商贸流通融合发展，构建集商流、资金流和信息流于一体

的产业生态供应链，通过“快递末端+商业、广告、生活服务”的方式进一步为末端中心赋能，不断探索电商仓配一体化业务新模式等；大量跨界合作和业务创新均由枢纽的企业总部发起，总部型经济效应日益显现，有力支撑快递物流产业和地区经济的提质发展。

### （一）精准定位，设施配套支持产业发展

加入世界贸易组织以来，上海市发展速度不断提升，传统加工制造业态无法适应青浦区城镇化发展的大势。早在“十一五”期间，华新镇抢抓上海城市能级提升和产业结构调整机遇，精准选择快递物流产业作为主导产业，予以土地、税收等多维度扶持政策，并于 2006 年成功吸引圆通速递有限公司全国运营总部落户华新镇。圆通速递有限公司总部项目的落地迅速吸引并集聚中通快递股份有限公司、申通快递有限公司、上海韵达货运有限公司等快递物流龙头企业将全国运营总部落地于此，华新镇迅速发展成为快递物流产业集聚区。

在华新镇产业用地供给有限的发展背景下，华新镇政府积极推动落后产能的腾退工作，整合土地资源以支撑更多快递物流企业落地，城市风貌在招商引资过程中得以重塑。随着以公路运输为主的快递物流作业量激增，区域内部道路基础设施迎来巨大压力，拥堵和道路损坏等情况时有发生，为此华新镇政府成立投资平台公司，负责区域通行条件改善、道路提升改造、轨道交通谋划、“断头路”打通等基础设施配套工程，缓解主功能区交通压力，实现枢纽主功能区与外部通道的顺畅对接。

2020 年授牌国家物流枢纽后，青浦区的快递物流产业发展获得更大动能。逐步加大对枢纽内基础设施投资力度，华腾路、新协路、华南路 3 条主功能区内部的主干道路改造项目也于 2020 年相继开工。同时，枢纽借华新镇凤溪片区城市更新的契机，对土地规划进行调整，为枢纽的高质量发展创造更多空间，完善枢纽博览、培训、开放等延伸功能，进一步加强枢纽在全球快递行业的影响力和话语权。2020 年 4 月，华新镇启动了新一轮土地征收工作，已完成土地征收面积近 0.12 平方千米，为快递物流增值服务的开展提供支撑。

### （二）抢抓先机，增强快递企业集聚效应

在城市转型升级、产业腾笼换鸟的背景下，提升上海市青浦区城市服务能级并建成较完备的产业生态。专注服务创新和技术培育，通过“服务+政策”引导企业挖掘自身投资潜能，发挥资源配置优势，不断发展总部型经济，先后引进圆通速递有限公司、中通快递股份有限公司、顺丰速运有限公司、上海安能聚创供应链管理有限公司、上海韵达货运有限公司等企业入驻。枢纽成立前，率先形成快递物流企业总部集群，产值规模已突破千亿元，总部型经济效应日益显现，有力支撑快递物流产业和地区经济的提质发展。

长三角一体化和虹桥国际开放枢纽两大国家战略落地青浦区，为区域的高质量发展带来了改革红利，国家物流枢纽的赋能进一步加强了区域物流运营关联企业的集聚和整合。大量快运企业作为快递业态的补充出现在枢纽范围内，形成优势互补、业务协同、利益一致的国家物流枢纽建设运营合作共同体，在共同推进枢纽建设和运营与物流企业集聚的基础上，华

新镇大力引进和培育专注于跨境电商物流的递一国际物流（深圳）有限公司、提供新物流服务的中通云仓科技有限公司、融合智慧冷链物流和供应链 B2B 平台的鲜丰水果股份有限公司、集终端智能硬件和配套软件于一体的上海智租物联科技有限公司等创新型企业。截至 2021 年，122 家各类型物流企业落户枢纽，进一步增强了枢纽的高质量物流服务供给能力。

此外，枢纽深度融入虹桥国际开放枢纽的定位，用好中国国际进口博览会永久举办地的周边优势和“6+365”常年交易展示平台，推进全球快递高端要素资源集聚，打造“买全球、卖全球”的开放型经济中转节点。华新镇大力推进快递物流博览中心项目，谋划全球快递物流行业博览会、全球供应链峰会等若干具有行业领导力的国际展会，进一步提升了枢纽在快递物流行业的地位。

### （三）推动物流与商贸融合发展

凭借各快递物流企业集聚的优势，枢纽在推动快递物流与商贸流通融合发展方面有着国内其他枢纽无法比肩的先发优势，如圆通速递有限公司与阿里巴巴深度合作，共同增强客户服务及全球化拓展能力；圆通速递有限公司与深圳市年富供应链有限公司合作，构建集商流、资金流和信息流于一体的产业生态供应链；中通兔喜快递超市现已接入多家快递公司和电商平台，完成物流轨迹数据对接。通过“快递末端+商业、广告、生活服务”的方式进一步为末端中心赋能，如上海韵达货运有限公司与兰蔻、欧莱雅等知名美妆品牌合作，探索电商仓配一体化业务模式等。大量跨界合作和业务创新均由枢纽企业的总部发起，不断推动快递物流组织模式的创新。

得益于中国国际进口博览会永久举办地的周边优势，2020 年枢纽内两家企业在中国国际进口博览会上完成 4.85 亿元的进口高端水果采购，发挥了商贸服务型国家物流枢纽对接国家“一带一路”倡议、服务广大人民群众追求高品质美好生活的支撑性作用。

### （四）推进快递物流国际化网络布局

枢纽内部的圆通速递有限公司、中通快递股份有限公司、上海韵达货运有限公司等企业积极推进国际化工作。圆通速递有限公司建立“全球包裹联盟”控股先达货运（上海）有限公司；中通快递股份有限公司正着手在共建“一带一路”国家建立仓储设施、成立中通国际，从事国际物流业务、国际包裹业务、跨境电商进出口业务；申通快递有限公司与布达佩斯机场集团以及欧洲物流企业 EKOL 合作，共同打造“一带一路”中欧国际转运中心，致力于提升中欧班列和跨境电商包裹的转运效率；上海韵达货运有限公司等企业也设置海外仓，开展跨境寄递等业务。快递物流企业抱团出海，参与国际快递全球化进程将为我国构建新发展格局提供重要战略支撑。与此同时，枢纽积极增设海关监管场所，建设高效跨境寄递通道平台，加快推动了上海邮政快递国际枢纽中心建设。

# 第三节　信息型枢纽经济

## 一、信息型枢纽概述

信息型枢纽建设通过高效整合利用区域物流资源，规模化、网络化、智能化物流组织运营，同时采用科学的统计分析方法，汇总分析运营数据，全面检视市场变化，为企业运营决策提供有力依据及重要参考。信息型枢纽运营主体要注重利用和发挥所在城市的公共信息平台的作用，整合现有的信息资源，发挥信息系统平台的整体优势，促进区域经济高效健康发展。平台参与者包括政府相关部门、企业、行业协会、院校及科研院所等，通过现代化的计算机网络通信技术，构建公共信息服务系统和数据交换处理系统，实现资源共享，加强枢纽功能和各环节的联系，保证枢纽经济安全、有序、稳定运行。

## 二、信息型枢纽经济发展典型模式案例

以贵阳为例，把握大数据作为国家基础性战略资源，先行先试，是国内大数据产业的“试验田”“拓荒者”，通过政府推动数据分享、产业扶持等关键节点，构建相关产业体系，在经济社会运行发展中的多个领域，以大数据发展推动共享经济全域联动，实现贵阳城市发展转型升级。

### （一）准确把握大数据发展机遇

贵阳在数据产业，特别是数据存储产业，具有天然优势，其气候条件和充足的电力供应为高新技术产业发展提供了有力保障。在同期许多城市大数据产业战略布局之时，以发展效率和发展方式抢占发展先机，通过数据产业集聚发展，强化创新应用，突破重点发展环节，以数据汇聚为基础，以数据融通为手段，以数据应用为目标，构造了资源汇聚、产业集聚、应用落地的中国数个创新型中心城市。大数据成为贵州弯道取直、后发赶超的大战略、大引擎和大机遇。

顶层设计规划方面。2015 年 2 月 12 日，经工信部批准，贵阳、贵安新区共同创建国家级大数据产业发展集聚区。随后，为贯彻落实《国务院关于印发促进大数据发展行动纲要的通知》，加快实施国家大数据战略，促进区域性大数据基础设施的整合和数据资源的汇聚应用，发挥示范带动作用。2016 年 3 月 1 日，国家发展改革委、工业和信息化部、中央网信办发函批复，同意贵州省建设国家大数据（贵州）综合试验区，也即首个国家级大数据综合试验区。

在具体实践方面，以贵州省《关于加快大数据产业发展应用若干政策的意见》《贵州省大数据产业发展应用规划纲要（2014—2020 年）》为指导，贵阳市出台《贵阳市大数据产业发展“十三五”规划》《贵阳大数据产业行动计划》等规划文件，《关于支持区块链发展和应用的若干政策措施（试行）》《贵阳市大数据安全保障体系及产业规划》等专项规划，以

较为清晰的路线图对贵阳大数据发展做了指导。

### （二）“互联网+”的作用日益显著

网络信息与经济社会的融合发展带动了大数据产业的快速发展。作为非传统信息技术产业集聚地，贵阳以呼叫中心和数据存储中心为先行，构建产业基础，随后我国首个大数据战略重点实验室、首个全域公共免费 Wi-Fi 城市、首个块上集聚的大数据公共平台、首个政府数据开放示范城市和首个大数据交易所相继在贵阳落地。用数据打破行业壁垒，依靠大数据产业的内在驱动力，实现跨界融合，吸引和集聚了全域全要素信息资源集聚。

以交通运输关联领域为例，交通运输运行数据资源在贵阳实现集聚，交通运输部西南交通流量调查数据平台、中国网约车大数据交互共享中心等交通运输相关数字化发展平台落户贵阳。同时，首个国家级旅游数据中心、智慧城市农产品供应链平台、电子口岸跨部门信息联通“三一工程”（关检数据一次申报、关检依法一次查验、关检联网一次放行）也与交通运输基础数据发展相互补充，发挥组合功能。贵阳以信息流实现交通运输组织、助力产业发展，进而影响人们行为决策、产业发展布局，成为“互联网+”交通新枢纽。

### （三）以大数据为引领产业，推动共享经济全域发展

在大数据基础设施布局完善的基础上，贵阳进一步发展大数据依附和引致产业。联动国家级新区贵安新区，发展以富士康第四代绿色产业园为代表的电子信息制造业，加快建设“贵安云谷”产业发展平台，引进高通服务器处理器芯片等高附加值项目，“大数据+大旅游”“大数据+创业”“大数据+培训”“大数据+金融”模式相应展开。贵阳延长大数据产业链，强化发展中资源支配能力，依托数据存储打造国家大数据内容中心；集聚开展数据分析、提供数据服务的增值服务企业，形成国家大数据服务中心；开展数据交易和结算，形成数据商品化的市场机制，使贵阳成为国家大数据金融中心。同时，在贵阳设立了大数据交易中心，这是全球第一家大数据交易所。

### （四）以政策扶持突破行业发展壁垒

我国在大数据发展和应用方面已具备一定基础，拥有市场优势和发展潜力，但也存在数据开放共享不足、产业基础薄弱、缺乏顶层设计和统筹规划、法律法规建设滞后、创新应用领域不广等问题。在信息融通发展方面，为攻克政府部门信息流通机制壁垒，贵州省政府专门做出规定，除有特殊需求外，贵州省所有省级政务部门将不再自建机房，为政府数据资源整合、共享、开放和利用提供了条件。在产业发展方面，贵州省也提供了较为完善的政策保障体系，如建立大数据产业发展基金，支持大数据应用示范重点项目和产业培育关键项目建设；土地政策方面，大数据项目用地优先列入城市近期建设规划、土地利用总体规划和年度计划；用电方面，对大型数据中心用电价格提供特别优惠；在金融服务方面，搭建大数据产业发展投融资平台，积极吸引国内外风险投资及社会资金参与，扩大投融资能力；鼓励省、市高等院校开设与大数据相关的研究生课程，培养新一代数据研究人员和工程师等高端人才等。

# 第四节　创新型枢纽经济

## 一、创新型枢纽概述

创新性枢纽在推进枢纽建设的同时，更加注重生产要素质量提高和生产要素效率提升，各建设主体、参股单位、子公司在物流与供应链上积极探索创新，加速物流枢纽提档升级，包括设施建设创新、物流组织创新、增值服务创新、枢纽合作创新、保障体制创新等。结合自身发展实际，准确把握经济发展新常态，充分借助“互联网+”、物联网、大数据、云计算、人工智能、区块链、自动化等现代化技术手段，推动枢纽各资源要素快速流动，促进产业化技术创新，积极推动供给机制、服务模式、服务标准等枢纽经济制度创新，引领带动枢纽区域经济发展。

## 二、创新型枢纽经济发展典型模式案例

以湖北省宜昌市为例，本着“开放共享、合作共赢”的理念，宜昌市积极参与国家物流枢纽联盟工作事宜，推进枢纽合作创新，为枢纽发挥出更大效能提供了更多契机；枢纽运营主体参股单位三峡保税物流中心实施商业模式创新和监管制度改革，推广“先入区后报关”“区港联动”等重大改革措施落地。

### （一）推进设施建设创新

2003 年，宜昌三峡船闸投入运行，船闸通过量快速增长。2020 年，过坝货运量 1.38 亿吨。为破解长江航运瓶颈，宜昌市委、市政府高标准谋篇布局，着力在“通”上下功夫、在“江”上做文章，加快构建三峡翻坝运输体系，大力推进三峡综合运输体系设施建设。具体做法主要有以下两点：

1. 加快枢纽设施建设

加快建设存量设施提升类项目，同时有序推进增量设施补短板类项目建设。加快多式联运示范项目建设，推进白洋港、秭归港及港口后方会式联运场站建设，形成水、公、铁、空、管多式联运集疏运体系。加快已开工的白洋疏港铁路建设，推进秭归港蔬港铁路前期工作，打造水铁联运集疏运体系。加快推进三峡多式联运信息平台开发，建设多式联运海关监管中心。通过对外合作，建立信息资源共享通道，促进物流、信息流、资金流深度融合发展。

2. 打通物流通道建设

在全面建成江北翻坝高速（太张高速）的基础上，加快推进宜来高速宜昌段、十宜高速及其与翻坝高速秭归连接线、当枝松高速公路、七星台港疏港公路的前期工作；推进沪汉蓉沿江高铁、呼南高铁、郑万高铁等重点项目建设。在快速推进宜昌至郑万铁路联络线控制性工程建设的基础上，加快推进荆门至宜昌高铁项目建设工作，释放宜万铁路的货运能力；加

快推进襄常高铁全线建设，打通宜昌南北向客运主通道；结合沿江高铁、襄常高铁，谋划宜昌北站枢纽建设；同步规划建设高铁快运物流基地，挖掘高铁物流潜力；规划建设七星台疏港铁路。畅通水路运输通道，加快推进“武汉至安庆 6 米、武汉至宜昌 4.5 米”的长江深水航道整治工程，改善航道条件，增加通行船舶吨位，提升宜昌枢纽的江海直达能力。加快推进枝城港至秭归港油气管道项目，在长江南岸铺设管道，连接三峡大坝上游秭归港和下游红花套港，解决成品油过坝运输问题，保障船闸安全的同时提高油品过坝运输效率。加快推进三峡机场二期改扩建项目建设进度，推进三峡航空货运基地建设，完善航空口岸资质，补齐海关监管场所，开通货机航线。

### （二）推进物流组织创新

宜昌是长江经济带关键节点城市，肩负着解决长江航运三峡船闸通行能力不足问题的重大使命。枢纽坝上坝下双枢纽联动布局，通过发达的集疏运体系，可实现水铁公高效联运，吸引货物通过港口上岸后经铁路和公路进行分流运输，形成“大分流，小转运”的多式联运格局，以减轻大坝过闸压力，为打通三峡坝区过闸“堵点”提供解决方案，畅通长江水道。具体做法有以下四点：

#### 1. 优化“小转运”物流组织体系

依托白洋和秭归两港两园，实现 24 小时内坝上坝下转运，较传统过闸节约 4 天时间，并由地方财政补贴以降低翻坝成本。坝上的秭归园区依托秭归港至重庆、宜宾等地的货运航线，加快商品车、载货汽车滚装运输发展；坝下的白洋园区依托焦柳铁路枝江段和紫云铁路沙湾货场站，联动白洋港，利用水运的高运力、低成本等特点，发挥铁水联运综合优势，以粮食等大宗商品运输为突破口，开展面向四川、贵州等西南腹地的铁路干线运输。

#### 2. 创新“大分流”物流组织体系

大分流是指水陆联运的干线大转运。宜昌是长江多式联运体系中水路最长的物流枢纽节点，成本优势明显。大分流物流组织体系主要采用了两种方式：一是半径 200 千米以内采用“水运干线+公路分拨”的水公联运模式；二是半径 200 千米以外采用“水运干线+铁路干线”的水铁联运模式。

#### 3. 区域分拨配送组织体系

依托白洋园区和秭归园区后方产业集聚区，与干线运输组织功能实现有机对接，完善分拨配送功能，为荆州、荆门、襄阳、十堰、恩施、张家界、常德、岳阳等周边区域提供生活消费品以及钢材、建材、油气等生产物资。利用白洋园区、秭归园区的铁路及货场，以区域分拨配送为核心业务，通过铁水联运，实现三峡区域与四川、贵州、重庆等西南区域的物流联动。引导宜昌及其周边地区在白洋园区办理货物出口相关手续，通过江海联运，经上海港或宁波港出口全球各地。

4. 保障国际物流服务组织体系

以白洋园区为载体，依托宜昌水运口岸、白洋港海关监管区的优势，推进港区与三峡保税物流中心（B 型）、宜昌综合保税区的业务联动，开展粮食、化肥、汽车零部件等进口商品国际物流服务以及本地精细化工、食品等出口产品口岸通关等国际物流服务。

### （三）开展增值服务创新

依托枢纽所构建的面向长江中上游的高效率、低成本物流服务网络，以破解长江三峡“肠梗阻”为出发点，实现原材料在白洋园区及后方产业集聚区集散加工后再面向上游运输，上游生产的商品在宜昌进行组装和集散加工后再向下游运输，促进坝上坝下形成紧密的产业链分工与合作关系，通过跨区域的供应链组织重构价值链，使其成为长江中上游产业优化布局的重要引擎。宜昌通过枢纽建设，延伸产业链、串接供应链、提升价值链，打造中国中部地区中型城市中转物流的样板。主要做法有以下两点：

一是按照“坝上坝下双枢纽联动、上游下游分区域辐射、减轻过坝物流压力”的总体导向，制订坝上坝下统一的供应链解决方案，推进坝下白洋港口物流园和坝上秭归港口物流园两大枢纽载体一体统筹、协同分工、深度联动。白洋园区主要承担面向中下游地区的干线组织、多式联运和区域辐射等功能，重点发展下游运输至白洋园区的粮食、油品、食品、化工、木材、钢材、建材、机械设备、商品汽车等品类的铁水联运干线组织、区域分拨和城市配送，承担国际物流和区域联动任务。秭归园区主要承担面向上游地区的干线组织、多式联运和区域辐射等功能，重点发展上游运输至秭归园区的商品汽车、钢材、粮食、食品、机械设备等品类的铁水联运干线组织、区域分拨和城市配送。坝上坝下联动分流长江干线压力，加强水陆联运衔接。

二是创新粮食物流“四部曲”建设。第一步将过坝运输变成过境运输，发展北粮南运西进水铁联运；第二步将过境运输变成驻留分拨，与中粮集团等大型集团合作；第三步将驻留分拨变成期货交割，用世界银行贷款建成白洋期货交割库，用于期货交易；第四步“三链合一”，实现物流与加工、金融、贸易融合发展，进入价值链高端。白洋园区已建成宜昌首个国家粮食交易交收库，利用世界银行贷款建设粮食期货库。

### （四）推进枢纽合作创新

枢纽本着“开放共享、合作共赢”的理念，积极参与国家物流枢纽联盟工作事宜，推进枢纽合作创新，为枢纽发挥更大效能提供了更多契机。

一是打造宜昌—营口合作样板。枢纽积极开展与其他国家物流枢纽城市的合作业务，发挥枢纽作用。2019 年 12 月，宜昌市与营口市签订《关于加强现代物流产业战略合作框架协议》，重点推进辽宁营口港和宜昌白洋—茅坪翻坝组合港江海联运、水铁联运及北粮南运西进、粮肥互换、南肥北运等业务。东北粮食过海进江，进入宜昌及西南地区，重去重回带回宜昌化肥和成渝地区的工业产品，在宜昌完成粮肥互换业务，下一步业务将放眼整个东北亚和中国内陆腹地。

二是打造宜昌—重庆合作样板。宜昌与重庆、成都都是首批国家物流枢纽建设城市。在物流通道建设上，枢纽致力于服务川渝地区，提供便捷高效的物流运输服务对接西部陆海新通道，为宜昌腹地企业开辟新的出海口通道。目前，已开展宜渝集装箱始发航线和商品车常态化翻坝运输，开通宜昌—重庆水运航线，为坝上外贸企业打通西路南向的水铁海出口通道。2020 年下半年完成宜渝航线集装箱始发班轮 38 班次，航线完成港口集装箱吞吐量 0.74 万标箱，商品车翻坝运输完成 3.75 万辆，降低综合物流成本效益显著。初期，融入西部陆海新通道；中期，将建成宜昌—钦州的中部南向物流通道，该通道是宜荆、荆恩城市群物流重点谋划项目，叠加三峡物流园市场采购贸易试点，助力区域外向型经济发展。

### （五）推进保障体制创新

枢纽建设按照综合性国家枢纽的目标，做好“四张答卷”：抓住国家物流枢纽发展要点，做好产业牵引答卷；抓住国家物流枢纽发展的方向，做好顶层设计答卷；抓国家物流枢纽发展的重点，做好创新发展答卷；抓住国家物流枢纽发展的基础，做好设施建设答卷。推进保障体制创新在“四张答卷”的实施过程中起到了关键作用，具体做法有以下四点：

一是在政策支持上争取补助。枢纽争取到国家 3 400 万元资金补助；地方配套出台多式联运政策，每年出资 1 000 万元支持物流业发展。

二是在顶层设计上规划设计。宜昌市政府出台了《宜昌港口型国家物流枢纽建设三年行动方案（2020—2022 年）》，结合国家物流枢纽布局，制定了国家物流枢纽城市建设规划和现代物流业中长期发展规划。

三是在重视层面上加强重视程度。宜昌市政协将建设国家物流枢纽城市作为 2020 年政协 1 号建议案和政协议政性常委会主题；宜昌市政府积极支持在本地召开国家物流枢纽联盟会议（全国物流园区会议）。

四是在体制机制上形成长效机制。宜昌市成立了以市长为组长的国家物流枢纽建设领导小组，为枢纽建设提供全方位的体制机制保障。

## 本章小结

以交通运输为载体的枢纽经济在发展过程中逐渐呈现出不同的发展模式，本章以其中 4 种衍生方式为例展示了新模式枢纽经济的内涵，并以具体城市为例展示了该模式下的特色经验。

科技型枢纽建设以“科技应用”为抓手，实现向科技要人力、向科技要效率，形成完全拥有自主知识产权的系统，可大规模复制，为枢纽智能升级改造提供技术借鉴，提升新时期枢纽经济发展和升级的核心竞争力。

金融型枢纽建设充分利用资本的催化和杠杆作用，聚焦物流、供应链、品牌零售、数据科技等投资领域，以股权投资结合优惠政策，引进并培育一批平台型企业，形成以基金招商、以商招商的经济效应，有力支撑快递物流产业和地区经济的提质发展。

信息型枢纽建设通过高效整合利用区域物流资源，规模化、网络化、智能化物流组织运营，同时采用科学的统计分析方法，汇总分析运营数据，全面检视市场变化，为企业运营决策提供有力依据及重要参考。

创新性枢纽在推进枢纽建设的同时，更加注重生产要素质量提高和生产要素效率提升，各建设主体、参股单位、子公司在物流与供应链上积极探索创新，加速物流枢纽提档升级，包括设施建设创新、物流组织创新、增值服务创新、枢纽合作创新、保障体制创新等。

## 课程思政

创新发展形态，南宁推动“通道经济”向“枢纽经济”转变
南宁将打造面向东盟的国际物流枢纽

南宁是中国离东盟最近的首府城市，也是西部陆海新通道重要节点、我国连接“一带”和“一路”重要枢纽。基于这样一些独特区位优势，该市正在通过积极服务建设中国—东盟命运共同体，畅通中越物流通道，以东博会吸引商品、服务和要素聚集，大力培育国际大市场，破解“过而不驻、流而不聚”难题，推动“通道经济”向“枢纽经济”转变。

《广西物流业发展“十四五”规划》（以下简称《规划》）提到，到 2025 年，基本建成集聚高效、区域协同、创新融合、智能绿色、安全可控的现代物流体系，推动广西打造成为国内国际双循环的重要节点枢纽的发展目标。其中，打造 A 级以上物流企业 200 家，5A 级物流企业 10 家。打造一批国家物流枢纽、国家示范物流园和国家骨干冷链物流基地。社会物流总费用与 GDP 的比率低于全国平均值。远期到 2035 年，建成具有广西特色的现代物流体系，形成面向东盟、服务 RCEP 的枢纽经济增长极，成为服务广西高水平开放、高质量发展的重要支撑。物流服务与通关能力达到全国一流、西部领先水平，现代冷链物流体系全面建成。《规划》将广西壮族自治区物流空间布局为“双核牵引、南北支撑、东西联动、多点协同”，并提出打通对外“五向联通”和“三向拓展”物流大通道，助力广西现代物流业高质量发展。

南宁作为“双核”之一，将打造面向东盟的国际物流枢纽。包括加强国际海铁联运主通道与国际铁路、公路联运辅通道衔接，加快集装箱海铁联运市场培育、货源集聚、班列集结和物流企业进驻，推进陆港型国家物流枢纽建设；发挥电子信息、先进装备制造、生物医药、食品加工、建材、特色农业等产业优势，创建生产服务型物流枢纽；扩大广西与东盟国家间贸易流通，创建商贸服务型物流枢纽；加快建设南宁临空经济示范区，推进南宁国际航空货运枢纽建设等。在物流通道重点工程建设方面，多个项目涉及南宁。加快实施贵阳至南宁高速铁路，加快实施贵阳经南宁至北海、南宁经玉林至珠海等高速公路项目，南昆铁路百色至威舍段增建二线、湘桂铁路柳州枢纽扩能改造等项目。加快实施南宁至贵港 3 000 吨级航道项目，加快实施南宁机场改扩建、南宁机场 T3 航站楼及配套设施建设、南宁国际空港综合交通枢纽、南宁临空经济核心产业示范区大通关基地（一期）等项目。

### 建设全区统一的物流大数据治理平台

为提升物流服务，广西将着力开展航空物流设施补短板工程和应急物流设施补短板工程。加快建设南宁零公里空港产业园、南宁机场国内公共货站二期、南宁临空冷链医药物流保障基地、柳州空港物流产业园等。在南宁、沿海、沿江、桂北、桂东地区建设一批应急物资储备仓库，提升重大物流设施抗灾能力和快速恢复能力。《规划》还就提升现代物流治理能力提出多项任务，如研究制定广西物流业数据共享办法，建设全区统一的物流（供应链）大数据治理平台，试点实施广西物流业电子政务改革，试点运用广西绿色物流与应急物流治理平台（系统）等。

### 向海经济基础夯实

位于南宁综合保税区内的中新南宁国际物流园，是广西推进西部陆海新通道建设重点项目之一，是在“一带一路”背景下南宁市参与西部陆海新通道建设的重要平台和项目抓手。目前，中新南宁国际物流园新中保税智慧园一期建成投入使用；科创苑一期“东盟多式联运智慧产业城”已全面竣工。自运营以来，中新南宁国际物流园陆续引进了国内外百强的知名物流龙头企业和主要品牌商家约 20 家，货运中转量累计超过 150 万吨，产业集聚效应不断显现。“随着项目的加快建设，依托中国—东盟多式联运联盟，中新物流园已成为国际陆海新通道上中新合作企业的重要旗舰型示范项目，吸引越来越多企业取道广西作为重要的进出口地。”广西新中产业投资有限公司副总经理表示，中新物流园将尽所能吸引更多“一带一路”乃至 RCEP 国家知名企业入驻园区，助力南宁成为吸引外资的沃土，为高水平共建西部陆海新通道、大力发展向海经济贡献力量。

### 临空产业加快集聚

西桂微电子、一力制药、顺丰等项目竣工投产；龙光东盟生鲜食品智慧港、葫芦娃二期、唯品会开工建设；瑞声精密制造产业园、南宁零公里空港产业园、宇培（南宁）电商冷链产业园等项目加快推进……近年来，随着南宁临空经济示范区的加快建设，一批批企业项目纷纷落户投产，为南宁市加快形成面向东盟的国际大通道、促进区域经济高质量发展提供了有力支撑。

南宁临空经济示范区是我国第一个定位为面向东南亚的区域航空枢纽，自获批建设以来，南宁市积极抢抓用好这一国家级重大开放开发平台机遇，加快编制专项规划、谋划空间布局、强化产业导入、优化营商环境，示范区建设取得积极进展，临空产业加快集聚，枢纽功能不断优化，通道能力持续提升。目前，南宁零公里空港产业园西区 2 号库投入使用，南宁机场国际货站搬迁项目建成启用，南宁吴圩国际机场国内公共货站二期项目建设加快推进。同时，机场周边立体交通网络不断完善，南宁沙井至吴圩高速公路建成通车，南宁国际空港综合交通枢纽工程（GTC）完成投资过半，计划建成后投入使用。下一步，示范区将加快补齐临空物流设施和功能短板，织密面向东盟的航空航线网络，培育引入龙头企业，大力发展多式联运。加快推进示范区临空物流园建设，构建集运输、仓储、贸易及增值服务为一体的综合性物流服务平台，建设集航空物流、跨境物流、电商物流、多式联运于一体的综合型物流基地，打造空港型国家物流枢纽。

资料来源：韩沛.南宁将打造面向东盟的国际物流枢纽[N].南宁晚报，2022-04-14（1）.（编者对其进行了整理改编）

## 课后习题

1. 简述创新型枢纽经济的内涵和特征。
2. 简述科技型枢纽经济的内涵和特征。
3. 简述信息型枢纽经济的内涵和特征。
4. 简述金融型枢纽经济的内涵和特征。

## 拓展学习

贵阳陆港型国家物流枢纽

推动物流高质量发展　助力贵州“强省会”战略

## 推荐阅读

[1] 韩卉. 新发展理念下的贵州经济社会发展实践研究[M]. 厦门：厦门大学出版社，2022.
[2] 樊一将. 综合交通枢纽经济与联动开发[M]. 北京：人民交通出版社，2021.
[3] 国家发展和改革委员会经济贸易司，中国物流与采购联合会.国家物流枢纽创新发展报告 2021[M]. 北京：中国财富出版社，2021.

# 参考文献

[1] 姚志刚. 运输枢纽规划与设计[M]. 北京：人民交通出版社，2021.

[2] 荣朝和，林晓言，李洪昌，等. 运输经济学通论[M]. 北京：经济科学出版社，2022.

[3] 国家发展和改革委员会综合运输研究所. 中国交通运输发展报告（2021）[M]. 北京：中国市场出版社，2021.

[4] 张强. 枢纽之城——广州迈向全球城市的功能转型与蝶变[M]. 广州：广东人民出版社，2021.

[5] 张琳琳，郭璟珅. 效能航空城：面向全球竞争的中国临空经济发展新模式[M]. 北京：中航出版传媒有限责任公司，2021.

[6] 张俊峰. 中华源・河南故事：航空城[M]. 开封：河南大学出版社，2021.

[7] 朱占峰. 枢纽经济发展模式与运行机理研究[M]. 北京：中国财富出版社，2020.

[8] 吴文化，向爱兵，毛科俊，等. 我国枢纽经济发展理论与实践[M]. 北京：经济科学出版社，2019.

[9] 樊一江. 综合交通枢纽经济与联动开发[M]. 北京：人民交通出版社，2017.

[10] 王松，黄福华. 物流经济学[M]. 北京：科学出版社，2021.

[11] 陈志卷. 区域物流园区规划方法研究——基于经济发展关联机制[M]. 北京：首都经济贸易大学出版社，2017.

[12] 梁晨，杨洋，王晓春. 物流园区规划[M]. 北京：中国财富出版社，2020.

[13] 周凌云. 物流园区规划设计与运营：理论、方法与实践[M]. 北京：北京交通大学出版社，2018.

[14] 朱逸云. 第四代高铁枢纽综合体开发与运营实践[M]. 北京：人民邮电出版社，2019.

[15] 丁慧萍，赵启兰.大时代高速度大经略——中国高速铁路经济可持续发展[M].北京：中国财政经济出版社，2019.

[16] 国家铁路局. 高铁经济学导论[M]. 北京：中国铁道出版社，2018.

[17] 向红艳. 公路运输枢纽规划与设计[M]. 北京：人民交通出版社，2015.

[18] 李伟，王凤池. 高速公路规划与设计[M]. 北京：机械工业出版社，2012.

[19] 王健. 城市客运交通经济学[M]. 北京：人民交通出版社，2019.

[20] 王炜，陈学武. 交通规划[M]. 北京：人民交通出版社，2017.

[21] 徐萍，刘晓雷. 港口物流枢纽内在发展机理与案例分析[M]. 北京：人民交通出版社，2015.

[22] 易燕，袁炎清. 港口物流[M]. 北京：机械工业出版社，2020.

[23] 高玲. 港口物流：理论与实务[M]. 北京：北京大学出版社，2017.

[24] 黄群慧，严波，刘勇，等. 郑州发展枢纽经济研究[M]. 北京：经济管理出版社，2019.

[25] 何传启. 中国现代化报告 2021——交通现代化研究[M]. 北京：北京大学出版社，2021.

[26] 姚林泉，汪一鸣. 城市轨道交通概论[M]. 2 版. 北京：清华大学出版社，2019.

[27] 卡尔索普. TOD 在中国——面向低碳城市的土地使用与交通规划设计指南[M]. 北京：中国建筑工业出版社，2014.

[28] 张明，徐涛，李晓锋. 城市轨道交通 TOD 类型研究与规划设计导则[M]. 北京：中国建筑工业出版社，2018.

[29] 周洁. TOD 商业开发的理念与实践[M]. 北京：化学工业出版社，2022.

[30] 魏正华，张伟. 综合交通枢纽一体化设计理论与实践[M]. 北京：人民交通出版社，2021.

[31] 毕艳红，王战权. 综合交通运输体系概论[M]. 北京：人民交通出版社，2017.

[32] 编委会. 综合交通运输导论[M]. 北京：人民交通出版社，2021.

[33] 何传启. 中国现代化报告 2021——交通现代化研究[M]. 北京：北京大学出版社，2021.

[34] 波特. 竞争优势[M]. 北京：中信出版社，2014.

[35] 姚林青，程静薇，虞海侠. 互联网经济学[M]. 北京：清华大学出版社，2022.

[36] 芮廷先. 网络经济学[M]. 2 版. 上海：上海财经大学出版社，2021.

[37] 韩卉. 新发展理念下的贵州经济社会发展实践研究[M]. 厦门：厦门大学出版社，2022.

[38] 樊一将. 综合交通枢纽经济与联动开发[M]. 北京：人民交通出版社，2021.

[39] 国家发展和改革委员会经济贸易司，中国物流与采购联合会. 国家物流枢纽创新发展报告 2021[M]. 北京：中国财富出版社，2021.